2020年度河北省社会科学基金项目“跨文化视角下河北省红色文化对外传播路径的研究”（项目编号：HB20MK012）研究成果

跨文化视野下河北红色文化的对外传播研究

张楠楠　著

吉林大学出版社
·长春·

图书在版编目(CIP)数据

跨文化视野下河北红色文化的对外传播研究 / 张楠楠著.— 长春 : 吉林大学出版社, 2021.3
ISBN 978-7-5692-8086-9

Ⅰ. ①跨… Ⅱ. ①张… Ⅲ. ①革命传统教育—文化传播—研究—河北 Ⅳ. ①D642

中国版本图书馆 CIP 数据核字 (2021) 第 045962 号

书　　名：跨文化视野下河北红色文化的对外传播研究
KUAWENHUA SHIYE XIA HEBEI HONGSE WENHUA DE DUIWAI CHUANBO YANJIU

作　　者：张楠楠　著
策划编辑：邵宇彤
责任编辑：周　婷
责任校对：周　鑫
装帧设计：优盛文化
出版发行：吉林大学出版社
社　　址：长春市人民大街 4059 号
邮政编码：130021
发行电话：0431-89580028/29/21
网　　址：http://www.jlup.com.cn
电子邮箱：jdcbs@jlu.edu.cn
印　　刷：定州启航印刷有限公司
成品尺寸：170mm×240mm　　16 开
印　　张：13.25
字　　数：220 千字
版　　次：2021 年 3 月第 1 版
印　　次：2021 年 3 月第 1 次
书　　号：ISBN 978-7-5692-8086-9
定　　价：65.00 元

前　言

20世纪中叶以来，科技信息技术的飞速发展极大地促进了全球生产力的发展。尤其是20世纪末期以来，随着互联网信息技术和通信技术的发展，有效打破了不同国家和地域之间的地理界线，将全世界以信息技术连接起来，迅速推进了经济全球化的发展。经济全球化不仅推动着世界各国之间的经济交流，也影响着世界各国之间的文化交流，推动了文化全球化的发展，促进了全球跨文化传播的兴起。

在全球化趋势的影响下，世界各个国家综合实力的竞争更加激烈，文化作为国家的一种软实力，日益受到各国的重视。中国拥有辉煌灿烂的文化，这些文化资源是中国构建文化软实力的基础。自21世纪以来，中国开始实施文化“走出去”战略。在这一过程中，中国文化的对外传播发挥着十分重要的作用。红色文化是中国先进文化的代表，红色文化的对外传播直接关系到中国的对外形象，影响中国在国际上的地位。河北红色文化是河北省优秀文化的代表，同时也从属于中国红色文化。中国红色文化是在中国共产党的诞生与发展的过程中所形成的一种极具中国特色的文化，具有强烈的政治意识形态特点。这一特质使得河北红色文化在跨文化对外传播中，面临着不小的挑战。本书立足于跨文化传播视角，对河北红色文化的对外传播进行深入研究与分析。

本书第一章，从跨文化传播的概念与理论基础、跨文化传播的影响因素、跨文化传播的障碍与冲突三个方面对对跨文化传播进行阐释。第二章，从红色文化的内涵与特征、红色文化的生成机制与历史演进、红色文化的价值三个方面对红色文化进行阐释。第三章，从红色文化对外传播的价值与意义、红色文化对外传播途径、红色文化对外传播的优势与不足三个方面对红色文化的传播价值与途径进行分析。第四章，从河北红色文化资源的发展脉络、河北红色文化的类型与价值、河北红色文化的保护与利用三个方面对河北红色文化资源进行分析与研究。第五章，从河北红色文化对外传播现状、河北红色文化对外传播的偏差与不足、新形势下河北红色文化的对外传播挑战与机遇三个方面对河北红色文化对外传播的现状进行了全面解析。第六章，从全媒体传播的概念与价值、红色文化全媒体传播案例研究、河北红色文化全媒体对外传播渠道的创新与改进三个角度对河北红色文化全媒体传播渠道进行研究。第七章，从组织活动传播的概念与价值、红色文化组织活动传播案例研究、河北红色文化组织活动对外传播渠道的创新与改进三个方面对河北红色文化组织活动对外传播渠道进行研究。第八章，对河北红色文化其他对外传播渠道进行了探索。

本书理论严谨，语言通俗易懂，深入浅出，适用于河北红色文化研究者或对河北红色文化感兴趣的读者阅读和学习。

目　录

第一章　跨文化传播概述

第一节　跨文化传播的概念与理论基础

跨文化传播是20世纪40年代由西方学者提出来的一个概念，20世纪70年代末期，逐步发展成为一门有着独特理论体系的独立学科。该学科主要研究不同文化背景中的个人、群体、组织、国家之间交往的特点和规律，不同文化之间的意义阐释和理解，人类文化的创造、变迁和分野的进程，同时还涉及文化与民族心理的差异、跨文化语用研究、文化冲突与解决途径、技术发展对文化的影响、文化的延续和变迁、传播的控制和管理、民族文化自立与发展等诸多方面。[①] 本节主要对跨文化传播的概念与理论基础进行阐释。

一、文化与传播的概念与关系

文化是人类社会特有的一种现象，是人类社会文明的重要体现。文化与传播之间存在着十分复杂而紧密的联系。

（一）文化的概念与内涵

“文化”一词在中西方词源中有着不同的含义。在中国传统典籍中，“文化”一词出现较早。早在《周易》中，即出现了“观乎人文，以化成天下”的表述。汉语中的“文化”一词具有“文理、化育”之意，之后逐渐衍变为“文德、教化”。在西方，“文化”一词源于拉丁语“cultura”，意为“耕种、礼神”，后发展为“教化、培育、发展”等词义。

1871年，英国人类学家爱德华·泰勒首次在其《原始文化》一书中对

① 孙英春．跨文化传播学导论 [M]. 北京：北京大学出版社，2008:1.

“文化”一词的概念进行了明确的阐释，他认为：“文化或文明在其最广泛的人种学意义上，指的是一个整体，它包括作为社会成员的人们所获取的知识、信仰、艺术、道德、法律、习俗，以及其他能力和习惯等。”①

1981年，萨姆瓦在其出版的《跨文化传播》中指出：“文化是指一个人类群体在生息繁衍的过程中通过个体和群体的努力而获得的在知识、经验、信念、行动、态度、意义、社会层级、宗教、时间概念、社会角色、空间关系、宇宙概念和生产物等各方面的积淀。”②

我国学者在西方学者对文化概念阐释的基础上，进行了进一步阐释。例如，我国学者庞朴在其著作中将文化分为物质层面、制度层面与心理层面三个层次，并指出：“文化的物质层面是最表层的，而文化的审美趣味、价值观念、道德规范、宗教信仰、思维方式等心理层面则是属于最深层的，介于物质层面和心理层面之间的是种种制度和理论体系。”③我国学者王宁在其著作《中国文化概论》中指出：“文化是人类在长期的历史发展中共同创造并赖以生存的物质与精神存在的总和，是以人和人的精神活动为中心的概念，注重不同民族经历中传承累积凝聚的、共有的、成体系的人文精神。”④

当前，中西方学者对文化概念进行的阐释多达数百种，然而却始终没有形成一个广泛认同的概念。本书较为认同王宁的观点，认为文化是在人类社会长期发展中所创造的物质和精神存在的总和。

文化的特征包括传承与传递性、后天习得性、普适性、民族性、动态性等特征。

其一，文化的传承与传递性特征。

文化不是一朝一夕形成的，而是在人类发展与进化过程中，在数千年的物质生活和精神生活积淀过程中，衍生或创造出来的。文化的积淀可以通过文字、图画、仪式等方式进行传承与传递。文化的传承与传递过程，也是文化的再创造过程，在文化的传承与传递过程中，文化可能存在着两种发展方向。一方面，文化可以通过跨文化交流或交际进行传播、融合或演变；另一方面，文化因为某种原因无法进行传承或传递，最终导致文化的消失。

---

① 刘荣，廖思湄．跨文化交际 [M]. 重庆：重庆大学出版社，2015:2.

② 杨洋．跨文化交际能力的界定与评价 [D]. 北京语言大学 ,2009:11.

③ 王培英．跨文化交流 [M]. 北京：旅游教育出版社，2007:2.

④ 王培英．跨文化交流 [M]. 北京：旅游教育出版社，2007:2.

其二，文化具有后天习得性。

文化具有传承和传递性，这一特点决定了文化并不是与生俱来的，并不是人类的遗传本能，而是通过后天学习而获得的。人类在社会生活中，通过学习周围人的行为方式，不自觉地受到周围人思想和行为习惯的影响，而成为所在社会环境中的一员，从而使个体形成了某种特定的信念、社会规范与价值观，具有了某种文化属性。一般来说，个体在社会中的信念和言行均受到特定文化的制约，而一旦打破这种文化制约，就会面临各种惩罚。文化的后天习得性，还表现在个体在跨文化适应中的表现。人类个体可以从一种文化体系进入另一种文化体系，实现跨文化适应。

其三，文化具有普适性特点。

文化的普适性主要表现在两个方面。一方面，从文化的外在形态来看，任何一种文化都包含物质文化和非物质文化，例如，建筑文化、园林文化、嫁娶文化、茶文化、酒文化、戏曲文化等。从文化的外在形态来看，这些文化的表现方式各不相同，然而却都体现了文化的一个侧面。中国的嫁娶文化、茶文化、酒文化、戏曲文化等均体现出中国文化中有关“天人合一”的理念。这就表明，不同文化形态的内在存在一定的一致性和趋同性。另一方面，从文化的变迁上来看，无论是哪一个民族的文化都经历了由文化的未成型至形成、从文化的不完美到完美的变迁过程。

其四，文化具有民族性的特点。

文化并不是社会个体创造出来的，而是由一个社会群体共同创造的社会性产物，因此，文化必须被这一群体中的每一个成员所接受并认同，才可以称之为文化。因此，从这一角度来看，文化具有内部一致性的特点，每一个民族都秉持着一种共同的价值观，这种价值观可以在一定程度上驱使个体之间的差异性减弱而增加同一个群体中的民族认同感。例如，“红色”在中国有着十分丰富而独特的含义；而对于西方国家来说“红色”则具有警告、危险、血腥与杀戮之意。由此可见文化的民族性之间的区别。除此之外，文化的民族性并不意味着同一个民族内部的文化是绝对和谐统一的，与之相反，同一个民族内部的文化既存在和谐统一的一面，同时也存在一定的差异性。

其五，文化具有动态性的特点。

文化的动态性主要表现在两个方面。一方面，同一民族文化本身具有动态性的特点。文化并不是一成不变的，而是随着社会政治、经济等各方面的因素变化而不断发生变化的。例如，在中国封建社会，人们遵守“君君臣臣父父子子”以及“君为臣纲、父为子纲、夫为妻纲”的文化习俗；而现代化社会中，“男女平等”“人人平等”的文化价值观取代了封建的文化习俗，成为民族文化的一部分。另一方面，不同民族之间的文化，随着跨文化传播活动的频繁与深入，可以进行融合与交流。

（二）传播的概念与内涵

英语中的传播一词来源于拉丁语“communis”，该词的本义是分享与共有。19 世纪时期，传播成为人类社会中的常用词，并一直沿用至今。

所谓传播是人类特有的，也是人类活动中最具普遍性的、最重要的和最复杂的方面。传播的内涵包括以下三个重要部分。

其一，传播具有社会性。传播是在人类社会中发生的独特的现象，传播的社会性是传播的原因，也是传播的结果。在英语中，传播一词与社区、公社两个词汇均拥有共同的词根。从词汇的渊源上来看，这三个词之间有着同一个基础。没有社区就不会有传播，没有传播，社会也难以为继，因此从词汇的渊源上来看，传播具有社会性的特点。另外传播是人类思想的沟通，通过传播可以改变人们的思想，并对人们的行为进行调节。从而使人们能够形成一个社会整体，从事各种社会服务，推动人类社会的发展。

其二，传播具有互动性。传播是不同信息之间的交流、沟通与共享的过程。传播的过程并不是一个简单的、线性的、单向的过程，而是一个极其复杂的、动态的过程。信息传播者并不简单地输出信息，而信息接收者也并非单纯地、被动地接收信息，两者之间的角色可以互换，信息传播者和信息接收者之间可以相互影响、相互制约。而在传播的过程中，由于传播者和接收者的思想交锋，也会产生新的信息。

其三，传播是一个持续不断的、复杂的、具有合作建构意义的交流过程，由语言和非语言符号形成意义，进而建造人类生存的意义世界。这里的意义是主客观相结合的产物，是客观事物在主观意识中的反映，是认知主体赋予认知对象的含义，也是符号所包含的精神内容。①

① 白晶，姜丽斐，付颖．跨文化视野下中西经典文学翻译研究[M].长春：吉林大学出版社，2018: 154.

文化与传播之间存在着十分复杂的关系。西方学者霍尔提出了“文化即传播，传播即文化”的观点。这一观点在跨文化传播的研究中有着十分重要的影响。

文化与传播之间的关系主要表现在以下两个方面。一方面，文化是传播的语境和内容。传播产生于人类社会，是人类在生存和发展中必不可少的一种行为，也是人类的一种重要的生存方式。因此传播的社会性属性决定了传播只存在于特定的文化之中，而文化的形成和发展均离不开传播。文化与传播之间的关系是一种相互渗透和相互兼容的关系。传播是文化生存和发展的内在需求，而文化则是传播的必然结果。从传播活动的整体来看，传播并不是随意进行的，而是受社会各种因素的影响有序开展。因此社会文化构成了传播的语境。传播是人们思想的传播，而人们的思想价值观以及行为方式等均受到文化的影响，从这一层面来看文化也是传播的内容。

另一方面，传播推动了文化的传承和融合。人类的文化是从人类社会形成而开始产生的并经过一代代的传承而逐渐形成的情感模式、价值观和行为规范等。人类个体从出生开始就受到家庭以及社会文化的影响，并经过潜移默化的内化过程逐渐深深地刻印于人们的思想意识之中。而文化的传承则是通过传播来实现的。正是因为传播的存在，人类的文化才得以保留下来，使得人类的文化财富在历史的长河中得以积累和沉淀。从这一角度来看，如果没有传播，那么人类的文化就会失去生机和活力，失去传承，从而走向终结。

二、跨文化传播概念与理论基础

跨文化传播的概念是由美国人类学家爱德华·霍尔于 20 世纪 50 年代在其著作《无声的语言》中提出来的，爱德华·霍尔因此被誉为跨文化传播之父。跨文化传播探讨来自不同文化背景的人们之间的互动关系。跨文化传播是指处于不同文化背景的社会成员之间的人际交往与信息传播活动，也涉及各种文化要素在全球社会中迁移、扩散、变动的过程，及其对不同群体、文化、国家乃至人类共同体的影响。

跨文化传播作为一门新兴的理论，已于 20 世纪发展为一门新兴的学科。跨文化传播的研究建立在西方多种理论的基础之上，主要包括以下几种理论。

（一）霍夫斯泰德的文化维度体系

霍夫斯泰德于20世纪六七十年代对IBM公司来自40多个国家、使用20多种语言的十余万员工进行调查后指出，国家之间的差异可以归因于民族文化的差异，并从五个维度对国家之间的差异进行了解读。

第一个维度，权力距离。所谓权力距离是指一个社会对权力分配不平等的接受和认可程度。不同国家对于权力的认可程度不同。例如，欧美等西方国家的人们并不看重权力，更看重个人能力，亚洲国家由于历史等原因更看重权力。

第二个维度，不确定性的规避。一个社会受到不确定的事件和非常规的环境威胁时，是否通过正式的渠道来避免和控制不确定性。强不确定性规避国家在受到不确定的事件和非常规的环境威胁时，鼓励其成员战胜和开辟未来的社会文化；反之，弱不确定性规避国家则教育国家成员接受风险，学会忍耐，接受不同行为的社会文化。一般来说，强不确定性规避国家强调用法律、法规进行管理，人民更加积极、活泼、严肃、严谨、守时，不易产生革新想法，但易推广和落实创意；而弱不确性规避国家的人民相对懒散，对时间的概念并不严格，除非必要，否则不强调立法，能够容忍各种革新的想法，却不善于将各种革新的创意付诸实践。

第三个维度，个人主义/集体主义维度。这一维度是用来衡量某一社会总体上是关注个人的利益还是关注集体的利益。一般来说，个人主义倾向的社会文化，人与人之间的关系相对松散，人们多关心自己个人的小家庭；而集体主义倾向的社会文化，人们普遍更注重族群关系，关注人们共同的大家庭，人与人之间的关系更加紧密，强调个人对于族群的忠诚性。

第四个维度，男性化/女性化维度。这一维度主要观察社会中代表男性的品质如竞争性、独断性更多，还是代表女性的品质如谦虚、关爱他人更多，以及对男性和女性职能的界定。男性化气质突出的国家，社会竞争意识更加强烈，注重财富和物质，鼓励工作，强调公平和绩效。而女性化气质突出的国家，强调生活质量，讲究平等和团结，对心灵的沟通更强于对物质的占有。

第五个维度，儒家动力维度。地位和级别关系，以及遵守这个级别的价值观是典型的儒家思想。儒家动力维度强调忍耐、节俭、羞耻感以及个人的稳定，尊重传统。

（二）约翰·贝利的文化适应理论

跨文化心理学家约翰·贝利在人类学家的研究基础上进一步指出，文化适应是指两个或两个以上具有不同文化的群体及其成员在相互直接的、持续的接触中所产生的文化和心理双方面的变化过程，发生改变的可能是某一群体及其成员，也可能是接触双方。而文化适应也包括群体和个体两个不同层面。所谓群体层面的文化适应是指包括社会结构、经济基础、政治组织以及文化习俗等方面的改变；而所谓个体层面的文化适应是指包括认同、价值观、态度和行为能力的改变在内的心理变化，以及对于新文化环境的适应。①

1975 年，阿德勒根据 U 形曲线将文化适应扩展为五个阶段，即接触阶段、崩溃阶段、重新整合阶段、自治阶段和独立阶段。之后，莱文与阿德尔曼提出了文化适应的五段论，包括蜜月阶段、文化休克阶段、初步适应阶段、孤独阶段和结合阶段。第一阶段，蜜月阶段。指跨文化传播者初次到达一个陌生的环境中，对于异国文化环境中的一切都感到新奇，这一阶段大概持续 1 ～ 2 个月，主要集中于与新的领导、同事或老师、同学等见面、落实住宿事宜，到商店购买日常生活用品，同时办理入住手续。在这一过程中，所接触的一切都使跨文化传播者心情愉悦，并自觉忽略与本国文化产生冲突的地方。第二阶段，文化休克阶段。这一时期，跨文化传播者的生活、工作和学习逐渐趋于稳定，并开始独立生活。这时，一开始没有预见到的一系列问题接踵而来，包括语言、居住、人际关系、购物等种种问题的出现，使跨文化传播者经受着严重的心理危机。这一阶段一般会持续 1 ～ 2 个月的时间。第三阶段，初步适应阶段。即跨文化传播者经过一段时间，逐渐适应了异国文化，逐渐适应了异国语言交流，并形成了大致固定的生活节奏，这一阶段一般持续 3 个月左右。第四阶段，孤独阶段。步入这一阶段时，跨文化传播者在国外已生活了大半年时间，随着时间的推移，跨文化传播者开始思念家乡，对于在异国文化中的适应情况产生灰心、沮丧心理，容易失去信心。第五阶段，结合阶段。这一时期，跨文化传播者的生活和工作通常都已走上正轨，同时适应了异国语言、饮食、社会规范、价值观、风俗习惯等，呈现出融入异国文化的状态。

---

① 单波．跨文化传播的问题与可能性 [M]. 武汉：武汉大学出版社，2010: 54.

（三）霍华德·贾尔斯的传播适应理论

1971 年，霍华德·贾尔斯在《社会互动中言语模式研究：口音识别及口音改变》中着重阐述了不同传播环境中人们彼此之间交流和改变的互动现象，并在此基础上提出了传播适应理论。20 世纪 80 年代，霍华德·贾尔斯从传播学的角度进一步拓展了其言语适应理论，并重新定义了传播适应理论。

传播适应理论认为，在自己与他人进行沟通的过程中，说话者有动机和目的，出于不同的动机，说话者使用的策略主要表现为言语同化或言语异化，这些手段可以用来缩小或拉大传播的距离。传播适应理论包括三个方面的内容。

言语同化现象。在传播过程中，个体处于不同的环境，会刻意改变他们的语言模式，以适应环境和交流对象，从而显示出个体对交流对象的认同，表现出趋同的倾向。

言语异化现象。传播中的异化现象主要发生在两个语言和文化背景不同的群体之间，具体的表现则是在信息传播和交流中，其中的一方强调自己与交流对象不相配的特性，以表现出对交流对象的意见的反对。

言语保持现象。传播中的保持现象是指在不同文化或背景的个体中进行交流时所表现出来的，既不赞成也不反对，而保持自己原有的立场的现象。

第二节　跨文化传播的影响因素

跨文化传播的影响因素主要表现在文化差异、跨文化适应的主动性等方面。

一、文化差异

在世界文化中，由于地理、历史、政治等原因，世界文化被分为不同的类型。一般来说，地理位置相近的国家，由于气候、环境等更相似，因此文化之间的差异性较小，这些国家的人们之间在跨文化传播中遇到的文化障碍较小，因此跨文化适应性更强。而距离较远的国家则由于地理环境、政治、经济等因素的影响，文化差异性较大，这些国家的人们之间在跨文化传播中遇到的文化障碍较大，因此跨文化适应性较差。即便是同一地区的国家，由于各自文化和生活习惯的不同，对于文化的包容性也不一致。文化是影响跨文化传播的最主要因素，其所引发的价值观差异、思维差异、行为规范差异、语言差异等是跨文化传播的主要影响因素之一。

（一）价值观差异

所谓价值观是指个体对客观事物的重要性和社会价值的一种判断和观点，是人们对客观事物的是非、善恶和重要性的看法与评价。① 文化价值观念在一定程度上影响着个体行为的规则、思维方式、认知与推理的模式，以及处世的哲学、评价的依据、道德标准等。世界文化具有多元性的特点，每一种文化都具有其价值，由于跨文化交流具有双向性的特点，身处其中的个体均受到文化价值观的影响。文化价值观指某种文化环境下的人，关于物质文化、精神文化、制度文化、行为文化和心理文化等所表现出的价值和价值关系的整体看法和观念，以及这一观念下的所属行为。② 中西方学者从不同角度对文化价值进行了归纳与分析，其中影响力最大的为霍夫斯泰德对文化价值的五个维度的分析。该理论前文中已有阐释，这里不再赘述。

价值观是在特定的民族文化影响下形成的，具有相对的稳定性和持久性，然而在一定的政治、经济等条件下，文化价值观也会产生一定的变化。以中国和西方国家的价值观为例，中国文化注重群体归属感，崇尚群体取向，因此崇尚爱国主义精神和集体主义精神；而西方国家则崇尚性本恶的观念，热衷于冒险和探索，敢于突破常规，崇尚求变心理，相比于群体取向更崇拜个人主义。

中国是一个文明古国，数千年来，中华文化中产生了复杂的称谓系统，尤其是在尊卑、老幼方面有较明显的规定。例如，家庭亲属之间的称谓也可以用于非亲属之间：如叔叔、姑姑、阿姨、大妈、大爷，等等。除此之外，中华文化的价值观中人们对于领导、上级、教授、长辈的话十分重视，即使不同意对方的观点，一般也不会对其进行反驳。而西方国家的文化则不迷信权威，喜欢独立思考并表达自己的观点。另外，西方国家对于平等十分重视，认为每个人的价值都是不可低估的，因此人们在交际中也常常表现出这

---

① 赵莉琴．组织行为学理论与案例[M]．北京：中国铁道出版社，2011：89.

② 马晓莹．跨文化交际理论与实践研究[M]．石家庄：河北科学技术出版社，2013：134.

种人人平等的思想。这两种不同的价值观在跨文化传播中极易引发跨文化交流或理解障碍，甚至引发文化冲突与文化休克，最终影响跨文化传播效果。

除此之外，不同国家的信仰不同，而不同的信仰中则含有不同的处世思维。一些国家的人们对信仰存在偏见，从而引发种种不满与冲突，进而影响跨文化传播效果。

（二）思维差异

所谓思维是大脑通过概念、判断、推理等形式对信息进行加工来反映客观世界的过程。[①] 思维方式是主体在反映客体的思维过程中，定型化了的思维形式、思维方法和思维程序的综合和统一。[②] 思维与语言有着直接的内在联系，不同文化在思维方式上的差异会对交际行为产生直接的影响。思维方式不同，人们在跨文化传播中的交际行为、交际风格、编码风格、句法与词法等方面也存在着差异。跨文化传播中的思维差异既可以从文化因素视角进行分析，也可以从心理因素视角进行分析。

其一，文化思维差异。

跨文化传播的思维差异主要体现在两个方面，即思维的直接性与间接性、归纳思维与演绎思维、弥散思维与特定思维。一方面，跨文化传播中的思维差异体现在直接表达与间接表达方面。美国文化人类学家爱德华·霍尔于 1976 年出版了《超越文化》一书，其中提出了文化的高低语境。按照这一理论，处于高语境文化中的社会，在信息传递与解释中对于语境有较高的依赖，而处于低语境文化中的社会，在信息传递与解释中对于语境的依赖较低，更偏重于对语言本身的依赖。例如，中国文化为高语境文化，而美国文化则为低语境文化。在跨文化传播中，高语境文化和低语境文化的思维差异十分明显。一般来说，高语境文化的人们在交际中偏向于间接表达观点，其言语表达相对委婉和巧妙，尤其是当双方的意见不一致时，人们更偏向于迂回地表达观点；而低语境文化的人们在交际中表达自己的观点时则正好相反，他们倾向于直接表达自己的观点，而较少注重语境。中西方思维差异中的直接表达与间接表达既体现在书面表达中，也体现在面对面的口头表达

① 何明霞．文化维度理论视角下的文化差异性研究 [D]. 哈尔滨：黑龙江大学，2011：36.

② 荣开明，赖传祥，李明华，等．现代思维方式探略 [M]．武昌：华中理工大学出版社，1989: 30.

中。在书面表达中，例如，中国诗词多倾向于通过具体的意象来表达细微的情感。在口头表达中，高语境文化在表达批评或拒绝之意时，通常采取迂回、委婉的方式。例如，在中国文化中，在拒绝别人时通常不直截了当地拒绝别人，而是通过“再考虑”“再斟酌”等语言表达真实的拒绝意图；而在低语境文化中，人们在表达批评或拒绝之意时，通常本着对事不对人的态度，直接言明意图，而这一点在跨文化传播中，常造成高低语境文化间的误解，成为双方交际过程中的障碍。此外，跨文化传播中，思维差异的直接表达与间接表达还表现在具体的商务洽谈中。低语境文化的人们在商务洽谈中更偏重于商务合同条款或文字表达的准确性，以避免商务合作中的冲突和矛盾；而高语境文化的人们更偏重于商务合作关系的达成，而对于合同细节则倾向于通过进一步交流来确定。当前，随着中西方商务谈判的增多，我国对于商务合同的条款的准确性也越来越重视。

跨文化传播中的思维差异体现在归纳思维与演绎思维方面。归纳思维是指从部分到整体、从特殊到一般、从个别到普遍的认识思维方法；而演绎思维是指从普遍性的理论知识出发，认识个别、特殊现象的思维。中国文化的思维方式多为归纳思维，例如，在商务信函中，一般先从简单的事例或现象着手，并对其背后的原因进行分析、论证，最后形成总结。而西方文化的思维方式多为演绎思维，即在商务信函开头即提出观点，然后逐层展开深入分析。中西方文化中的这种思维差异常在跨文化传播中将影响双方的交流、表达与理解。

其二，心理思维差异。

从心理角度来看，人的思维可以分为形象思维、逻辑思维、抽象思维、具象思维、整体思维、分析思维等多种类型。跨文化传播的思维差异主要体现在形象思维与逻辑思维差异、整体思维与分析思维差异、抽象思维与具象思维差异等方面。

首先，形象思维与逻辑思维差异。

所谓形象思维是指以形象的观点作为依据，利用具体的形象素材来集中地再现客观存在，以反映其本质和规律。① 中国人的思维方式大多为形象思维，其特点是在认识世界的过程中，更加注重直观经验，以自身的感

① 王琳．汉英思维的差异与跨文化交际[J]. 山西高等学校社会科学学报，2006(6).

觉、知觉和表象为依据，进行类比和分析，更加强调事物之间的相似性和相关性。例如，中国文字中的象形文字，以及中国文学中大量使用象征、类比、比兴等修辞手法。另外，这种形象思维广泛存在于汉语词汇中，“薪水”“水土”“南辕北辙”“龙飞凤舞”“狼吞虎咽”等词语均反映了汉语表达中形象思维的普遍性。中国的汉语在语言表达方面，句子含义之间的跳跃性较大，中间缺乏形式上的联系。除此之外，形象思维表现在行为上即注重事物和行为的整体协调，在处理和判断事件时重视直觉，不走极端，以和为本，重视感觉与体会。而逻辑思维则是指人们在思维过程中借助于概念、判断、推理等思维形式反映客观现实的过程。这种思维方式是用科学的抽象概念、范畴，按照一定规律揭示事物的本质，表述认识现实的结果，因此这种思维方式被称为逻辑思维。① 与中国人更注重形象思维不同，欧美等西方国家的人们更注重逻辑思维。体现在语言表达上，即欧美国家所使用的英语句式整齐，行文呆板，整个句子呈现出放射状核心结构。

其次，整体思维与分析思维差异。

所谓整体思维即指思维的对象、成果及运用思维成果对思维对象加以改造的过程，都呈现出整体特征。② 中国人注重整体思维，通常从整体和全面的视角把握对象，强调事物的整体定位，以及整体与部分之间的和谐统一。例如，中国古代先哲与思想家并不注重自然界的具体现象和事物的变化，而是从整体上对世界的存在进行了阐释，在儒家所提倡的“天人合一”“仁者无敌”等思想中，并没有对于天人怎么合一、仁的本义究竟是什么等进行阐释。另外，中国人的整体思维还表现在多个方面，例如，古代在进行自我介绍时，人们通常先介绍自己的家族姓氏，然后是家庭辈分，最后才是个人的名字，相比于个人来说，更加突出家族整体。又如，中国传统医学理论认为人体的各个器官是有机地联系在一起的，并采用阴阳五行对人体各个器官之间的联系进行了解释，这也从侧面表现了中国人的整体思维观念。再如，从中国的绘画与书法文化来看，在欣赏一幅中国书法或绘画作品时，人们首先从整体意境入手，对于作品进行赏析，而书画作品中的一笔一

① 王琳．汉英思维的差异与跨文化交际 [J]. 山西高等学校社会科学学报，2006(6).

② 张雪莉，韩清，李松岩．跨文化交际与第二语言教学理论与实践研究 [M]. 长春：吉林大学出版社，2013: 55.

画所在的位置以及具体的表现形式都是为整体意境服务的。与我国注重整体思维相反，欧美等西方国家更注重分析思维。所谓分析思维，即将整体分解为部分，并加以分门别类，把复杂的现象和事物分解为各个部分，从部分的角度进行思维。① 例如，西方哲学以天人相分为旨向，使用概念、判断、推理的逻辑思维对感性和个别、具体的材料进行分析，从而实现由现象到本质的分析。亚里士多德就是以理性分析的方法创立了形式逻辑的三段论；西方哲学家培根提出的逻辑思维方法、笛卡尔提出的分析和综合的理性方法等也都是自分析思维出发创立的。又如，西方人在进行自我介绍时，先提自己的姓名再提家庭姓氏。再如，西方绘画艺术中使用焦点透视的方法，尤其是西方写实艺术中，严格按照物理、光学原理，科学准确地再现三维空间的客观世界，并将艺术创作中运用和体现透视、解剖、光彩原理的准确程度当作衡量艺术质量的重要尺度。

最后，抽象思维与具象思维差异。

所谓抽象思维，是指人们在认识活动中运用概念、判断、推理等思维形式，对客观现实进行间接的、概括的反映的过程，属于理性认识阶段。欧美等西方国家的人们偏重抽象思维，其特征主要表现在三个方面，即以第二信号（语言、文字、数字、符号）作为思想或思维的工具，以各种概念、判断和推理作为思维形式，以分析、综合、抽象、概括、比较、分类、系统化作为思维的基本过程。② 例如，表现在文字方面，英语等西方语言文字属于表音文字系统，拼音字母与语言中的声音单位相联系，以形标音，是线性文字，而这种语言文字的特点与西方人偏重抽象思维直接相关。又如，从语言上来看，英语等西方语言更注重抽象化和逻辑性，通常通过陈述分析法，以冷静的逻辑论证阐述主题，层层递进，说服力较强。而所谓具象思维则是指以具体的形象表达抽象的内容，其特点是通过具体事物的类比联想，将事物相关的属性联系起来，从而形成一个完整的认识。中国人的思维方式属于具象思维。例如，从文字属性上来看，汉字属于典型的表意文字，通过音、

① 张治英，邓颖．论跨文化交际中英汉民族的思维差异[J]. 湖南第一师范学院学报，2010, 10(01): 104-106.

② 张雪莉，韩清，李松岩．跨文化交际与第二语言教学理论与实践研究[M]. 长春：吉林大学出版社，2013:59.

形、义表达意思，与中国人注重具象思维直接相关。又如，从语言上来看，汉语注重语义，在说理时更倾向于形象化和隐喻性特点，通过多种明示或暗示的论证，揭示文章主旨。

（三）语言差异

语言是某一社会群体约定俗成的，代表这一群体共有社会体验的符号，是民族文化最重要的载体之一。不同国家语言中词法、句法、修辞、行文风格、语境等方面均存在一定的差异。

从词法上来看，汉语中的名词、形容词、动词等均可以作为主语。然而在西方语言中，尤其是英语的表达中则不同，英语中的主语大多为名词和代词，不使用形容词和动词。如果不了解这一点，在对外文化传播中，其语言翻译可能会引发不同文化环境中的误解，从而产生不必要的文化传播障碍。

从句法结构上来看，英语中的简单句的基本构造为“主系表”结构，即主要成分由主语、系动词和表语构成，以对于主语的特征、类属、状态和身份等进行表述。而在汉语的句子结构中，即使缺少主语意思也十分明确。在跨文化对外传播中，如果不了解这些语言差异则会导致语言翻译中的“自说自话”现象，不利于跨文化传播的顺利进行，进而影响跨文化传播效果。

从行文风格上来看，不同民族的语言的思维模式不同，行文风格的结构也不相同。例如，英语行文风格具有直线发展的特点，常常直入主题，开门见山地对观点进行论述，表现出西方文化中的演绎思维。而东方语言则呈现出螺旋发展的特点，表现了东方文化的归纳思维。汉语的行文风格是直觉、具体和圆形的，写文章时，常常通过发散思维，不直接涉及主题，而从原因、背景讲起，之后再通过由大到小、从整体到局部、由远及近的方式接近主题，在行文风格上表现为圆形或聚集式的特点。西方语言行文风格中多包含明确的观点、论据以及论证过程，在开头提出观点，在正文中提出论据并进行论证，在结尾再次重申观点，是一种解决问题式的演绎式思维。而汉语的行文风格则将大量的笔墨用来分析观点产生的背景、原因，以及分析观点的优点与缺点，最后结束时，文章作者的观点仍然是十分模糊的，一般不给出明确答案，因此缺少明确的观点、论据与论证过程。西方语言行文风格的总体结构是演绎式和直线式的方法，然而在实际交流和交际中也存在着大量归纳式思维。此外，西方语言在表达中具有一定的相对性，需要根据语境进行具体分析。

东方文化崇尚含蓄，表现在语言风格上则为语言表达十分委婉。西方文化与东方文化相比则相对直接，表现在语言风格上即说话直截了当。例如，汉语中存在着大量的委婉语，这些委婉语有的可以避免粗俗与忌讳，例如，用“逝世、长眠、遇难、捐躯、殉国、牺牲”等词语来回避“死亡”这一词语；用“方便、上卫生间、去盥洗室”等指代“大小便”；用“丰满、富态”代替“肥胖”；用“苗条、清秀、骨感美”代替“瘦”。汉语中的委婉语还可表示对他人的尊重和追求美化、幽默效果，例如，用“抛砖引玉”指代用自己的观点来引出别人的观点，等等。然而在西方人们通常直截了当、开门见山地表达自己的观点。如果在跨文化传播中不能明确这一点，那么则会导致一些介绍本国文化的书面材料被置之不理，甚至会引起一些外国受众对本国文化的反感和偏见。

二、跨文化适应的主动性

适应是一个生物学名词，皮亚杰指出，智慧的本质从生物学来说就是一种适应，它既是一个过程，也可以是一种状态。[①] 此外，适应还是一种心理现象和社会学概念。从总体上来看，适应具有三个方面的特点。适应是主体对环境变化所做出的一种反应。适应是伴随着环境的变化而产生的，在静止的环境中不存在是否适应的问题。无论是自然环境还是社会环境均处于不断变化之中，因此，每个生物时刻都面临着适应的问题，从而产生不断适应新环境的需要。作为个体的人类更是如此，从这一意义上来看，适应是个体的一种基本需求，也是个体应当具备的一种基本素质，是主体对环境变化所做出的一种本能的反应。

适应是一种重新建立平衡的动态过程。适应是从一个平衡到另一个平衡的过程，是为了达到或恢复主客体之间的平衡而建立的，从这个角度来看，平衡是适应的基本目标。由于周围的环境是不断变化的，因此，个体所面临的环境时刻处于变化之中，个体在适应环境的同时也在不断地建立新的平衡，而每一种新的平衡都是短暂的、相对的，而不平衡则是长期的、绝对的。个体也在不断建立的新的平衡中逐渐发展。因此，环境的不平衡和矛盾冲突正是个体不断发展的动力，从这一视角来看，适应是一个动态的、不断重建新平衡的过程。

---

① 王倩．心理语言学与外语教学实践[M]．北京：九州出版社，2018：50.

适应是一个积极能动的过程。适应是伴随着环境的变化而不断建立新平衡的过程，其前提是环境的变化。然而，适应不是受环境的影响而变化的被动的过程，而是一个积极能动的过程。在自然界中，随着周围环境的变化，生物有机体为了与环境变化相协调并使其种类世代生存下去而存在两种变化，一种为顺应，另一种为适应。所谓顺应，是指生物为了适应环境，单纯地改变自身形态，使自身更适应环境变化的过程。这一过程是遗传行为方式发生变化的一个被动的过程。而适应，不仅是指生物有机体为了适合环境的变化而产生的顺应，还包括生物有机体对环境进行积极改造，而使自身与环境保持更大的协调性。[①] 因此，从这一意义来看，适应是一个积极能动的过程。

了解了适应的特点后，即可对文化适应进行更加深刻的理解。“文化适应”一词最初是由人类学家赫斯科维茨于 1948 年提出的，之后，跨文化心理学家将这一概念引入对文化适应的研究中。广义的文化适应，又称为文化涵化、文化融合、文化移入，是指不同文化群体间的相互接触所导致的群体及其成员心理上和文化上产生变化的现象和过程。[②]20 世纪初，美国人类生态学家罗伯特·帕克通过对移民融入主流文化的文化适应过程的观察提出了文化适应的三阶段理论，即接触、融合、同化。跨文化心理学家约翰·贝利在人类学家的研究基础上进一步指出，文化适应是指两个或两个以上具有不同文化的群体及其成员在相互直接的、持续的接触中所产生的文化和心理双方面的变化过程，发生改变的可能是某一群体及其成员，也可能是接触双方。而文化适应也包括群体和个体两个不同层面。所谓群体层面的文化适应是指包括社会结构、经济基础、政治组织以及文化习俗等方面的改变；而所谓个体层面的文化，适应是指包括认同、价值观、态度和行为能力的改变在内的心理变化，以及对于新文化环境的适应。[③] 针对跨文化适应问题，学者们提出了一系列的假说和理论，这些理论层面的研究为跨文化适应积累了大量理论成果。

① 徐光兴．跨文化适应的留学生活：中国留学生的心理健康与援助 [M]. 上海：上海辞书出版社，2000: 2.

② 张劲梅．心理学视野下西南少数民族大学生的文化适应 [M]. 昆明：云南人民出版社，2013: 5.

③ 单波．跨文化传播的问题与可能性 [M]. 武汉：武汉大学出版社，2010: 54.

疑虑消除理论是由西方学者伯杰和卡拉布雷斯提出的理论，其认为个体为了适应异文化中全新的环境或不同的人际关系，会通过各种渠道和方式寻求信息、消除疑虑，减少不确定性和压力，此过程不断重复进行，最终帮助个体实现跨文化适应。伯杰指出，在跨文化适应中存在着三种消除疑虑的策略，即被动、主动和互动。被动策略倾向于置身事外，做异国文化的观察者，同时通过书籍、电影、网络、广播等无互动的方式查询信息，学习异国语言和文化；主动策略则是通过与异国文化中的其他人或团体接触，进而获知有关异国文化的信息；互动策略是指与异国文化中的人进行面对面交流以达到较好的文化适应的目的。

适应过程是一个动态的、长期的过程，我国学者杨芸金从这一过程出发，指出个体的跨文化适应过程也是一个动态的、长期积累的过程，其整个过程表现为"压力—调整—前进"的循环。当个体在跨文化适应过程中感觉到压力时，个体就会对自己的行为和心态进行调整，使自己进入放松状态。之后，个体重新调整认知模式后，尝试新一轮的前进。经过不断的"压力—调整—前进"过程，个体最终会达成文化适应的目标。

跨文化传播中跨文化适应的主动性主要表现在语言适应、价值观适应以及跨文化态度适应等方面。

（一）跨文化适应中的语言适应

1999年，国际语用学会秘书长提出了语言适应论，这种语言适应论是从语用视角来对语言和翻译进行的阐释。语言适应是指语言适应环境或环境适应语言。

从语言适应论的角度来看，在跨文化语言翻译中，语言翻译者基于语言内部或语言外部的原因，对文化著作或文化政策进行连续不断的选择，对文化著作或文化政策原来的社会语言、语言结构以及文化著作或文化政策中隐藏的潜在意图进行动态的取舍，做出不同程度的适应性翻译，然后再将文化著作或文化政策的真实风格和作者的真实意图重新再现。从这一角度来看，语言适应论是语言翻译为了适应新的文化语境所建立的语言。语言适应论强调不能改变原有语言表达的真实意图，即坚持真实性原则。

语言适应性理论要求语言翻译者从四个方面对语言做出选择。（1）语境关系适应。语言翻译者进行语言选择必须与语境相适应。例如，将中国红色文化翻译为英语，必须适应英语的语言环境，适应西方文化思维。唯有如此，才能确保语言翻译的准确性和接受度。（2）语言结构适应。语言结构适应是指语言翻译者在对语言进行翻译时，应从语言语码、语体选择、话语的构建成分以及语段的表达等多个方面对语言做出选择。（3）动态过程适应。动态过程适应是指适应过程在时间轴上的发展。不同国家的语言均处于不断的发展之中，在语言翻译过程中应尽可能使语言适应现阶段主流人群的表达习惯和思维，从而对语言进行选择。（4）意识程度适应。意识程度适应是指语言翻译者在进行语言选择和语言适应时的意识程度。按照维索尔伦的语言选择理论，对语言使用者来说存在着不同状态的领悟程度。维索尔伦的这种语言顺应论，为语言翻译者提供了一个对原著文本如何进行选择和取舍的理论参照体系。

按照语言适应论，在进行跨文化语言翻译时，应当充分考虑语言文化以及社会因素对不同语言的影响，避免对语言进行机械的、字面上的直译，而应该在充分理解原文的基础上，寻找文化适应，重构文化认知，从而得体地、准确地将原文的内容表达出来，以适应不同的文化环境，确保语言翻译的准确表达。

具体到中国红色文化的对外传播，在跨文化传播中，有的旅游景点在接待外国游客时，常常不考虑对象，而使用千篇一律的景点解说词，其结果则可能是导游口干舌燥，然而因为文化语境不同，外国游客并没有体会和了解到景点的特点，无法达到预期的传播效果。为了避免这种情况，应主动进行语言适应，大力培养翻译人才，不断提升翻译人才的整体素质。

（二）跨文化适应中的价值观适应

价值观是一个人对周围事物的重要意义的评价和看法。价值观并非先天形成的，而是在后天的学习以及社会文化背景的影响下形成的。价值观具有相对稳定性和持久性的特点，然而价值观在外界环境发生巨大变化的情况下，受家庭、社会、工作环境的影响也可能发生潜移默化的变化。

在全球化大发展的趋势下，文化“走出去”的过程中，不可避免地会因为价值观不同而产生文化冲突。为了避免在文化对外传播的过程中产生不必要的文化冲突，对外文化传播者应学习和了解不同国家的价值观。例如，中国崇尚集体主义价值观，因此中国传统文化以及红色文化中的爱国主义精神等均具有十分深刻的集体主义价值观烙印。西方崇尚个人主义价值观，强调个体思想上和行为上的自由与独立。因此，在中国红色文化对外传播的过程中，文化传播者应在语言表达、文本翻译等过程中，将红色文化中的爱国主义精神与西方社会价值观中的人文精神相结合，从而更好地传播中国红色文化，提升跨文化传播的效果。

（三）跨文化适应中的态度适应

跨文化传播中为了提升跨文化适应的主动性，应保持积极的心理因素。所谓心理因素是指影响跨文化传播心理因素的积极方面，积极心理因素有利于提升跨文化适应的心理状态，缩短跨文化适应所需要的时间，在跨文化传播中起着积极的影响。跨文化适应的态度适应主要表现在平等意识、包容意识以及顺应意识三个方面。

其一，建立平等意识。

跨文化传播中涉及不同文化背景，以及不同民族、国家和地区之间的交流与交际，而在跨文化传播过程中，持有平等意识的心理因素十分重要。所谓平等意识，主要包括两个方面：一方面，指文化上的平等意识。世界上不同民族、国家和地区由于受政治、经济、历史、地理等多种因素的影响，形成了丰富多彩的文化。不同民族、国家的文化有的拥有数千年的发展史和衍变史，有的文化形成时间尚短，但在内容上和形式上均呈现出多样化的发展特点，即为文化的多样性。文化的多样性是人类社会的基本特征，也是人类文明进步的重要动力。而在经济全球化的发展背景下，世界经济发展的不平衡导致东西方文化在交流、交际和传播过程中存在不平衡的现象，呈现出强势文化与弱势文化的区别。在这种背景下，强势文化交际主体和弱势文化交际主体在跨文化交流和交际中应秉承平等意识进行交流和交际，强势文化主体不骄不躁，弱势文化主体不卑不亢，只有这样，才能在跨文化传播中达到良好的交流目的。另一方面，则是指人权平等意识。在跨文化传播中，跨文化传播主体应坚持人权平等意识，以一种人格和人权平等的心态来与对方进行交流与对话，才能创造良好的交流和交际环境，有利于交流与交际的成功达成。

其二，建立包容意识。

包容是一个心理学术语，是指当一个人面对自己不喜欢、反对、感觉受到威胁的某事或对某事持否定态度时而产生的一种有意识的、有目的性的自抑行为，这种行为有利于促进人们在交流与交际中达成和谐。[①] 文化多样性是一个客观存在的事实，而每一种文化都是世界多元文化中的一部分，共同构成了丰富多彩的世界文化。不同文化的价值观不同，因此世界文化的价值观呈现出多元化的特点。跨文化传播中的主体属于不同文化体系，拥有不同的价值观、审美情趣、思维方式、生活方式、行为方式和宗教信仰等，这些在跨文化传播中均在一定程度上起到阻碍作用。因此，在跨文化传播中，人们应当保持一定的文化宽容意识，对不同的价值观、审美情趣、思维方式、生活方式、行为方式和宗教信仰等秉持一种客观和公平的态度，对交流和交际中因不同文化的不同价值观等导致的失礼和失言的情况持宽容意识，才能促进双方交流和交际的成功。而从文化的多样性和价值观的多元化角度来看，宽容意识不仅是成功交际的前提，也是克服“井蛙之见”、走向他者的世界、保护文化多样性的重要途径。

其三，建立顺应意识。

本书所指的顺应意识，是指语言顺应意识。1999 年，比利时著名语言学家、国际语用学会秘书长维索尔伦在其著作中提出了语言顺应理论。按照这一理论，语言形式的选择过程即语言的顺应过程。语言顺应包括对象、层次、阶段、领悟程度和策略等五个方面。[②] 按照语言顺应意识，跨文化传播双方在进行语言交流与交际的过程中，应注重交际双方的对象、层次、阶段、领悟程度和策略等方面，只有注重语言顺应意识，语言的交际功能才能得以正常发挥。在跨文化传播中，只有让传播材料或交流的话语顺应语境，所用语言符合社交场合、社会环境和语言社团的交际规范，才能克服种种文化隔阂，达到良好的交流和交际效果，加强跨文化传播的效果。

① 滕建姣，李丽平．从文化心态论培养文化宽容的途径[J]. 湖南科技学院学报，2006(04): 165.

② 张雪莉，韩清，李松岩．跨文化交际与第二语言教学理论与实践研究[M]. 长春：吉林大学出版社，2013: 61.

第三节　跨文化传播的障碍与冲突

跨文化传播是一种文化在异质文化环境中进行传播的现象。由于不同文化的价值观不同，因此极易造成跨文化传播中的障碍与冲突。跨文化传播中的障碍与冲突主要表现在以下几个方面。

一、跨文化传播的障碍之文化价值观障碍

文化价值观的不同，会引发文化定式、文化偏见和民族中心主义，从而对跨文化传播造成巨大障碍。

（一）文化定式

所谓定式一词，最早于 1922 年由美国新闻记者沃尔特·李普曼在其出版的《公众舆论》一书中提出。该书指出，人类所处的环境过于复杂，客观条件不允许人们对世界上所有的事物和人逐一进行亲身体验和认识。为了节省时间，人们使用一个简化的认知方法将具有相同特征的一群人或任何民族、种族塑造成一定的形象，即定式是指不同社会群体在人们头脑中的形象。① 定式一词用在跨文化传播中，即称为文化定式或文化定型、刻板印象等。所谓文化定式即是指人们在跨文化传播研究或跨文化实际交往中，对不同文化背景的民族和国家成员的笼统的、简单的看法，是一种简单化的认知方式。② 例如，中国人含蓄谦虚，德国人严谨刻板，法国人浪漫热情，英国人保守，美国人奔放等，均属于在文化定式的作用下对不同国家和民族文化特征的客观描述。而这种文化定式使得人们在未与某种文化进行接触的情况下，就对该民族文化产生了一定的刻板印象。文化定式作为跨文化交流和交际中的一种简单化的认知方式，在跨文化交流和交际中既存在积极作用，也存在一定的消极作用。其中，积极作用表现在文化定式建立在一定准确的观察基础上，能够反映一定程度的真实性，有助于人们对陌生主流文化信息进行有效归类，使信息更加明晰、准确。

然而，文化定式也存在着极强的消极作用。文化定式过于夸大群体差异，而忽略具体的个体差异。这一特点在跨文化传播中，导致交际主体在交

① 阮桂君．跨文化交际与实践 [M]．武汉：武汉大学出版社，2017：99.

② 阮桂君．跨文化交际与实践 [M]．武汉：武汉大学出版社，2017：99.

际前为交际对象贴上种种标签，难以用客观、公正的态度，发现个体的自我特点，造成文化交流与理解偏差。文化定式还易造成以静止的眼光，而不以发展的眼光看待异国文化，导致交际出现障碍。例如，东方文化，尤其是中国文化与欧美等西方文化相比更加谦虚、含蓄，在交谈时，面对别人的夸赞多以“哪里，哪里”“过奖了”“太客气了”“这是我应该做的”等否定话语进行应对。随着中西方文化交流和交际日益频繁，部分中国人的已经改变了这种想法，如果还以过去的文化定式看待中国人，那么在跨文化传播中就可能产生误解或阻碍。从这方面来看，文化定式可能会造成跨文化传播的阻碍。文化定式容易造成“本群体中心主义”，从而导致歧视行为。文化定式是基于单纯对某种文化的描述并被不断复制而形成的。然而，当文化定式中加入感悟色彩后，就易发展成为偏见，而偏见则会导致文化歧视。例如，在世界历史上，就曾多次出现某一群体成员出于文化优势心理，抬高本民族或本群体的文化，贬低其他民族或群体的文化，从而造成民族间的纠纷与仇恨。文化定式容易导致人们过于重视民族特色文化而忽视世界文化的共同特点。世界上存在着多种多样的文化，各种民族文化之间虽然存在着各种差异，但是也存在着一定的共性。而在跨文化交流和交际中，如果忽视了各民族文化之间的共性，则容易放大各民族文化之间的差异，不利于跨文化交流和交际的成功。

（二）文化偏见

所谓偏见，即以事先所做出的决定或先前的经验为基础的判断，一般来讲，它是一种对某一群体的否定态度，也可以说是一种以错误的概括为基础的一种反感心态。[①] 这种心态可能是针对一个民族的整体文化，也可能是针对一个特定民族文化中的特定群体。偏见是一种不健康的心理状态，会对跨文化交流和交际产生较大的负面影响。偏见又可分为多种类型，包括宗教偏见、种族偏见、性别偏见等。一般偏见往往包含不同程度的故意，因此在跨文化社交时，常常通过打断他人的讲话等不礼貌或其他迂腐的方式来控制交际的方向、交际的主导权，从而产生一系列不友好的想法、言语和行为，严重阻碍了跨文化传播的成功。另外，偏见对于受到偏见影响的对象十分不

① 《外语教学与研究》编委会．外语教学与研究 [M]. 武汉：武汉理工大学出版社，2004: 40.

利，将偏见对象置于一个糟糕的境地，一旦在跨文化交流和交际中产生偏见，人们通常要么采取回避的态度，要么采取攻击的态度对待偏见对象，二者均不利于跨文化交流和交际的正常开展。例如，当前留学生在国外上课时，大部分的教师都十分友好，然而也不乏有些教师因为对中国人或中国留学生存有偏见，因而处处针对中国留学生。又如，跨国婚姻也可能因为一方对另一方存在文化偏见而导致婚姻失败。除此之外，某些西方媒体在对中国留学生进行报道时，存在过度负面建构、报道主题偏失以及议题失衡等现象。例如，据有关数据统计，《纽约时报》在对中国留学生进行报道时，在报道主题的设置上存在严重偏失的情况，对于中国留学生的学业报道只有十余篇，而关于“他杀”“自杀”“摩擦冲突”等情况的报道则占调查样本的59.6%。① 这样的报道显然不利于客观塑造中国留学生的形象。在这些报道主题设置产生严重偏失的背后则是偏见在作祟，而这些报道则极易引发外国人对于中国人的偏见。从以上案例中可以看出，偏见对跨文化传播具有着严重影响。

（二）民族中心主义

所谓“民族中心主义”，就是按照本族文化的观念和标准去理解和衡量他族文化中的一切，包括人们的行为举止、沟通方式、社会习俗、管理模式以及价值观念等。② 民族中心主义在跨文化交流和交际中的影响，通常表现在三个方面，即对于文化沟通的排斥心理，对自己文化自以为是的优越感，对民族间文化交流产生竞争、恐惧、气愤和憎恨等行为，这些均会影响跨文化传播的成功。民族中心主义通常表现在赤裸裸的言论中，或暗含在其言行举止中。民族中心主义的概念最初是由美国社会学家威廉·萨姆纳在他所著的《民俗论》一书中提出的，该书强化了本民族风俗的独特品质，并树立了民族归属感，划分出各个民族的界线。民族中心主义在跨文化传播中容易忽略本民族文化与其他民族文化之间的差异性，从而导致将本民族的文化和价值观置于其他民族的文化和价值观之上，以本民族的文化价值观对其他民族文化进行评判，易对其他民族文化做出错误判断，同时产生难以克服的误会。民族中心主义具有压制个人的跨文化传播潜力、剥夺跨文化传播的倾向。

① 张宇豪 .《纽约时报》中国留学生媒介形象研究 [D]. 重庆：西南大学，2019: 42.
② 宋清涛 . 文化差异与跨文化商务沟通研究 [M]. 西安：三秦出版社，2015: 201.

文化偏见、文化定式以及民族中心主义极易引发跨文化冲突，从而对跨文化传播产生极其消极的影响。

二、跨文化传播的障碍之跨文化冲突

跨文化冲突是在文化对外传播中，由价值观的激烈冲突而引发的一种独特的文化现象。

（一）跨文化冲突的概念阐释

文化冲突从广义上来看，是指不同的文化主体之间在政治、法律、思想、道德、宗教、哲学、价值观，以及社会心理、传统习惯、风俗等方面的对立和否定的关系，即社会主体在精神气质和观念方面的冲突。狭义的文化冲突，则专指跨文化冲突，是指不同文化、亚文化之间的相互对立、排斥、矛盾和否定的状态。跨文化冲突的结果可能是文化融合，也可能是文化取代或两种以上文化脱离接触，宣告文化接触失败。这里所指的跨文化冲突，属于狭义的文化冲突。

在跨文化传播中，文化冲突往往远远超过社会冲突和政治冲突，居于所有冲突的核心地位。社会冲突和政治冲突本质上均为文化冲突，文化冲突是两种文化之间矛盾的显性体现。文化冲突不仅仅源于不同地域和历史条件下产生的文化的本身冲突，还受到所在区域或国家的政治理念和社会风俗习惯的影响，因此，文化冲突是政治冲突和社会冲突的集中体现。而文化冲突也会对政治和社会产生影响，表现为政治冲突和社会冲突。由此可见，文化冲突所带来的影响是十分巨大的。

文化冲突的实质是文化主体之间价值观的冲突。文化冲突作为跨文化传播中的一种极其独特的现象，具有动态性的特征，是一个变化的过程。随着两种文化之间相互对立状态的开始，预示着文化冲突的开始，而随着两种文化之间相互排斥的终结，则标志着文化冲突过程的结束。

文化冲突所带来的后果是十分严重的，按照其严重程度不同，可分为内部文化冲突和外部文化冲突等多种形式。一般来说，激烈的文化冲突通常会引发社会动荡，甚至导致社会解体和瘫痪。

（二）跨文化冲突的特点

跨文化冲突属于跨文化传播中的一种社会现象，具有客观性、对抗性、非线性、间接性、内在性、交融性等特点。

其一，跨文化冲突的客观性特点。

跨文化冲突是在经济全球化背景下，不同国家、民族以及地区之间经济、文化往来越来越频繁的情况下产生的。现阶段，世界文化处于大繁荣和大发展中，然而从整体上来看，这些文化分属于不同的国家和地区，文化与文化之间的属性各不相同，呈现出多种异质文化并存的现象。而随着不同国家和民族之间的交流与合作，难免出现不同文化之间相互对立、排斥、矛盾和否定的状态，因此，跨文化冲突在全球化的背景下是不可避免的，从这一视角来看，跨文化冲突具有客观性的特点。

例如，中国在建设文化和经济强国，不断提升文化软实力的过程中不可避免地要进行文化对外传播。然而由于中国文化与其他国家的文化在价值观、社会信仰和意识形态等方面存在不同，难免会与其他国家的文化产生各种矛盾与摩擦。这种情况在中国文化对外传播的过程中是不可避免的，也是在任何一个国家的对外传播中真实存在的客观情况。

其二，跨文化冲突的对抗性特点。

不同文化在交流与交际过程中，难免产生碰撞，而当一种文化在另一种文化环境中传播不同的价值导向时，难免受到原有文化环境中价值导向的排斥，产生两种文化在价值观方面的冲突，从而呈现出两种或多种文化的对抗现象。例如，红色文化属于中国的先进文化，红色文化的产生与发展均带有鲜明的政治和意识形态色彩，因此在红色文化进行跨文化传播中，难免会与其他意识形态的文化进行碰撞。而在此期间，难免会引发其他国家人民对红色文化的误解，从而产生各种文化对抗的现象。需要说明的是，跨文化冲突的对抗性特点，在任何国家的跨文化传播中均会出现，有的表现得较为温和，有的则表现得较为激烈。

其三，跨文化冲突的非线性特点。

所谓线性特点，即是指沿着一条直线朝某一个方向发展的现象。所谓非线性是指跨文化冲突常常表现出错综复杂的状态，因而具有非线性的特征。跨文化冲突是跨文化传播中长期存在的一种现象，其受到社会政治发展以及经济条件的影响。如果在一段时期内，社会政治环境良好，文化的宽容度也相对较高，跨文化传播中的跨文化冲突就会表现得较为温和，且会让步于文化融合，从而表现得较为隐性。而当跨文化传播的政治环境发生变化时，文化的宽容度随之发生变化，原来接受的异质文化可能会被排斥，从而使得跨文化冲突表现得较为激烈，成为跨文化传播中的显性因素。

其四，跨文化冲突具有间接性的特点。

跨文化冲突并非显见的，多体现在跨文化传播中文化主体和文化客体双方的心理、情感和思想观念等精神领域，并反映到实际言行中。其多在精神层面发生，因此常在不知不觉中发生，具有间接性的特点。跨文化传播中面对的群体不同，跨文化冲突的表现也不相同，有的群体对文化宽容度较高，反映在其行为中，即对文化的接受度高，那么跨文化冲突就表现得较为温和。而有的群体对于异质文化的接受率低，导致在这一群体中，跨文化冲突表现得较为激烈。因此从总体上来看，人们对待异质文化的态度的不同，源于人们的文化宽容程度不同，而文化宽容程度属于心理因素。文化冲突则属于一种显性行为，行为受心理因素支配，从这一角度来看，跨文化冲突具有间接性的特点。

其五，跨文化冲突具有内在性的特点。

所谓内在性即文化冲突多表现在思想观念的冲突上，这一特点是基于文化冲突的价值观不同而进行的判断。例如，法国、希腊、英国、意大利等国具有长达数千年的文明史，美国与其相比则为一个新生的移民国家、历史较短。由于国家的历史文明轨迹不同，欧洲国家与美国对待历史的态度也不相同。美国将 50 年以上的建筑物称为“圣地”，而欧洲国家普遍拥有上千年的历史，因此，其所认同的国家“圣地”的标准与美国不同。这种思想观念上的不同，使得不同的文化在对外传播中易引发价值观的碰撞，产生跨文化冲突。

其六，跨文化冲突具有交融性的特点。

跨文化冲突是任何文化在对外传播的过程中，均会遇到的一种客观现象。跨文化冲突的过程一般与文化交融相伴而行。跨文化对外传播的过程中，可以采取不同的方式，有的方式较为温和，引发文化冲突也较为温和。从文化的本质来看，文化属于软实力，可以通过潜移默化的影响改变人们的价值观，从而使得不同国家和地区的文化得以融合。因此，从这一角度来看，跨文化冲突具有交融性的特点。

（三）跨文化冲突的表现

跨文化冲突的原因多与跨文化传播的影响因素相关，跨文化冲突的原因与国家、民族文化的差异、价值观的差异、行为规范的差异有关。主要表现为语言和观念上的冲突。

跨文化冲突的表现之一——语言冲突。

语言与文化之间存在着十分复杂的关系，不同文化环境中所形成的语言概念和表达习惯不同，这两者也是语言冲突的直接体现。语言概念的冲突主要表现在与某种文化背景下特定的历史文化有关的词汇方面。以汉语为例，汉语中存在着大量的古诗词以及成语、俗语、歇后语等，而这些语言在翻译时，因为无法在其他语言中找到相同的词汇，因此造成这类语言难以被理解，成为跨文化传播的障碍，易产生文化冲突。而语言表达习惯上的冲突，则是指在语言表达中暗含着本民族特有的文化思维，而这种特有的文化思维则导致语言表达习惯上呈现出某种特征。例如，中国传统文化中崇尚谦虚的品质，表现在语言表达习惯则不仅存在大量谦辞和敬辞，也形成了涉及他人时多加夸赞、涉及自己时多自贬以示谦逊的语言表达习惯。这与崇尚个人价值的欧美等国的价值观念不同，在跨文化传播过程中，常因此而产生文化冲突。

跨文化冲突的表现之二——观念冲突。

观念上的冲突又可细分为价值观念的冲突、隐私观念的冲突、时间观念的冲突等。价值观念的冲突，例如，西方人十分珍视自由，认为“不自由，毋宁死”。然而，中国人则认为气节最为重要，“宁为玉碎，不为瓦全”。另外，不同国家和民族的价值观念也有所不同。价值观念的冲突是跨文化冲突中最主要的表现形式。隐私观念的冲突也是跨文化冲突的表现。中国人由于重视宗族和家庭，因此在历史上形成了一家一族的观念，常常一个大家族共同居住在一起。除此之外，受地理环境与耕作方式的影响，中国古代社会形成了熟人社会的规则，导致对于个人隐私重视程度不高。而西方人崇尚个人奋斗，十分注重隐私，对于自己的收入、婚姻以及信仰、疾病等隐私十分珍视，不轻易与人分享私人信息。这种由于隐私观念不同而导致的文化冲突在跨文化传播中也较为常见。时间观念的冲突是导致文化交流和交际障碍、引发文化冲突的重要原因之一，也是文化冲突最突出的表现形式。不同国家和民族文化中对待时间的态度也不相同。例如，欧美等西方国家的人们十分珍视时间，认为时间就是金钱，因此形成了欧美等西方国家的文化中守时的习惯。这种文化观念养成了西方人遇事提前预约的习惯，例如，拜访朋友时会提前与朋友预约，并对于拜访时间、地点以及拜访目的进行说明。而在拉美国家的文化中，则认为迟到是一种尊敬他人的行为，即使约定了时间，人们也常常迟到。不同国家和民族对待时间观念的不同，容易引发跨文化冲突。

以中国的跨文化传播为例，中国作为一个历史悠久的文明古国，其语言博大精深，包容性较高。语言表达习惯中虽然存在大量的谦辞和敬辞，然而也存在着大量的祈使句和命令句。这与西方文化中的表达习惯和思想观念不同，因此，在对外教育中，如果一位老师以命令性的话语让学生坐好，则会引发学生的不满。这一小小的话语所引发的跨文化冲突就是由语言表达习惯和思想观念的不同而导致的。

三、跨文化传播的障碍之文化休克

跨文化传播的方式呈现出多样化的特点，既包括传播媒介的报道，也离不开驻外人员在其他国家实地进行的文化传播。文化休克多发生在跨文化传播中的驻外人员身上。因为跨文化传播人员承担着在异国文化中传播本国文化的重任，所以当跨文化传播人员产生文化休克时，也会影响跨文化传播的效果。

文化休克的英文为“culture shock”，又译为文化震荡、文化冲击以及文化震惊等。文化休克这一概念最初是于 1958 年由美国人类学家奥伯格提出的，他认为文化休克即为由于失去了熟悉的社会交往符号而引起的焦虑。之后，许多学者从不同角度对这一概念进行了阐述。1963 年，威廉·斯莫利在奥伯格的研究基础上指出，文化休克所表现的症状是由于对一个新的文化环境不能适应而引发的情绪紊乱，病因是因为失去了原有社会生活与交流中非常熟悉的情景和意义。 1969 年，奥伯格在其所作的《“文化休克”：对新文化环境的调整》一文中进一步指出，文化休克是移居到国外生活的人们一种病症，同所有病症一样，这种病也有它自己的发病原因、症状和治愈过程。 由此可见，奥伯格认为，文化休克有其特殊原因，也能够被克服。此外，班尼特等学者在奥伯格的研究基础上进一步指出，文化休克是变迁休克的一种类型，并不是某种特殊现象，而是人生自然经历的一部分。

20 世纪 90 年代，文化休克的概念被引入中国，对于这一概念，我国学者的翻译并不一致。例如，我国学者关世杰和胡文仲分别在其 1995 年出版的《跨文化交流学》和 1999 年出版的《跨文化传播学概论》中，将“culture shock”一词译为文化休克；而学者陈国明在其主编的《英汉传播学辞典》和《文化间传播学》两本书中，则将“culture shock”一词译为文化震荡。当前，我国学术界对“culture shock”一词究竟如何翻译方为精准，仍持有争议，本书采用大部分学者认同的文化休克译法。尽管翻译不同，但是我国学者对于文化休克一词的定义与阐释却有相似之处。例如，学者毕继万认为文化休克是初到异国在异国文化环境中，对陌生环境而产生的一种不知所措和惶恐不安的心情，并由此产生抗拒新文化和留恋旧文化的一种病态的心理过程。陈国明则指出，文化震荡是跨文化适应过程的一个阶段，代表跨文化适应过程中明显与主要的部分。

从国内外学者的分析与阐释中可以看出，文化休克是在任何一种跨文化传播中都无法避免的一种状态，文化休克本质上属于跨文化冲突，而并非一种精神疾病，这种跨文化冲突更侧重于心理层面，而非人际冲突层面。

（一）文化休克的症状

文化休克的症状有多种，从情绪上来看，大多表现出情绪低落、无助、焦虑，以及对异国文化敌视；此外，还表现出畏缩、孤独、思乡、易怒、紧张，以及容忍度低、缺乏耐心等。文化休克虽然主要体现在心理层面，然而也常在生理上表现出不适症状，主要体现在以下几个方面。

其一，心理和行为上不知所措。

在跨文化交流和交际中，跨文化传播者从母国文化环境到异国文化环境后，度过对异国文化的蜜月期后，会突然发现自己在语言、住房、交通、购物等方面面临着诸多困难，对周围的人和事物感到茫然并失去方向，变得无所适从。例如，在语言交际中，跨文化传播者原本对自己的异国语言很有自信，然而在实际交流中却发现自己的表达与行动常常引发误解，原本在母国文化中通行的行为准则和交际礼节不适用于异国文化，长期以来养成的行为举止和价值观念在异国文化环境中不再适用，就连最基本的饮食起居都存在种种困难，更别提在学习或工作上遇到的困难，因此使跨文化传播者感到茫然与不知所措。

其二，心理上惶惑不安。

跨文化传播者远离母国文化环境，在异国文化环境中无法融入，所引发的恐惧、失望、厌烦等情绪，使得跨文化传播者常常表现出心情压抑、性情孤僻的状态。在负面情绪的影响下，孤独感和压抑的情绪被不断放大，因此跨文化传播者格外思念母国文化环境，对异国文化环境产生排斥和敌视心理。同时，跨文化传播者又因自己的遭遇被无视而产生惶惑不安的心理。

其三，心理上对于异国文化的抗拒。

所谓抗拒心理，即跨文化传播者初到异国文化环境时，产生的一种无意识的自我保护心理。抗拒心理常常难以控制。在抗拒心理的影响下，跨文化传播者常认为母国文化优于异国文化，而将异于母国文化的差异之处放大，并认为其是威胁自己安全与生存的文化，因此对其采取拒绝接受的态度。在行为上表现为想方设法将自己与异国文化环境分离开来，并在生活、学习、工作中刻意营造一个母语文化的安全区。此外，抗拒行为还表现为敏感多疑、精神紧张，甚至可能引发过激行为。

其四，心理上的错乱感。

当跨文化传播者离开母国文化环境初到异国文化环境中时，面对信仰、价值观以及社会规范与母国文化具有巨大差异的异国文化，在心理上易产生极大的错乱感。具体表现为对自己的信仰和人生观感到怀疑，思维方式和行为方式与所在国家的主流不合拍，难以找到自己的角色定位，因此产生一种深深的错乱感。

其五，心理上的无能感。

跨文化传播者在母国文化环境中，无论是生活、学习还是工作，均有一种掌控感。然而，刚到异国文化环境时，对当地的公共设施、交通设施以及衣、食、住、行等基础设施等都不太了解，同时，在异国文化环境中也缺乏社会关系的支持，因此，易使跨文化传播者产生处处受限、寸步难行、无能为力的感觉。而这种无能感又进一步加强了跨文化传播者的挫折感和孤独感，放大了跨文化传播者的焦虑、恐惧、沮丧、绝望等不良情绪，从而使跨文化传播者陷入文化休克状态。

（二）文化休克产生的原因

文化休克本质上属于一种深层的文化冲突，其产生的原因与文化冲突相一致，均是源于价值观、行为规范的不同。具体来说，文化休克产生的原因是多方面的，具体可以从文化差异和社会心理学理论进行分析。

其一，文化差异视角。

首先，文化休克产生的地理环境原因。由于自然地理环境不同，与此相关的人们的生活方式和行为规范等也不相同。例如，中国的自然地理环境与希腊的自然地理环境有着很大不同。中国属于沿海国家，而希腊属于典型的岛国，国内多山。这种由地理环境导致的文化差异使两国人民形成了不同的文化思维和处事方式。当跨文化传播者从一个国家到另一个国家后，面对这种巨大的文化差异，难免产生文化休克。

其次，文化休克产生的价值观念原因。价值观念是文化的重要组成部分，也是最易产生文化休克的重要原因。例如，中国人崇尚集体主义，而欧美等西方国家的人们则更注重个人主义。因此，当中国的跨文化传播者到西方国家后，在集体主义价值观念下的言行即容易与西方国家的主流价值观产生差异，而使跨文化传播者的言行显得特立独行，难以融入当地主流文化，进而导致文化休克的产生。又如，在中国文化中，尊老敬老是一种社会美德；而在西方国家，人们则十分忌讳被当作老人对待，认为年长或被称作老人则意味着失去生命活力与社会价值。因此，当中国的跨文化传播者初到西方国家，在公交车或地铁上为老人让座时，则不仅不会得到老人的感谢，反而会遭受老人的反驳甚至斥责。这就使得中国的跨文化传播者陷入价值观念混乱，从而引发文化休克。

最后，文化休克产生的行为观念原因。社会行为规范和行为观念是文化的重要组成部分，不同国家和地区的行为规范有着不小的差距。例如，中国人注重整体氛围，餐桌文化十分盛行。商务谈判时，习惯在办公室之外，利用商务谈判开始前、中途休息时以及以用餐时间了解合作伙伴。然而欧美等西方国家则更注重办公室的商务谈判，对于合作伙伴的了解也多限于工作场合。又如，同样是商务谈判，拉美以及中东地区的人们则认为与合作方搞好关系比达成合作更重要，双方的合作应建立在良好关系的基础上。

其二，社会心理学视角。

从社会心理学理论方面来看，文化休克现象可使用负面事件理论和社会支持减少论、价值分歧论进行分析。

所谓负面事件理论是近年来国外学者针对文化休克现象提出的一种心理学理论。负面事件理论的基本观点是，生活中有负面影响的事件会引起各种心理或生理方面的疾病。负面影响越大，时间越长，所引发的疾病也更加严重。值得注意的是，从跨文化传播视角来看，负面事件并非指负面性质的事件，正面性质的事件和负面性质的事件都可能产生正面和负面的双重影响，从而导致文化休克。一般来说，负面事件包括夫妻分离、工作调整 、经济状况改变、生活环境改变、疾病影响等。例如，跨文化传播者不仅面临着初到异国文化环境的适应问题，而且面临着夫妻、子女分离以及工作调整带来的挑战，同时还承担着经济压力、市场竞争压力所带来的巨大的心理负荷。这些均会对跨文化传播者产生较大影响，从而引发跨文化传播者的情绪低谷，导致文化休克的产生。

社会支持减少论，最早是由心理学教授艾德里安·弗恩海姆与斯蒂芬·博赫纳在其 1986 年出版的《文化冲击：对陌生环境的心理反应》中提出的。所谓社会支持，是指一个人在困难时得到亲戚、朋友、同事、熟人、邻居等在物质、道义和感情方面的帮助。 该理论认为，在跨文化传播产生的文化休克现象中，社会支持与一个人的生理和心理健康有着一定的联系。如果社会支持充足，那么一个人的健康状况就比较良好；如果缺少足够的社会支持，甚至完全丧失社会支持，那么就可能引发各种疾病。对于跨文化传播者来说，大多数跨文化传播者离开了自己的亲友、熟人和同学、老师、同事等构成的社会关系网，单独来到异国。他们在异国文化环境中的社会支持均相对较少，而国内的亲人和朋友因无法切身体会其处境而不能给予跨文化传播者实质上的帮助和足够的精神慰藉，因此产生心理疾病等各种疾病的概率较高，易引发文化休克。

价值分歧论是在跨文化传播者母国的价值观念与所在国家价值观念之间存在分歧的基础上而产生的一种研究跨文化适应的理论。这种价值分歧论认为，跨文化传播者的母国价值观念与所在国家价值观念之间的分歧越大，跨文化传播者越难以适应异国文化环境。我国学者认为价值分歧的主要因素在于，跨文化传播者均固守本民族文化的疆域界限，认同本民族文化的价值观、道德伦理标准以及语言文化，而对异国文化采取否定的态度，并有意识地与异国文化保持一定的距离。这种价值分歧论导致跨文化传播者来到异国文化环境中后，被自己所不认同的异国文化价值观念所包围，从而产生种种心理负面情绪，引发文化休克。

（三）文化休克的应对策略

文化休克是跨文化交流和交际中文化冲突的一种典型的、特殊的心理现象。文化休克通常带来的多为负面的、消极的影响，使跨文化传播者的心理平衡遭到破坏，陷入心理困境，不仅会引发一系列心理问题，还易引发生理上的不适与行为上的过激。然而近年来，越来越多的跨文化传播学者从动态的角度来看待文化休克现象，提出文化休克并不是一个人适应新文化失败的证明，而是跨文化适应的动态过程，有其积极的作用。其积极作用主要表现在文化休克能够为交际者提供学习异国文化的机会，并促使跨文化传播者逐步了解、熟悉、理解甚至接受异国文化，从而在学习和适应异国文化过程中不断提高自己的能力，积极处理异国文化的经验与技能。因此，我们应正确看待文化休克，认识到文化休克是跨文化传播过程中的一种客观存在，而且具有一定的普遍性。

尽管文化休克具有一定的正面影响，然而对于文化休克所产生的种种负面影响也不应忽视。面对文化休克现象，我们应从以下几个途径入手积极应对，以提高跨文化适应能力。

首先，积极主动的沟通行为。文化休克之所以产生，是由母国文化与异国文化之间存在的差异性所导致的。而这一点可以通过积极主动进行沟通寻求理解，从而跨越沟通障碍，达到有效交流与交际的目的。例如，欧美两国同为西方国家，而且两国均使用英语作为通用语言，然而两者之间的文化背景仍然存在着种种差异。例如，单词 bird，在英国文化环境中多用来形象年轻的女性，且带有一定的贬义；而在美国文化环境中则多指一种带有羽毛、会鸣叫的动物。又如，单词 geezer 一词，在英国文化环境中为描述普通人的俚语；而在美国文化环境中则带有一定的贬义，且常用来形容年迈的老人。再如，lift 一词在英国文化环境中指电梯；而在美国文化环境中则是搭便车的意思。这些语言方面的差异如果不留意则会产生误解，而如果不同的文化经过双方一定的交流后，了解了对方的文化背景，这种误会则可避免。又如，中国语言文化环境中，“老”为褒义词，由此产生了“老师”“老板”“老人”等一系列词汇；而西方语言文化环境中，“老”带有一定的贬义。

其次，熟悉异国文化礼仪。熟悉异国文化礼仪是融入异国主流文化环境的最直接、最基础也是最有效的方法。因此，跨文化交流和交际者来到异国环境后，应尽快熟悉和了解异国文化礼仪。例如，同样是打招呼，各国礼仪和方式是不同的。美国打招呼的方式为握手，两个人握住对方的左手或者右手，交握后简短上下摇动；菲律宾打招呼时，同辈之间打招呼的方式为拥抱、贴脸颊，晚辈与长辈之间打招呼的方式则为晚辈用自己的额头碰对方的指关节；泰国打招呼的方式为双手合十，状似祷告，其中，男士多将双手举至额间，女士则将双手放在胸前；而日本打招呼的方式多以鞠躬为主。了解问候、打招呼等基本礼仪，可能增加跨文化传播者在异国环境的融入。

最后，其他克服文化休克的办法。除了以上两种方法和途径外，还需尽快学习所在国家的语言，以便做到畅通交流。在前往异国前，即可提前了解该国的各种文化，同时充分了解文化休克，并时时关注自己的状态，避免文化休克状态持续时间过长；另外抵达异国后，应立即着手建立一个由外籍管理者和当地居民组成的有利于生活、工作和学习的支持网络，并积极学习克服文化休克的经验和方法。同时，坚定信心，面对困境时不轻易妥协，同时，保持与困难做抗争的决心和斗志，并注意规避通过喝酒、暴饮暴食等不良行为习惯排解不良情绪。在发生文化休克状态后，还可积极寻求专业人士的帮助，早日走出文化休克困境。只要不断扩大自己的知识面，提高自身的文化层次，开阔视野，包容异国文化，就一定能够走出文化休克的困境，并最终克服文化休克。

第二章　红色文化概述

第一节　红色文化的内涵与特征

红色文化是一种极具中国特色的文化，是中华民族宝贵的精神财富，同时也是中国先进文化的代表，是实现中国文化大发展、大繁荣以及建设文化强国过程中必不可缺的文化。

一、红色文化概念

红色在中国文化中是一个备受关注的颜色，受中国传统文化的影响，红色被赋予了多重含义。

（一）传统文化中的红色概念

红色是中国色彩文化中不可或缺的色彩，中国人对红色具有十分深刻的情感。这一情感主要源于远古时代的自然崇拜以及血崇拜。原始社会时期，由于人类对自然的认知十分有限，因此对自然现象产生了一种天生的畏惧与崇拜。其中，太阳能够带给人类温暖，帮助人们抵御黑暗和寒冷，原始人因此将太阳视为孕育生命的神，产生了太阳崇拜。然而，太阳落山后，黑暗和寒冷再次袭来，为此人类发现了火。火不仅照亮了黑暗，还驱赶了寒冷，而且还可以烹煮食物，使原始社会的人类改变了原有的茹毛饮血的生活方式，人类因此将对太阳的崇拜延伸到火崇拜。太阳与火均为红色的、明亮的，原始人也由此而赋予红色驱除恶魔、带来吉祥的寓意。

除了太阳崇拜和火崇拜之外，原始人还产生了血崇拜。血可以带给人类生命，而受伤流血的人则会失去生命，这使得人类对血液产生了一种既崇拜又禁忌的情感。血与太阳和火的颜色相同，均为红色，这进一步加重了人类对红色的独特情结。

原始社会时期的自然崇拜奠定了人类的红色情结，在数千年的历史发展中，人类在生活中赋予红色各种各样的含义，而只有充分了解红色在我国传统文化中的内涵，才能理解红色文化这一概念的历史渊源。

《现代汉语词典》中对“红”一词的定义包括六层含义，即像鲜血的颜色；象征喜庆的红布；象征胜利成功或受人重视、欢迎；象征革命或政治觉悟高；红利；姓。这些含义中既包括“红”的本义也包括象征意义。从红色的象征意义来看，其在中国传统文化中主要具有以下几层含义。

其一，红色象征喜庆、吉祥、幸福等含义。

红色作为太阳、火以及血液的颜色备受人类的喜爱，在中国传统文化中，人们喜欢在重要的节日或节庆活动中使用红色来表达喜悦的心情，象征美好与喜庆。例如，春节时贴的对联、福字、窗花，挂的灯笼，穿的衣服，长辈给晚辈的红包等均为红色，以象征喜庆与美好，祈求吉祥与幸福、又如，中国传统婚俗中新郎与新娘要穿红衣，戴红花，盖红色的盖头，举行婚礼的家中还要张贴红色的双喜字，等等，均具有祈求婚姻和爱情圆满、吉祥、幸福的寓意。

其二，红色象征顺利、兴旺、发达等含义。

红色作为一种象征喜庆和吉祥的颜色，还象征着顺利与成功，含有兴旺、发达等意义。例如，开店或办展览时多用红布结彩以寓意成功。而古代科考后，考中的学生骑红马、穿红衣、张红榜、戴红花等行为均体现了红色成功、顺利等象征含义。又如，现代汉语中的“开门红”“满堂红”“红运”等均含有顺利、兴旺、发达之含义，而“红眼病”“眼红”等词语则是从这些含义中引申出来的词语。

其三，红色象征生命、青春和健康。

红色作为人类血液的颜色，赋予了这一色彩生命和健康的象征意义。例如，人们形容一个人健康、充满生机，就会说这个人“红光满面”、脸色“红润”等。在此基础上，我国古代学者还将红色引申为青春，常常用红色作为修饰词形容正值青春年华的女性。例如，以““红粉青蛾”“红颜”等代表正当青春的女性；以“红妆”“红袖”“红玉”等形容女性的局部，表现出较强的生命、青春和健康的象征意义。

其四，红色象征耿直与忠心。

在中国传统戏曲中常在角色的脸部涂上各种色彩和图案，这些色彩和图案往往具有一定的象征意义，用来表现角色的性格以及立场等。而在中国传统戏曲中，脸部涂成红色则表示相应的角色具有忠诚、性格刚烈等特点。例如，中国传统戏曲中关公的角色即是红脸，表现出其忠义的性格特点。

其五，红色象征革命与牺牲。

在中国近现代历史上，红色的使用十分频繁，这与中国近现代历史上独特的政治和社会背景有关。中国近现代史是一部充满革命、牺牲以及不断追求进步的历史，在这一过程中人们出于激励、团结、鼓舞等目的，创造出了具有强大号召性和感召力的色彩，以激励人们在艰难的革命道路上不断前进和超越，战胜一个又一个困难。例如，红旗、红色标语、红领巾、红五角星、红军等均是红色革命的象征。

其六，红色象征危险与警示。

红色在中国传统文化中的象征意义大多是正面的、积极的，例如，幸福、吉祥、忠贞、健康、生命以及革命等。除了这些象征含义外，红色在中国文化中有时也具有消极意义。红色作为一种色彩饱和度较高的颜色，对视觉的刺激性较强，常常能够引起人们的关注，因此红色还被用作提醒、预示。例如，交通信号、警用信号、医用信号等均使用红灯作为警示；又如，教师批改作业、财务人员记账时，会使用红色笔标示出错误或赤字，以起到警示作用，表明问题所在。除此之外，现代汉语中的“红灯”“红牌”“红线”等均具有较强的警示意义，以及提示危险的作用。

（二）红色文化的时间界限

红色文化这一概念来源于中国传统的红色概念，红色文化作为我国的一种特色文化，产生于我国近现代时期，具有一定的时间界限。我国学者对红色文化的时间上限与下限存在一定的争议。

关于红色文化产生的起点，我国学者存在以下几种观点。

其一，中国红色文化的起始时间为旧民主主义革命时期。红色文化既包括旧民主主义革命时期的文化，也包括新民主主义革命时期的文化，还包括中华人民共和国成立后社会主义建设时期的奋斗精神和建设精神。持这一观点的学者认为旧民主主义革命时期的文化是我国革命文化的重要组成部分，因此应当被列入红色文化范围内。2011 年，中共中央办公厅、国务院办公厅发布的《2011—2015 年全国红色旅游发展规划纲要》明确指出，红色文化的资源为自鸦片战争以来至改革开放时期的所有革命文化资源。鉴于这一文件精神，我国部分学者认为应将红色文化的上限定为 1840 年鸦片战争之后。

其二，红色文化的起始时间为马克思主义理论传入中国之际。一些学者将红色文化限定为中国共产党领导的文化，因此将红色文化定义为马克思主义传入中国之后，伴随着马克思主义在中国的传播、中国共产党的诞生，以及中国共产党领导中国人民所进行的革命、建设和改革的每一项事业而形成的一种文化。

其三，红色文化的起始时间为中国共产党诞生之时。一些学者将中国红色文化的起始时间严格划定为中国共产党诞生之时，而自中国共产党诞生至中华人民共和国成立之前的一段时间为中国红色文化的形成时间。这一观点，将红色文化严格地限定为中国共产党领导的革命文化。

其四，红色文化的起始时间为五四新文化运动时期。五四新文化运动是我国历史上一次极其重要的社会运动，五四新文化运动是一次反封建主义、反礼教和反文言的思想启蒙运动。五四新文化运动沉重打击了统治中国两千多年的封建礼教，启发了人们的民主觉悟，推动了现代科学在中国的发展，并且为马克思主义在中国的传播，以及新民主主义革命的诞生与发展奠定了思想基础。持这一观点的学者认为正是源于五四新文化运动，中国红色文化才逐渐发展成为中国先进文化的代表。

其五，红色文化的起始时间是土地革命时期。一些学者认为，红色文化是在 1927 年大革命失败后，中国共产党在以井冈山地区和瑞金为核心的苏区土地上进行的反帝国主义和反封建主义性质的土地革命之际产生的一种独特的革命文化。

从以上有关红色文化的起始时间的梳理可以看出，我国学者普遍认为红色文化是一种发生在新民主主义革命时期的文化。

除了红色文化的起始时间之外，我国学者对红色文化的时间下限也存在一定的争议。具体包括以下四种观点。

首先，红色文化的截止时间为新民主主义革命的胜利。持这种观点的学者普遍认为红色文化即等同于革命文化，是革命年代的产物，因此中华人民共和国成立后，社会主义建设时期的文化不属于红色文化的范畴。

其次，红色文化的截止时间为新民主主义革命的胜利。持这种观点的学者赞同红色文化即等同于革命文化的观点，但认为中华人民共和国成立后，中华民族实现了全面解放，然而国内国际还遗留了多种问题，直至社会主义改造完成后，革命才真正实现成功。

再次，红色文化的截止时间为改革开放前。持这种观点的学者认同红色文化等同于特色文化的观点，认为红色文化是在中国共产党领导的新民主主义革命时期和社会主义建设时期形成的一种具有先进意识形态和物质载体的文化。

最后，红色文化仍处于发展之中。持这种观点的学者认同红色文化是一种与时俱进的先进文化的观点，认为红色文化既包括中华人民共和国成立之前，中国共产党所领导的新民主主义革命，也包括中华人民共和国成立后的文化建设和文化改革的基本成果，认为红色文化发展至今还未截止，还处于不断发展之中。

在这四种基本观点中，大部分学者倾向于第四种观点，即红色文化处于不断发展之中。

关于红色文化起止时间的不同观点，直接关系到学者对红色文化概念的定义和阐释。因此，明确红色文化的起止时间，是对红色文化的概念进行分析的前提和基础。本书认为，红色文化起源于五四新文化运动时期，且当前仍处于发展之中。

（三）红色文化概念争鸣

红色文化作为一种具有独立内涵的概念最早由刘寿礼于 2004 年在《苏区“红色文化”对中华民族精神的丰富和发展研究》一文中提出，十几年来，我国学者从不同角度对这一概念进行了阐述。

我国学者刘寿礼指出，红色文化从很大范围来说就是指在第二次国内革命战争时期诞生于井冈山和以瑞金为核心的中央苏区“红土地”之上的人民大众反帝反封建的革命文化。[①] 从革命文化论的角度对红色文化这一概念进行了解读。

---

① 刘寿礼．苏区“红色文化”对中华民族精神的丰富和发展研究 [J]. 求实，2004(07):33.

我国学者孙红霞在参照《中国大百科全书》对“文化”一词的阐释后，对红色文化的概念进行了阐释：“红色文化是在实现中华民族的独立、解放与自由的历史进程中，中国共产党人带领广大人民群众在革命战争年代和建设、改革开放时期，以马克思主义为指导，在整合吸收古今中外的先进文化的成果的基础上而形成的先进的制度文化和物质文化及其凝结的精神文化的有机统一，其核心为人的主体价值的实现。”[①] 这一概念是从先进文化的角度对红色文化进行的概括。

我国学者李水弟认为红色文化即为革命年代的文化，包括人、物、事、魂四方面的内容。其中，革命年代的人即是指为革命做出巨大牺牲的志士或烈士；而革命年代的物则是指革命志士或烈士所使用的物品，以及革命遗址等；革命年代的事则主要为革命志士或烈士所进行的产生较大影响的革命事件或活动；而革命年代的魂则主要指革命精神。[②] 这一概念是从革命文化论的角度对红色文化所做的定义。

我国学者管仕廷指出，红色文化是中国共产党领导中国人民在长期的革命和建设实践中锻造、积淀形成的一种特殊的文化类型，在内容与形式上有着特定的物质载体与丰富的精神内涵。[③] 这一概念则是从特色文化的角度对红色文化进行的阐释。

纵观以上学者对红色文化概念的阐释，分别是从先进文化论、革命文化论以及特色文化论的角度对红色文化概念进行的阐释，除了以上几种对红色文化概念进行分析的视角之外，还有学者从文化资源的视角对红色文化进行了阐释。这些学者立足点的不同，导致红色文化概念侧重各有所不同。无论是哪一个版本的红色文化概念均具有以下共性，即传统文化是红色文化的根源，马克思主义是红色文化的灵魂，中国红色文化有一个产生、发展的过程，在新民主主义革命、社会主义建设和改革开放过程中持续发挥着重要作用。

---

① 孙红霞．“红色文化”内涵探析 [J]. 商丘职业技术学院学报，2012，11(04):5.

② 邓显超，邓海霞．十年来国内红色文化概念研究述评 [J]. 井冈山大学学报（社会科学版），2016，37(01):31.

③ 邓显超，邓海霞．十年来国内红色文化概念研究述评 [J]. 井冈山大学学报（社会科学版），2016，37(01):35.

本书认为，红色文化是自五四新文化运动以来，在中国共产党领导人民进行反帝、反封建、反官僚资本主义的过程中所建立起来的，能够较好地反映中国共产党和其所领导的劳动人民的理想、信念、道德和价值的物质、精神和制度，以及传承、传播、记载、歌颂革命历史人物、历史事件的一切历史过程和现实中存在的文化综合体。

二、红色文化内涵

红色文化的内涵包括物质内涵、精神内涵和制度内涵三个方面。

（一）红色文化的物质内涵

中国共产党领导人民群众进行新民主主义革命、社会主义建设和改革的过程中不可避免地会进行各种活动，经历重大历史事件，这些活动和历史事件所遗留下来的各种建筑、遗址、遗迹以及后人出于追思和纪念而建立的各种纪念场所等共同组成了红色文化的物质内涵。红色文化的物质内涵是指多种有形的红色文化遗产，主要包括遗址、遗迹、革命文物、纪念场所。

其一，红色文化物质内涵中的遗址、遗迹。

红色文化物质内涵中的遗址、遗迹，既包括革命事件和革命活动的发生地遗址和遗迹、革命战争遗址等，也包括重要的会址、重要机构的办公地旧址等。新民主主义革命、社会主义建设和改革的各个时期，我国各地遗留了众多革命战争、历史事件的活动遗址。例如，江西永新县三湾改编旧址、山西灵丘县平型关大捷遗址、井冈山革命纪念地、湖南浏阳的秋收起义旧址和文家市会师旧址、贵州遵义会议会址、上海中共一大会议旧址、福建上杭县古田会议旧址、陕西延安市洛川县洛川会议旧址、四川省凉山州的会理会议旧址、河北保定的冉庄地道战遗址等，均属于革命事件和革命活动的发生地遗址、遗迹。此外，中国共产党在革命年代不同时期的办公旧址，例如，南昌八一起义指挥部、山东新四军军部旧址以及广州中华全国总工会旧址等，均为后人追忆历史、激发爱国和爱党情感的物质寄托。

其二，红色文化物质内涵中的革命文物类。

红色文化物质内涵中的革命文物主要包括革命年代保存下来的书籍、书稿、照片，革命志士所使用的物品等。这些文物既是历史事件的重要见证，同时也是核实历史、激发爱国情感、纪念和凭吊革命英烈的重要纪念物。例如，仅延安革命纪念馆一处即珍藏着5000多张珍贵的历史照片，数万册图书资料，这些均为后人核实史实、凭吊革命英烈的重要物品。

其三，红色文化物质内涵中的纪念类场所或遗址。

红色文化物质内涵中的纪念类场所或遗址包括名人故居、革命烈士陵园以及各种主题纪念馆等。其中，名人故居或以名人故居为主而建立的名人纪念堂，较好地保留了历史名人在革命战争年代或社会主义建设时期的生活和工作原貌，有利于后人通过参观瞻仰等活动追思历史名人，体会和学习这些历史名人为了追求信仰和理想而艰苦奋斗的精神。例如，不同革命时期，历史名人因工作和生活需要居住过的旧居，因其在革命中所起的特殊作用以及自身的伟大魅力而蕴含着丰富的红色文化精神，因此成为红色文化的重要组成部分，韶山毛泽东故居、朱德故居、邓小平故居等均属于此类。

革命烈士陵园是后人为了纪念在革命中做出重大贡献的志士或烈士而修建的纪念地、纪念陵园、纪念堂、烈士墓碑、纪念碑廊、史魂亭等。例如，抗美援朝烈士陵园、晋冀鲁豫烈士陵园等，这些革命烈士陵园中林木四季常青，是后人追忆历史、凭吊革命英烈的重要场所。

主题纪念馆是指后人为了纪念某次重大战役或重要历史革命事件等而建立的纪念性场馆，例如，抗美援朝纪念馆、辽沈战役纪念馆、九一八抗日纪念馆、中国人民抗日战争纪念馆等，这些革命历史纪念馆中保存着大量革命战争年代的文物和史料，这些珍贵的历史资料成为后人了解革命史实、接受革命教育的重要素材。

综上所述，不同类型的红色文化的物质内涵由于记载着新民主主义革命、社会主义建设和改革时期，无数仁人志士和革命烈士前赴后继，共同抵御外辱、浴血奋斗的历史，刻录着中国百年来顽强不屈的斗争历史，真实地反映了中国共产党领导全国各族人民共同奋斗，追求民族振兴和国家富强的历史进程。红色文化物质内涵作为历史的见证者，既具有史料价值，同时也是进行科学研究和历史教育的鲜活生动的教材，因此具有永恒的价值、顽强的生命力以及鲜明的教育意义。

（二）红色文化的精神内涵

除了物质文化外，红色文化中还包含大量非物质文化，这些非物质文化主要可划分为精神文化和制度文化两大类型。红色文化的精神内涵则是指红色文化中的物质内涵所承载的精神形态的红色文化，主要包括革命精神、革命文艺、革命故事、革命标语和口号。

其一，红色文化精神内涵之革命精神。

革命精神主要指中国共产党一路走来所历经的各个历史阶段和革命活动中蕴含的红色文化精神。其中最典型的包括井冈山精神、长征精神、延安精神、西柏坡精神等。不同时期的红色文化精神具有不同的特点。例如，井冈山革命根据地是中国共产党较早建立的革命根据地，也是中国共产党领导的第一个农村革命根据地。井冈山时期也是毛泽东思想的酝酿时期，这一时期，毛泽东在根据地建设中创造性地将马克思主义和中国实践相结合，系统地阐述了中国革命的发展，发表了《中国的红色政权为什么能够存在？》《星星之火，可以燎原》《井冈山的斗争》等一系列文章，在革命发展的低潮时期，对广大革命者起到了极大的精神鼓舞的作用。除了理论探索外，井冈山革命根据地还进行了土地改革和人民军队建设，逐渐形成了井冈山精神。1965 年，毛泽东重上井冈山之时明确提出了井冈山革命精神，井冈山革命精神具有“实事求是，敢闯新路”等特点。

长征精神是中央红军在第五次反“围剿”失败的前提下，迫不得已于 1934 年 10 月 10 日从中央苏区出发，向陕北转移，全程历时两年，辗转 14 个省市，行程两万五千里的革命历史转移行动。在长征途中，中国共产党人不仅要面临极度缺乏的物质资源，而且要面对极其恶劣的自然环境，并且前有堵截后有追兵，历经艰辛，做出了巨大牺牲。中国共产党人和中国工农红军却展现出坚定的革命信念，无论条件如何恶劣都不能阻挡他们前进的步伐，充分体现了不畏艰险、不怕牺牲、团结统一、顾全大局、自强不息、患难与共、爱护人民、顽强奋斗的伟大精神。

延安精神是指中国共产党带领的中国工农红军跋涉到陕北后，在一穷二白的基础上建立了陕甘宁革命边区，体现出自力更生和艰苦奋斗的革命精神。

西柏坡精神是指中国共产党在新民主主义革命即将取得胜利之际，所进行的一系列理论探索和革命实践。西柏坡精神是井冈山精神、长征精神和延安精神的传承和发展，体现了中国共产党敢于斗争、敢于胜利、民主进取、牢记“两个务必”的革命精神。

这些红色文化的精神内涵是实现中华民族伟大复兴过程中不可或缺的文化精神，在社会主义建设和乡村振兴中发挥着不可估量的作用和价值。

其二，红色文化精神内涵之革命文艺。

在新民主主义革命时期，为了鼓舞斗志、记录史实而创作了大量的文艺作品，这些文艺作品所蕴含的革命精神是我国红色文化的重要组成部分。例如，流行于山东一带的民歌《沂蒙小调》、流行于河北太行山一带的民歌《小放牛》等。这些革命文艺作品记录了中华儿女不畏艰辛、浴血奋斗的事迹和精神，激励着人们勇敢拼搏、一往无前。

其三，红色文化精神内涵之革命故事。

新民主主义革命时期，涌现出了一大批抛头颅、洒热血的革命先烈，他们用可歌可泣的英雄故事诠释了伟大的革命精神，以崇高的精神和伟大的人格魅力激励、教育着后人。例如，流行于河北乡村的抗日小英雄王二小的故事、狼牙山五壮士的故事，以及山东沂蒙红嫂的故事、沂蒙六姐妹的故事等。

其四，红色文化精神内涵之革命标语和口号。

在新民主主义革命时期，中国共产党在广大农村建立根据地，发动群众参与革命留下了大量的宣传口号和标语，这些标语和口号极大地鼓舞了人民群众的革命热情。例如，“收复失地，还我河山”“为保卫国土流最后一滴血”等。这些革命标语和口号分布广泛、数量极多、形式丰富，在新民主主义革命时期起着唤醒民众、打击敌人士气等重要作用，是红色文化精神内涵的重要组成部分。

综上所述，红色文化精神内涵贯穿于新民主主义革命、社会主义建设和改革的每一个阶段，体现了中华民族顽强的生命力和高度凝聚力，因此，红色文化精神内涵是红色文化的核心部分。除此之外，红色文化精神内涵还是中华民族精神的重要组成部分，红色文化精神薪火相传，是我们建立文化自信的重要支撑，是中华民族走向伟大复兴的精神力量，激励着一代又一代中国人不断奋发图强，走向光明的未来。

（三）红色文化的制度内涵

红色文化中的制度文化是指中国共产党在新民主主义革命时期、社会主义建设和改革时期所创建的一系列具有纲领性的理论、路线、方针和政策等。制度是一切政治理论和实践的基础，红色文化中的制度是中国社会主义初级阶段文化制度的重要组成部分，也是社会主义初级阶段主流价值观的制度化。除此之外，红色文化中的制度还是一切红色文化生产关系的总和，它以各种文化资源在不同文化主体之间的权利义务关系为内容，规定了红色文化生产力在中国特色社会主义文化空间中的生存和发展路径。[①] 红色文化中的制度在推动红色文化精神的发展中起着极其重要的作用，红色文化的制度内涵和精神内涵的协调统一以及相互融合，在推动红色文化真正形成一个民族乃至整个国家的强大的文化力的过程中起着极其重要的作用。主要表现在以下三个方面。

其一，红色文化的制度内涵具有相继性的特点，始终代表中国最先进生产力的发展方向。

从中国共产党诞生之日起，即承担着带领人民群众一起反帝、反封建、反官僚资本主义的责任。在新民主主义革命、社会主义建设和改革各个时期，虽然走过弯路，但是大部分制度均代表着中国最先进生产力的发展方向，推动中国革命不断发展。例如，井冈山时期，中国共产党即制定了我党历史上第一部土地法——《井冈山土地法》，打破了中国农村的封建生产关系，建立了适合时代发展要求的新型生产关系，极大地推动了农村先进生产力的发展。

其二，红色文化的制度内涵始终从人民群众的根本利益出发，保障了中国最广大人民群众的利益。

中国共产党始终代表中国最广大的人民的根本利益。无论是在新民主主义革命时期，还是在社会主义建设和改革时期，中国共产党所制定的各种制度均以最广大人民群众的根本利益为出发点，解决人民群众在生活和发展中所遇到的实际困难。例如，井冈山时期，毛泽东等中国共产党人即明确指出要关心和关注群众，解决群众所遇到的各种生活困难。“对于广大群众的切身利益问题，群众的生活问题，就一点也不能疏忽，一点也不能看轻。我们应该深刻地注意群众生活的问题，从土地、劳动问题，到柴米油盐问题。一切这些群众生活上的问题，都应该把它提到自己的议事日程上。”[②] 由此可见，中国共产党在制度文化上对最广大人民利益的保障与负责。

① 周宿峰．红色文化基本问题研究 [D]. 长春：吉林大学，2014：26.

② 周宿峰．红色文化基本问题研究 [D]. 长春：吉林大学，2014：26.

其三，红色文化的制度内涵见证了中国共产党代表先进文化的发展方向。

纵观中国共产党在各个历史时期所制定的制度，无论是政治制度还是文化制度，抑或经济制度，绝大部分均代表了当时先进文化的发展方向。例如，延安时期，陕甘宁边区文艺活动空前繁荣，主要原因之一即在于延安时期的文化制度代表着当时我国先进文化的发展方向。1942 年 5 月，《在延安文艺座谈会上的讲话》发表，在此基础上制定了为工农兵群众服务的文艺方针和制度，极大地推动了延安文艺的发展，催生出一批兼具艺术性和专业性的代表作品。例如，文学艺术领域的《小二黑结婚》《太阳照在桑干河上》《暴风骤雨》等作品即具有较强的先进文化发展方向的意义，这些作品在一定意义上纠正了自五四新文化运动以来形成的白话文学创作的欧化现象，创造出了真正具有中国白话文特色的文学语言，在推动中国现当代文学语言发展方向上发挥了积极作用。

红色文化的制度内涵的实质即中国共产党以中国特色社会主义制度的力量，发展、传承、引导、教化红色文化的理想和信念的精神。[①] 除以上三个方面之外，红色文化的制度内涵还在推动红色文化的形成与发展，乃至中国先进文化的发展方面呈现出强大的生命力，在推动中国主流文化、先进文化以及大众文化的发展中彰显出强大的文化生产力。

三、红色文化的特征

红色文化作为中国共产党所领导的先进文化，同时也体现了中华民族的优秀传统文化，集中反映了中国共产党和广大人民群众的思想和精神，其呈现出以下主要特征。

（一）先进性与传统性相统一

红色文化是一种先进性文化，是在革命斗争中成长和发展起来的，并随着时代的变化而不断发展、进步的文化。红色文化在新民主主义革命时期的内涵与表现和社会主义建设、改革开放等不同历史时期的内涵和表现均不相同。红色文化产生于新民主主义革命时期，这一时期最突出的表现就是爱党、爱国、坚定的革命信仰、革命首创精神。例如，井冈山精神，即在革命

① 周宿峰．红色文化基本问题研究 [D]．长春：吉林大学，2014：39.

处于低潮时期，在坚定的革命信仰以及爱党、爱国的精神支持下，中国共产党人表现出来的具有开创性和首创性的精神。井冈山时期所进行的土地改革尝试以及自给自足建设军队等革命实践，在当时均具有较强的首创精神和意义。又如，长征时期在极其艰苦的政治条件、物质条件下，中国共产党及其所领导的中国工农红军积极发扬不怕苦、不怕死的精神，在坚定的政治信仰的支持下创造了革命奇迹，完成了伟大的战略转移。此外，延安精神和西柏坡精神均是在不同的时代背景下，中国共产党及广大人民群众共同创造的具有开创意义的精神，代表着当时新民主主义革命的发展方向。

中华人民共和国成立后，红色文化的内涵从新民主主义革命转移到为社会主义建设服务上来。中华人民共和国刚成立时，国内各个行业和各个地区均面临着百废待兴的局面，以及极其复杂的政治环境。面对这种环境，中国共产党带领中国人民在一穷二白的基础上，充分发扬北大荒精神、铁人精神等创业精神和建设精神，推动中国经济建设取得了较快发展。改革开放以来，在中国共产党的带领下，中国人民开始了新的征程，充分发扬改革精神、开放精神等，在推动中国经济迅速发展的同时，与世界先进文化保持同步，充分体现出红色文化的先进性和与时俱进的特点。

综上所述，无论在哪一个时期，红色文化均走在社会发展的最前端，高举先进文化的发展旗帜，推动社会朝着先进方向发展。从这一意义上来看，红色文化的先进性特点表现得十分明显。然而，红色文化又根植于中华优秀传统文化，例如，中华民族自古以来即具有吃苦耐劳、忠义爱国、敢于创新等精神，这些传统文化精神是红色文化诞生的基础，因此，从这一视角来看，红色文化还具有传统性特征。

（二）民族性与时代性相统一

党的十九大报告指出："发展中国特色社会主义文化，就是以马克思主义为指导，坚守中华文化立场，立足当代中国现实，结合当今时代条件，发展面向现代化、面向世界、面向未来的，民族的科学的大众的社会主义文化"[①]。而红色文化则是社会主义文化的一种，是马克思主义传入中国后，在传播、发展过程中出现的一种文化形态，是在中国国情背景下出现并发展起

① 中共中央宣传部．习近平新时代中国特色社会主义思想学习纲要[M]．北京：学习出版社，2019: 139.

来的一种服务于社会的特殊文化，具有鲜明的民族性的特点。首先，红色文化并不是从国外传入中国的，而是中国共产党在领导广大人民群众进行革命、建设和改革的过程中，结合马克思主义文化与中国实际而创造出来的适合中国国情的文化。其次，红色文化在创造过程中，受到中华民族传统文化的较强影响。中华民族的传统美德是指在中国五千年历史发展中流传下来的，具有较强影响力，可继承性较强，并且在传承过程中不断创新发展，且有益于下一代的优秀文化遗产。这些中华优秀传统文化是团结友爱、自强不息、爱国爱民、天下为公、求索攻坚、勤劳节俭、见利思义、敬业尽责等优秀的道德品质、优良的民族精神、崇高的民族气节、高尚的民族情感以及良好的民族习惯的总和。因此，红色文化并不是某个时代的孤立产物，而是延续中华民族脉络，在民族特性的基础上产生的，从这一角度来看，红色文化具有极强的民族性特征。

此外，红色文化在发展过程中受不同时代的不同特点影响。例如，新民主主义革命时期，红色文化的物质内涵多表现为战争遗址、会议或重大事件的遗址以及烈士陵园等；精神内涵则多为不同时期在不同革命根据地形成的具有时代特色的精神文化等。社会主义建设时期，红色文化的物质内涵则表现为具有纪念性和开创性的工厂厂址、农业生产基地等；而精神内涵则多为大庆精神、雷锋精神、铁人精神等社会主义建设时期的奉献精神。改革开放时期，红色文化精神的内涵也越来越丰富，例如，创业精神、先锋精神、敢为人先的精神等均成为改革开放时期红色文化的代表，表现出鲜明的时代性特点。

（三）开放性和斗争性相统一

从红色文化产生到红色文化的发展、变迁可以看出，红色文化并不是一成不变的，而是具有较强的开放性特点。随着时代的变迁，红色文化在发展过程中不断吸收各个历史时期的文化精髓，汲取古今中外的文化精华，提升自身文化品质。从新民主主义革命时期到社会主义建设时期，再到改革开放时期，红色文化始终保持着开放与包容的特点，不断与时俱进，开拓创新，成为社会主义各发展阶段的文化助推器。例如，新民主主义革命时期，由于中华民族面临着严重的民族危机，这一时期爱国主义精神上升为红色文化的主体，牺牲精神和敢于反抗的革命精神在红色文化中表现十分突出。中华人民共和国成立后，随着社会主义改造的完成和社会主义基本制度的确立，红色文化的内涵逐渐转向为社会主义建设服务。这一时期，红色文化将大庆精神、铁人精神、大寨精神等吸纳进来，成为红色文化的突出代表。改革开放以来，中国的经济、文化等发生了天翻地覆的变化，敢为人先的创业精神、科研精神上升为红色文化的代表。伴随着时代发展，红色文化也处于不断发展过程中，受国际、国内文化影响，积极吸纳各个时代的新思想，不断丰富自身的内涵和表现形式，表现出极大的开放性。

此外，红色文化源于五四新文化运动时期，在反文言、反封建礼教、反传统的斗争中诞生，具有一定的斗争性特征。新民主主义革命时期，中国共产党带领人民群众以革命手段推翻了压迫中国人民的帝国主义、封建主义、官僚资本主义，表现出极强的斗争性特点。在革命战争年代，正是由于红色文化表现出来的斗争性特征，才鼓舞着中国人民推翻“三座大山”，建立了中华人民共和国。中华人民共和国成立后，进入社会主义建设时期，红色文化的斗争性又体现在用改革和发展的手段推翻阻碍社会主义生产力发展的一切旧制度，建立符合社会主义发展的新制度和新思想。改革开放以来，面对落后的生产力以及人们日益增长的物质、精神需求，红色文化的斗争性体现在与落后的生产力做斗争，不断通过促进科技发展推动红色文化的发展。综上所述，红色文化的斗争性是其保持旺盛生命力的原因之一，而斗争性则是红色文化的主要特征之一。

第二节　红色文化的生成机制与历史演进

红色文化是中国共产党在领导中国人民开展新民主主义革命、社会主义建设和改革过程中所创造的一种具有先进文化性质的无产阶级文化。红色文化作为中国的特色文化，其产生和发展具有一定的历史必然性和客观性。

一、红色文化的生成机制

红色文化的生成机制由实践基础与理论基础两个方面共同构成。

（一）红色文化生成机制之实践基础

红色文化生成的实践基础是由新民主主义革命、无产阶级群体的壮大、中国共产党的诞生等几个方面构成的。

其一，新民主主义革命。

新民主主义革命的起始时间为1921年中国共产党成立至1949年中华人民共和国成立前夕，这一阶段历时28年。这28年是中国现代史上极其坎坷的时期，为了实现推翻帝国主义、封建主义和官僚资本主义的目标，实现无产阶级和广大人民群众的胜利，新民主主义革命历经中国共产党的诞生、第一次国内革命战争、抗日战争、第二次国内革命战争等多个历史阶段。在这一过程中，中国共产党及其所领导的人民军队在探索民族解放和实现国家独立的过程中，抛头颅洒热血，勇往直前，实践着一个又一个救国方略，这些革命实践为红色文化的形成奠定了坚实的基础。

自1840年以来，中国沦为半殖民地半封建社会，无数仁人志士为了实现国家独立和富强而进行了种种救国实践探索，然而受各种因素的影响，这些救国方略虽然取得了一定成绩，但是也产生了诸多遗留问题。例如，1911年，辛亥革命推翻了清朝的封建专制统治，建立了资产阶级共和国，然而并没有彻底地打破封建土地所有制，也没有确立彻底的反帝国主义纲领，致使辛亥革命并没有完全改变中国半殖民地半封建社会的性质。尽管辛亥革命具有较强的不彻底性，然而其在一定程度上延缓了中国被西方帝国主义瓜分的进程。

五四新文化运动加快了马克思主义在中国的传播，1921年中国共产党诞生后即以国家为己任，扛起了反对帝国主义、封建主义和官僚资本主义的革命大旗，领导无产阶级和广大人民群众为取得新民主主义革命胜利而奋斗。红色文化即诞生于五四运动之后，中国共产党领导无产阶级进行新民主主义革命时期，由此可见，红色文化生成于中华民族面临生死存亡的现实危机之际，与新民主主义革命之间存在千丝万缕的关系。一方面，新民主主义革命为红色文化的生成提供了现实土壤，中国共产党在领导无产阶级进行新民主主义过程中通过克服种种困难，逐渐形成了红色文化的认同感；另一方面，随着新民主主义革命的不断发展，敌我双方的斗争也不断推动着红色文化的生成、壮大和繁荣。

红色文化中不仅包含着大量的物质内涵，还包含大量精神内涵和制度内涵，这些红色文化内涵中蕴含着丰富的政治理论、文化理论和军事理论，为推动新民主主义革命走向胜利提供了理论指导，而新民主主义革命实践又为红色文化理论提供了现实土壤。

其二，无产阶级的壮大。

红色文化是中国共产党领导广大人民群众进行新民主主义革命中生成的文化，新民主主义革命的性质是无产阶级革命。1840 年以来，西方帝国主义对中国政治、经济、文化等方面的侵略，在客观上推动了中国资产阶级的发展。在帝国主义、封建主义和官僚资本主义的压迫下，中国的无产阶级群体不断产生、发展并日益壮大。

1842 年，随着中英不平等条约《南京条约》的签订，广州、厦门、福州、宁波、上海作为通商口岸被迫开放，允许外国人在中国设立工厂，而西方帝国主义国家的工厂设立后对中国原有的民族经济产生了巨大冲击，无数手工业者和农民纷纷破产，不得不到外国人开设的工厂中成为一名工人，促使我国诞生了第一批无产阶级群体。这一时期，中国无产阶级的人数较少。19 世纪 60 年代，清政府为了学习西方的军事、科技、文化、教育等成果，兴起了洋务运动。在洋务运动的发展过程中，一些洋务派的代表官员开办了第一批中国近代军事工业和民用工业，进而产生了官僚资产阶级，而在洋务派兴办的军事工业和民用工业中则诞生了一批新的无产阶级。19 世纪 70 年代，在洋务运动的推动下，中国近代民族资本主义兴起，诞生了一批近代民族资产阶级，对农民和手工业者造成了巨大冲击，这些失去土地的农民和破产的手工业者纷纷进入民族资产阶级开办的企业中成为新的无产阶级，再次推动了无产阶级人数的增加。据有关数据统计，五四新文化运动前期，中国工业企业中的无产阶级已超 200 万人。无产阶级的人数与当时中国的总人口数量相比虽然较少，然而这支力量却是中国革命的一支生力军。

中国无产阶级具有较强的组织性和纪律性，而且近代中国无产阶级大部分由被剥夺了土地的农民组成，这些人在感情上与广大农民群众存在着天然联系，其亲属或家眷有许多仍然居住在农村。因此，这一无产阶级群体在中国共产党领导农民进行土地改革运动，或在农村建立革命根据地进行反封建、反帝国主义以及反官僚资本主义运动时是革命的天然同盟者。1919 年五四新文化运动的全面爆发标志着中国无产阶级作为一支独立的政治力量登上了历史舞台，开始释放出其所蕴藏的伟大力量。因此，无产阶级的壮大与发展是在中国进行新民主主义革命的基础，同时也是中国红色文化诞生的阶级基础。

其三，中国共产党的诞生。

中国无产阶级具有觉悟性高、战斗力强等特点，在中国共产党诞生之前，其就天然具有较强的反帝、反封建、反官僚资本主义意愿。然而由于这一群体具有文化水平不高、缺乏革命自主性等先天性致命弱点，在无人带领的条件下无法发挥出其巨大的能量。除此之外，由于近代中国无产阶级大多由农民或手工业者转化而来，这一群体受到中国封建宗法思想、行帮观念的影响较强，无法自行担负起中国革命领导者的重任。

除此之外，尽管五四新文化运动前夕，马克思主义即已传入我国，然而由于马克思主义作为一种哲学观念十分晦涩难懂，普通知识分子对其观念也难以接受，文化水平和文学素养较低的无产阶级更加难以理解马克思主义思想。因此，尽管早在俄国十月革命后在马克思主义理论的指导下建立了独立的社会主义国家——苏联，然而马克思主义理论在中国的影响仍然十分有限。

1921 年，中国共产党正式成立，尽管中国共产党诞生之初仅仅只有数十名党员，然而这些党员却构成了中国共产党发展壮大的坚实基础。中国共产党是受马克思主义影响而建立的，但是中国共产党并没有照搬马克思主义理论，而是将马克思主义理论与中国革命实际结合起来，成为马克思主义中国化的创造者、阐释者和传播者。他们不仅从理论上对马克思主义理论进行探讨，同时将马克思主义理论应用到革命实践中，使用通俗的语言和广大无产阶级易于接受的形式对马克思主义理论进行传播，使广大无产阶级理解中国革命现状，了解中国革命的未来，从而运用马克思主义理论将无产阶级组织起来，形成了新民主主义革命的群众基础，进而在新民主主义革命的过程中形成了红色文化。由此可见，中国共产党的诞生为红色文化的生成和发展奠定了基础。

（二）红色文化生成机制之理论基础

红色文化生成的理论基础主要包括中华优秀传统文化、马克思主义理论、毛泽东思想等三个方面。

其一，中华优秀传统文化。

中华传统文化具有悠久的历史渊源，中华民族绵延五千年，创造了辉煌的历史和灿烂的文化，形成了伟大的民族精神。其中尤其以爱国主义、民本思想、自强不息的奋斗精神最为受人瞩目。

首先，爱国主义。爱国主义是中华优秀传统文化的代表。人类社会在发展过程中随着私有制的出现即进入了阶级社会，出现了“国家”的概念。对个人来说，国家为个人提供生活和发展等必要条件，个人从国家汲取了生存、发展和完善自我的养分，在满足了个人发展所必不可少的政治、经济和文化需求后，即会从心理上对国家产生一种独特的眷恋和依赖之情。这种特殊的情感经过一代又一代中华儿女的培育后形成了一种系统的、理性的情感，经过升华后即形成了爱国主义情感。爱国主义情感是一种道德情感，同时也是一种政治规范和法律规范，是推动中华民族走向繁荣昌盛的民族精神的核心。近代以来，中华民族在西方帝国主义的侵略下，面临着数千年未有之大变局，在中华民族处于生死存亡之际，爱国主义成为中华儿女抵御侵略、挽救民族危亡的重要情感武器，促使人们团结在一起，并且不断克服困难，寻找治国救民的方略。最终在中国共产党的带领下，取得了新民主主义革命的胜利，并且在这一过程中促进了红色文化的形成。

其次，民本思想。中华优秀传统文化中的民本思想源远流长，早在商周时期即出现了民本思想的萌芽。我国古代思想家和哲学家老子、孔子、孟子等均对民本思想进行过论述，强调民为邦本、执政为民、听政于民、民为贵、君为轻等思想。这种民本思想为中国红色文化的形成奠定了理论基础。中国共产党在领导无产阶级进行革命时，在中华优秀传统文化中的民本思想的基础上，形成了执政爱民、全民全意为人民服务、从群众中来到群众中去的群众路线，以及紧密联系群众、以人为本等思想，这些思想成为中国红色文化中的重要理念，全面推动了红色文化的发展。

最后，自强不息的奋斗精神。自强不息的奋斗精神是中华优秀传统文化中的精粹之一。在《周易·乾卦》中即提出了“天行健，君子以自强不息”的言论。之后，在中华民族数千年的发展中，无数中华儿女在社会实践中践行着自强不息的精神。例如，司马迁、范仲淹、宋濂、李时珍等人均为自强不息的典范。自强不息还成为“贫贱不能移，威武不能屈”精神的基础。新民主主义革命时期，广大人民在中国共产党的带领下进行新民主主义革命时充分发扬自强不息的奋斗精神，坚持开拓进取、顽强拼搏。毛泽东就曾指出：“我们中华民族有同自己的敌人血战到底的气概，有在自力更生的基础上光复旧物的决心，有自立于世界民族之林的能力。”① 正是源于这种自强不息的奋斗精神，中国的新民主主义革命和社会主义建设、改革开放才最终走向成功，这些均为红色文化的产生奠定了基础。

其二，马克思主义理论。

马克思在19世纪以欧洲资本主义国家政治、经济的发展为研究背景提出了马克思主义，俄国十月革命的胜利实践了马克思主义理论，证明了马克思主义理论的成功，并且进一步发展了马克思主义理论。中国在20世纪初期的国内环境与俄国具有一定的相似之处。自1840年鸦片战争以来，中国革命先驱者们尝试采用各种方法来拯救濒于危亡的国家，然而这些努力均以失败告终，使中国革命的先驱者们陷入迷茫之中。俄国在列宁的领导下进行的十月革命带给中国人一种新的希望，在一定程度上引导中国革命的先驱者们以俄国为师，将马克思主义引进中国，希望可以用这一理论救中国。

马克思主义通过无产阶级政党领导革命斗争，并且主张将革命重心放在城市，不断累积革命力量，最终取得革命的全面胜利。而中国的现实国情与欧洲资本主义国家有着诸多不同之处，因此以毛泽东为代表的中国共产党人将马克思主义与中国的实际相结合，从而在革命实践和社会主义建设实践中践行马克思主义，为独具中国特色的红色文化的产生奠定了基础。主要表现在以下三个方面。

首先，马克思主义认为人民群众是社会历史发展的主要力量。马克思主义认为人民群众既是社会所有物质财富和精神财富的创造者，也是决定社会变迁的主要力量。马克思主义的这一唯物史观与唯心主义所主张的少数英雄史观正好相反，而俄国十月革命证明了唯物史观以及人民群众的力量，中国革命的先驱者最终依靠人民群众的力量而获得了胜利，人民群众是红色文化的创造者和传播者。中国共产党从人民群众的根本利益出发，带领人民群众创造以戏剧、诗歌、横幅等形式为载体的红色文化，并且通过各种形式宣传红色文化，体现新民主主义革命、社会主义建设和改革开放各个时期人民群众不畏艰辛、敢于拼搏奋斗、勇于胜利的高尚精神，将红色文化打造成为教育和团结人民的精神纽带，最终使其凝结为打击敌人的精神武器，成为人

① 李晓平，金宇．《毛泽东思想和中国特色社会主义理论体系概论》学习指导与练习[M]．北京：北京理工大学出版社，2019：17.

民群众在艰苦条件下取得新民主主义革命、社会主义建设和改革开放胜利的精神支持。

其次，马克思主义坚持共产主义的崇高理想和信念。马克思主义立足于辩证唯物主义，反映了人类社会发展的客观规律，是无产阶级革命的指导性思想，是最革命、最先进的理论。无产阶级革命的根本目的，是解放自己，而只有消灭剥削、消灭压迫，才能达到解放全人类、最终解放自己的目标。因此，马克思主义坚持共产主义的崇高理想，为了实现全人类的根本利益，必须坚定信念，在推动生产力和生产关系、经济基础与上层建筑的实践中不断趋近共产主义最高理想。中国共产党在带领人民群众进行革命、建设和改革时，也时刻以共产主义理想为核心，从而构建出红色文化的基本内核。

最后，马克思主义追求的核心价值为集体主义核心价值观。集体主义反映了个人对国家的依存关系，展现了个人对国家、民族、文化的归属感、认同感、尊严感和荣誉感的统一。马克思主义以无产阶级的世界性解放为根本目标，为了实现这一目标，必须放眼整体与未来，以个人利益服务集体利益为途径，从而才能为个体的自由发展创造有利条件。中国的红色文化以集体主义价值观作为最终价值取向，从而不断推动新民主主义革命、社会主义建设和改革开放的胜利，体现不怕牺牲、英勇奋斗的红色文化内核。

其三，毛泽东思想。

马克思主义以欧洲革命作为蓝本提出了无产阶级占领城市，进而取得胜利的革命方针，并且以此为指导，推动俄国十月革命取得了胜利。然而中国革命的实际情况与俄国革命存在着极大区别，以毛泽东为代表的中国共产党人通过将马克思主义与中国的实际情况相结合，从而形成极具指导意义的中国化马克思主义思想，并在此基础上推动了中国的无产阶级革命，对中国社会进行了深刻认识，并且对中国的革命道路进行了艰难探索。毛泽东思想是中国红色文化的基础，而红色文化也反过来孕育了毛泽东思想中实事求是、群众路线、独立自主这一活的灵魂。第一次国内革命战争时期，毛泽东对农民运动和农村阶级关系进行了详细研究，并且创作了《中国社会各阶级的分析》《湖南农民运动考察报告》等一系列文章，在这些文章中对中国的国情进行了详细分析，并且明确了中国革命的基本问题是农民问题。毛泽东在这些文章中阐释的想法成为毛泽东思想的最初萌芽。井冈山时期，毛泽东又在调查研究的基础上，发表了《中国的红色政权为什么能够存在？》《星星之火，可以燎原》《井冈山的斗争》等一系列文章，最终提出了中国革命以农村为中心，走"农村包围城市、武装夺取政权"的道路，这一极具中国特色的革命理论，象征着毛泽东思想的初步形成以及中国特色红色文化的形成。之后，随着毛泽东思想的不断成熟和发展，中国的红色文化也不断发展。

综上所述，红色文化的形成与发展，是以毛泽东思想作为基础理论的，中国共产党坚持实事求是，将马克思主义的基本理论同中国革命实际相结合的做法，是促进毛泽东思想的形成和发展的重要基础，为红色文化的产生提供了良好的文化氛围。

二、红色文化的历史演进

红色文化在中国的发展经历了多个历史演进阶段，其中包括萌芽阶段、生成阶段、发展阶段、转型阶段。

（一）红色文化的萌芽阶段

红色文化的萌芽阶段即指五四新文化运动时期至 1927 年。五四新文化运动时期，李大钊、陈独秀等中国共产党的主要创始人及其所带领的一批青年知识分子积极组织传播马克思主义，宣传马克思主义学说。例如，李大钊在五四新文化运动时期所撰写的《法俄革命之比较观》《我的马克思主义观》等文章中即详细介绍了政治经济学和科学社会主义、马克思主义唯物史观等基本原理。除李大钊外，李达在这一时期还翻译了马克思主义的经典著作《社会问题总览》《唯物史观解说》《马克思经济学说》等，这些著作和文章较为系统地阐释了马克思主义学说，并且对研究和传播马克思主义起到了较大的推动作用。在积极传播马克思主义理论的同时，中国共产党的先驱们还成立了中国最早传播和研究马克思主义的团体，例如马克思主义研究会等，为早期中国共产党的组织和成立奠定了坚实基础。这些五四新文化运动时期的先驱者也因此成为中国红色文化萌芽的主力军。五四新文化运动的核心是反封建精神、爱国精神、启蒙精神等，而在红色文化建设过程中，中国共产党主张建立民族的科学的大众的文化，宣扬爱国主义精神，提出以创新精神加强党的建设，继续发扬五四启蒙精神。

1920 年 8 月，上海共产主义小组正式成立。各地共产主义小组成立后，成立全国性统一政党的必要性愈发迫切。1921 年 7 月 23 日，中国共产党第一次全国代表大会在上海开幕，正式宣告了中国共产党的成立。中国共产党的成立是中国历史上开天辟地的大事，中国共产党第一次全国代表大会通过了中国共产党历史上的第一个纲领，其中确定了党的名称为中国共产党，提出了革命军队与无产阶级一起推翻资本家阶级的政权，援助工人阶级，并且承认无产阶级专政，消灭资本家私有制等重要纲领。同时，明确了中国共产党当前的中心任务。在举行中国共产党第一次全国代表大会期间，由于受到法租界巡捕的干扰，代表们从上海转移到浙江省嘉兴南湖的一艘游船上，继续进行了最后一天的会议。而位于上海的中共一大会址和浙江省嘉兴市南湖路上的南湖革命纪念馆因此成为红色文化的重要物质内涵代表。

（二）红色文化的生成阶段

五四新文化运动后，中国无产阶级队伍诞生，中国开启了新民主主义革命。红色文化的生成阶段即指 1927 年井冈山革命根据地建立至 1935 年。自 1927 年至 1935 年，中国共产党在八七会议后，尝试通过各种举措探索革命道路，在此期间中国红色文化也逐渐生成。

1927 年 8 月 7 日，中国共产党召开了历史上著名的八七会议，在大革命处于历史低潮的关键时刻及时总结了失败的经验和教训，确立了党在新时期的任务和方法，确立了实行土地革命和武装反抗国民党反动派的总方针。之后，中国共产党带领的人民群众进行了八一南昌起义，这次起义打响了中国共产党武装反抗国内反动统治的第一枪，同时也标志着中国共产党独立地创建革命军队和领导革命战争的开始。中国共产党在井冈山建立了革命根据地后进行了土地革命等实践，这些革命实践为探索中国革命的正确道路奠定了基础。在进行革命实践探索的同时，中国共产党人通过积极进行理论探索，探求中国革命的道路，构建了中国特色红色文化体系。包括与错误的非马克思主义主张做斗争，力争实现马克思主义大众化。与此同时，大力加强了军民的思想政治教育，为中国特色红色文化的生成奠定了重要的思想基础。除此之外，中国共产党在革命根据地建立后，大力兴办教育，尤其加强马克思主义理论教育，兴办俱乐部、列宁室等，为中国红色文化的生成奠定了教育基础。中国共产党人在加强马克思主义革命理论教育的同时，还积极发展新闻报刊事业，并且通过积极拓展马克思主义的传播渠道大力推动红色文化建设，极大地推动和提升了中国特色红色文化的影响力。

（三）红色文化的发展阶段

中国红色文化的发展阶段即指1935年遵义会议的召开至1949年中国新民主主义革命的胜利。

1935年，中国工农红军在长征途中召开了遵义会议，这次会议的召开标志着中国共产党开始独立自主地领导中国革命，并且开始积极探求中国革命的成功之道。遵义会议是中国共产党探索正确的革命道路的组成部分。在这次的会议上确立了毛泽东在党中央和红军中的实际领导地位，是中国共产党第一次独立自主地运用马克思列宁主义基本原理解决中国革命的基本问题的重要会议，是中国新民主主义革命史上一次极其重要的会议，也是中国革命的历史转折点。

除遵义会议外，中国共产党在长征途中也发生众多可歌可泣的事件，例如，飞夺泸定桥、强渡大渡河以及甘肃会宁会师等。这些历史事件见证了红军长征的历史，一路遗留下众多历史遗迹，这些历史遗迹以及中国工农红军长征路上所呈现出来的革命精神，共同构成了中国红色文化的重要内涵和载体，成为中国红色文化的重要组成部分。

1937年抗日战争全面爆发，中国共产党积极开辟敌后革命根据地和建立统一战线，在民族生死存亡的关键时刻提出了“坚持抗战，反对投降；坚持团结，反对分裂；坚持进步，反对倒退”的号召。经过十四年艰苦的抗战，中国人民终于取得了抗战的最后胜利。抗日战争胜利后，中国共产党带领全国各族人民进行了三年解放战争，终于实现了全国解放。在此期间，中国共产党领导人先后驻扎在延安和西柏坡，作为革命战争的指挥中心，一方面进行革命实践，继续探索适合中国国情的革命道路；另一方面，积极宣传马克思主义，并在理论上使用辩证唯物主义和历史唯物主义的观点总结中国特色社会主义理论的观点。在此期间积极编译和出版马克思主义著作，宣传马克思主义，并且通过各种文艺形式开展文化建设。最终形成了延安精神、西柏坡精神、红岩精神等红色文化精神内涵，以及大量红色文化物质内涵、红色文化制度内涵。

（四）红色文化的转型阶段

红色文化的转型阶段是指自 1949 年中华人民共和国成立至今，包括社会主义建设以及改革开放时期。

1949 年，中华人民共和国成立后，始终坚持中国共产党的统一领导，并且坚持马克思主义的指导思想地位不动摇。马克思主义也因此从中国共产党一个政党的指导思想上升为整个国家的主流意识形态。中华人民共和国成立至改革开放前这一时期，尽管革命文化成为社会的主流文化，然而，由于这一时期的社会主义建设实践过程中走了一些弯路，导致这一时期的文化样态呈现出畸变、异化的现象，使得革命文化呈现出非正常发展的态势。具体体现在两个方面。一方面，中华人民共和国刚刚成立时，面临极其复杂的国内国际政治局势，在这样的情况下，由于缺乏足够的实践经验以及现实的理论指导，一切均依靠逐步摸索而慢慢积累经验。这一时期受到“文化大革命”的影响，人们的思想觉悟较高，因此易导致极端思想。另一方面，中华人民共和国刚刚成立时，党和人民的主要任务是集中精力发展社会主义生产力，在短时间内推动中国从落后的农业国向先进的工业国转变。然而“前途是光明的，道路是曲折的”，这一时期对社会主义初级阶段斗争规律的深刻性缺乏清醒而明确的认识，受极端思想的影响，从而导致革命文化的畸变和异化，对国民经济和社会发展造成重大损失。在社会主义建设时期，中国人民在中国共产党的领导下，在践行马克思主义思想的过程中，经历了重重困难，最终重新回到了正确的发展轨道。改革开放以来，中国的时代主题转换为改革、开放和创新，社会主义文化建设也因此进入了新的历史发展时期，红色文化呈现出更加丰富的内涵。

纵观中国红色文化的历史演进，其发展与中国共产党以人民群众为中心、执政为民的历史实践的进程相符合。中国共产党自成立以来，即坚持全心全意为人民服务的根本宗旨，无论是推行土地革命，还是实行苏维埃劳动政策、保障工人权益，抑或大力发展教育、卫生等公共事业，提升人民群众的文化水平和健康水平，始终坚持执政为民的基本理念。而中国共产党执政为民的历史实践均以红色文化的物质内涵、精神内涵和制度内涵等形式保存下来，成为红色文化的重要组成部分。

中国红色文化的生成、发展以及转型是伴随着中国的发展道路而形成的，中国共产党初创时期，由于缺乏革命经验而在大革命中受到重创。在总结经验和教训的基础上，中国共产党人通过将马克思主义与中国的革命实际相结合，探索出了“农村包围城市、武装夺取政权”的革命道路，历经抗日战争和解放战争，终于迎来了中华人民共和国的诞生和人民群众当家作主。中华人民共和国成立后，经过社会主义改造确立了社会主义制度，为广大人民群众在中国共产党的带领下探索中国特色社会主义道路奠定了基础。在改革开放时期，中国的时代主题转换为改革、开放、创新，红色文化的价值与功能也相应地转变为以创新和开放为中心的价值内涵，并且取得了各项事业的成功，探索出了一条符合中国实际的中国特色社会主义道路。在这一过程中，红色文化伴随着中国道路的形成而逐渐发展和丰富，同时在中国特色社会主义道路建设和探索中起着十分重要的价值引领和精神支撑的作用。

第三节　红色文化的价值

文化是在人类发展和演进的历史进程中产生的，是社会大生产高度发展的结晶，同时也是一个民族生存和发展过程中赖以自立自强的精神支柱。红色文化作为中国特色社会主义文化的组成部分，是从新民主主义革命发展而来的一种极具有先进性的文化，在中国特色社会主义的发展中起着极强的推动作用。红色文化的价值主要体现在以下几个方面。

一、红色文化的政治价值

文化作为一种人类社会的精神力量，能够通过转化物质力量而对社会产生较为深刻的影响，对社会政治、经济、文化等方面产生作用。文化按照不同的标准来划分，可以分为多种类型。其中，政治文化是文化的重要的组成部分。政治文化这一概念是由西方政治学家加布里埃尔・A.阿尔蒙德提出的，他认为政治文化是指：“处在特定历史时期，由特定历史环境和历史条件所塑造的有着系统的组织结构、健全的规章制度、特定政治目标的政治共同体所形成的政治理念和共同认可遵循的社会价值观念。”① 政治文化从性质上来看，具有鲜明的政治特点，属于一种政治现象。

从文化范畴来看，政治文化具有精神特性。政治文化属于处于特定历史阶段政治共同体对特定历史条件下的政治历史、政治现实以及政治实践的主观能动的反映。其中，政治历史和政治现实是政治文化形成的基础，政治实践活动则对政治文化的生成和发展起着决定作用和导向作用。红色文化属于特定历史阶段所形成的一种政治文化，在红色文化的生成和发展中，政治价值在红色文化价值体系中处于主导地位。红色文化是自五四新文化运动以来所形成的具有中国特色的文化，其生成与发展与中国共产党的诞生、发展、壮大息息相关，较为集中地反映了中国共产党的政治理念、政治思想和政治作风。中国共产党的革命实践在红色文化的生成和发展中起着至关重要的作用，红色文化的价值内涵伴随着中国共产党的成长而不断丰富。除此之外，红色文化具有历史先进性和与时俱进的特点，其不仅是中国特色社会主义先进文化的源头，还是中国特色社会主义先进文化中的主流文化，其所承载的精神内涵和思想价值具有较强的政治价值指向，极大地丰富了中国人民的政治情感，体现了中国人民的精神面貌。红色文化还具有较强的传播中国共产党的政治理念、政治信仰，规范党员的政治行为，为中国共产党培养和造就政治人才、稳定政治关系、推动政治发展的政治价值和功能。红色文化的政治价值可从以下几个方面进行理解和认识。

（一）红色文化为中国共产党的执政奠定了基础

红色文化是伴随着中国共产党的诞生、发展与壮大而逐渐发展起来的，红色文化具有与时俱进的特点，并且可以被不断挖掘、开发和利用。红色文化是中国的主流文化，也是先进文化的代表。马克思曾指出：“思想的历史除了证明精神生产随着社会物质生产的改造而改造，还证明了什么呢？任何一个时代的统治思想都不过是统治阶级的思想。”② 这一理论表明任何一个时代的社会主流文化均是执政党治国理念和法治精神的高度凝练与体现。任何

① ［法］丹尼斯·库什．社会科学中的文化［M］．张金岭，译．北京：商务印书馆，2016：169.

② 中共中央马克思恩格斯列宁斯大林著作编译局．马克思恩格斯选集（第一卷）［M］．北京：人民出版社，2012：400.

一个执政党在执政过程中，均不可避免地对其政治倾向进行宣传，对舆论方向进行引导，对社会精神领域进行必要的净化，从而使得执政党的政策和执政理念得以顺利推行。

执政文化是执政党执政理念和执政制度的系统构建和精准契合，是执政党在执政过程中体现出来的主要文化，执政文化中蕴含着执政党治党和治国的价值取向，并且对处于执政党领导下的人们的行为模式进行具体规定。执政文化是一个国家文化竞争力在政治层面的最高体现，同时也是执政党立足于本国国情以及自身所处的历史方位而构建的具有中国特色的政治文化。中国的执政文化是中国共产党根据中国国情所创造的适应历史发展的客观规律的文化，在获得人民群众的广泛政治认同、提高党的执政能力、巩固党的执政地位等方面起着重要作用。执政文化是执政党政治理念、政治信仰和政治情感在精神层面的体现，对人们的行为和思想具有潜移默化的影响。

执政党的文化建设主要从思想文化建设和制度文化建设两个方面来切入。执政党的思想文化建设即是执政党在执政党内部和所执政国家内部传播能够促进社会进步的、先进的思想理念、价值体系、意识形态，从而引导人民群众将这种思想文化内化为个体的政治价值观，并使用这种政治价值观自觉规范个体的行为实践。执政党的这种思想文化建设是执政文化建设的重点和难点。执政党的制度文化建设则是通过有关法律制度对人们的行为进行规范。执政党的思想文化建设和制度文化建设之间存在紧密联系，其中思想文化建设是制度文化建设的基础，思想上的缜密能够体现制度上的严谨；制度文化建设是思想文化建设的反映，在具体的制度实践中可以反映思想文化建设的不足和缺陷，从而可以对思想文化进行丰富和完善。

红色文化是中国共产党结合中国国情而创建的一种特殊文化，其随着中国共产党的成长而不断丰富。红色文化的发展反映了中国共产党对中国革命道路的选择。在新民主主义革命时期，国内各种思潮涌动，历史和人民选择了马克思列宁主义，在中国共产党的领导下而奋勇前行。这一时期，包括几个关键的政治选择。例如，井冈山时期，中国共产党在井冈山建立革命根据地并提出了工农武装割据的思想，从理论上和实践上解释了中国红色政权的存在、建立等问题。延安时期，经过两万五千里长征，中国共产党在延安建立了红色政权，解决了中国共产党执政理念和政权建设问题。而中华人民共和国成立前的西柏坡精神则紧紧把握住了历史转折期，提出了“两个务必”的理念，对中华人民共和国成立后中国共产党如何执政的问题进行了探索和实践，确定了执政思想。这些红色文化具有十分重要的政治意义。

红色文化的生成过程即是中国共产党发展和壮大的过程，记录着中国共产党一路走来的历史，并且在中国共产党执政过程中进一步丰富和优化，因此，红色文化是中国共产党治党治国的宝贵历史资源和文化根基。红色文化具有无产阶级的阶级属性，同时又具有民族性、多样性以及历史承继性，在执政文化的形成过程中起着十分重要的作用，是中国共产党执政文化形成的基础，也是构建执政文化的重要资源。因此，可以说红色文化为中国共产党的执政奠定了基础。

（二）红色文化能够培养人民群众的政治认同感

执政党巩固统治、维护政治稳定的前提是其执政理念、政治价值观、政权架构等获得所执政国家人民的情感认同与支持。中国共产党之所以能够在中国近代林立的政党派别中脱颖而出，源于其所具有的广大人民群众基础。“只有相信人民的人，只有投入人民群众勃勃生机的创造力泉源中的人，才能获得胜利并保持政权。”① 毛泽东就曾指出人民群众在中国近代革命中所起的重要作用。而人民群众之所以认同和支持中国共产党是由中国共产党执政文化的性质所决定的。

中国共产党代表着最广大人民的根本利益，红色文化作为中国共产党形成和发展过程中所体现出来的具有中国特色的文化，体现了中国最广大人民群众的根本利益，蕴含着独特的人民性特点。红色文化经过新民主主义革命时期的锻造后，获得了广大人民群众的价值认同，红色文化的这一特点为中国共产党执政奠定了重要基础。

红色文化形成后，中国共产党在红色文化的社会化过程中起到了极其重要的引导作用。所谓红色文化的社会化，是指红色文化所蕴含的政治理念形成、发展、变迁的动态化过程。红色文化社会化的过程即是将红色文化中所蕴含的价值理念在社会上进行传播的过程。红色文化的社会化过程中，通过将其中所蕴含的意识形态的思想理念、精神价值传播给社会成员，从而促

① 王沪宁，林尚立，孙关宏．政治的逻辑：马克思主义政治学原理 [M]. 上海：上海人民出版社，2004: 376.

进社会成员对红色文化中所蕴含的价值观和思想理念的认同与内化。红色文化属于一种政治文化，其中蕴含着中国共产党的执政思想和执政理念，因此，红色文化的社会化对维持和巩固中国共产党的执政文化具有重要的影响，具有促进社会成员对中国共产党执政文化的认同的重要作用。因此，可以说，红色文化能够培养人民群众的政治认同感。

（三）红色文化为政治文化的发展提供思想支撑

执政党执政水平的高低直接关系到其所执政国家的文明及和谐发展程度，而执政党水平的高低受执政队伍和公民的思想道德素养、科学文化素质的直接影响。素质是能力的基础，如果一个国家公民的科学文化素质较高则会积极影响该国公民的思想道德素养的提高，而公民良好的思想道德素养和科学文化素质则有利于社会和谐及国家的长治久安。执政党能力和水平的高低则直接关系到执政党整体执政水平的高低。

中国共产党作为中国的执政党，其党员和干部思想水平、科学文化素养和政治素养的高低直接关系到中国共产党的整体执政水平的高低。中国共产党的党员和干部是中国共产党执政理念、执政思想贯彻落实的主体，同时也是中国特色社会主义先进文化建设的主导者和推动者。中国共产党的党员、干部的内在文化品格、素养以及外在行为模式，均对中国共产党的整体执政地位、执政权威以及执政文化的认同、各项政策的具体落实具有重要影响。

红色文化是中国共产党在新民主主义革命时期、社会主义建设时期和改革开放时期所形成的独特文化。因此，红色文化中所蕴含的精神理念、价值追求是中国共产党思想价值的集中体现，其既可以对广大人民群众的文化品格塑造和培养起到至关重要的促进作用，也对中国共产党的党员的个体思想、行为进行塑造和规范，从而推动广大党员、干部思想道德素质和科学文化素质的持续提升，为执政党水平的持续提高奠定了基础。从这一角度来看，红色文化能够为我国政治文化的发展提供思想支撑。

（四）红色文化丰富了政治理论的内容

任何政党的执政理论均是建立在一定文化资源基础之上的，中国共产党的执政理念是建立在红色文化的基础之上的，红色文化为执政文化的形成和发展提供了理论支持。

马克思主义指出：“人类社会发展的基本矛盾决定了人类社会是一个由低级社会向高级社会不断发展的螺旋式的自然历史进程，从自然经济到市场经济、从君主政治文化到民主政治文化、从两级思维到多级思维，这同人类文明发展的基本走向是一致的。”① 人类社会发展的这一客观规律决定了中国共产党在执政过程中必须紧跟不断发展与变化的政治实践特点，对政治实践的形式进行准确的分析与研判，从而不断把握政治实践的内在本质规律，丰富执政思想、执政理念和执政理论的内容，以确保执政思想、执政理念及其所依据的理论与时俱进，避免丧失执政资格。

任何政党的执政实践均建立在特定的执政理论的基础上，如果脱离了执政思想，任何执政实践均为无源之水、无本之木。红色文化作为中国特色执政文化的主要依据和基础，十分注重创新与发展。红色文化的核心与本质为马克思主义中国化，红色文化的发展过程在一定程度上就是马克思主义基本原理同中国国情创造性地进行结合的历史过程，这一理论特点决定了红色文化具有先进性的特点。红色文化具有较强的发展性，随着中国共产党的革命、建设和改革实践而不断丰富和发展。因此，红色文化丰富了政治理论的内容。

二、红色文化的经济价值

红色文化虽然属于精神资源，但是其亦表现出较强的物质内涵，因此红色文化资源在推动社会经济发展中具有一定的作用，呈现出一定的经济价值。红色文化的经济价值并非如政治价值一样是与生俱来的，而是随着社会经济的发展而逐渐体现出来的。红色文化的经济价值主要体现在以下三个方面。

（一）红色文化是社会主义市场经济的强大动力

历史唯物主义认为，在社会发展中，生产力决定生产关系，在特定历史阶段中，与历史阶段相适应的生产关系各方面的总和构成经济基础，而经济基础决定上层建筑。一方面，经济基础是上层建筑赖以产生、存在和发展的物质基础，任何上层建筑的产生均与其特定阶段的经济结构有关。另一方面，经济基础对上层建筑的性质、变化具有决定性作用。经济基础的性质直接决定着上层建筑的性质。例如，在封建社会中，地主阶级在社会经济发

① 韦日平．马克思主义中国化新进程研究[M]．南宁：广西人民出版社，2015: 229.

展中占有主要地位，因此建立在经济基础之上的上层建筑即是为地主阶级服务，体现出地主阶级专政以及地主阶级的意识形态特点。在资本主义社会中，资产阶级在社会经济发展中居于主要地位，相应地，资本主义社会的上层建筑即以资产阶级专政和资产阶级意识形态为主要内容。此外，当社会的经济基础发生变动时，社会的上层建筑也会发生相应的变化。

人类社会由政治、经济和文化三种形态组成，其中社会文化是在社会经济和政治的影响下形成的。在社会经济的影响下，上层建筑对社会文化的形成与发展起着决定性的作用，同时社会文化又对社会政治和经济产生着巨大的影响。

红色文化是在新民主主义革命时期、社会主义建设和改革开放时期形成的，对新民主主义革命时期的经济和政治建设起着十分重要的作用，同时在社会主义建设和改革开放中也发挥着十分重要的作用。尤其是改革开放以来，随着社会主义市场经济的构建，社会生产力的发展，人民生活水平不断提高，红色文化在推动社会经济和政治发展中起着十分积极的作用，主要体现在两个方面。一方面，红色文化中包含着解放生产力和发展生产力的科学思想，实事求是以及按照客观规律办事的科学态度，这种态度在推动社会主义市场经济的发展中属于必需的基本态度；红色文化中还包含着大量优秀的精神品质，例如，不怕牺牲、不怕困难、艰苦奋斗、积极进取的精神等，这些精神也是发展社会主义市场经济中不可或缺的。因此，从红色文化的内涵来看，红色文化在推动社会经济建设中起着积极作用。另一方面，红色文化中还包含着大量经济理论，这些经济理论在推动社会主义市场经济的健康发展方面发挥着极为重要的功能。

（二）红色文化是社会主义经济发展的重要媒介

社会文化与社会经济之间存在着千丝万缕的关系。红色文化的形成和发展经历了较为漫长的时间，新民主主义革命时期，中国共产党根据中国国情提出了“农村包围城市、武装夺取政权”的革命战略，在中国广大农村地区建立了多个革命根据地。这些革命根据地大多位于经济欠发达的农村地区，留下了众多革命遗迹和革命精神。这些革命遗迹和革命精神是中国红色文化的重要组成部分，同时也是革命根据地的重要文化资料。

新民主主义革命时期的一些革命参与者的子孙在现实社会中通过参与

社会经济活动而成为国内外较为知名的企业家、实业家或经济学家，在现实社会中具有较大的影响力。这些企业家、实业家、知名经济学者或具有较强社会影响力的学者等，对祖父辈所生活过、战斗过、从事过社会建设与改革的地方有着较为深刻的感情，通过各种方式直接或间接地支援红色革命老区的经济，从而达到推动中国区域经济发展的目的。在现实社会中，红色革命老区可以借助红色文化的力量，以红色文化为纽带进行招商引资、引才引智，为当地经济的发展提供有效平台，从而推动红色革命老区经济效益和社会效益的发展。

（三）红色文化产业是社会主义经济新的增长点

改革开放以来，随着社会经济的发展，各地政府纷纷寻找和打造新的经济品牌，红色文化作为社会大众认同度较高的社会文化，能够较好地唤起社会大众的共鸣，成为近年来旅游文化的重要组成部分。例如，革命老区井冈山、延安、西柏坡等地均建立起了较为著名的红色旅游品牌，通过大力挖掘区域所在地的红色文化资源，构建了具有特色化的红色旅游品牌。

新民主主义时期的革命老区大多远离城市，位于地势险要、易守难攻的山区，这些地区虽然经济条件较差，却拥有丰富的自然资源，风景优美，生态宜人。对于生活在拥挤喧嚣的都市的人来说，到这些地方旅游可以达到回归自然、放松身心的目的。而革命老区作为新民主主义革命时期革命先烈生活和战斗的地方，到处都保存着革命遗迹以及可歌可泣的动人故事，是红色文化中宝贵的物质内涵和精神财富，同时也是建立红色文化旅游品牌所必需的资源。红色文化旅游将革命老区的红色文化资源与自然生态资源相结合，将红色文化的思想道德教育与文化娱乐、观光旅游结合起来，两相辉映，在推动革命老区经济发展的同时，还传播了红色文化，提高了广大人民群众的思想道德水平，同时能够使人民群众欣赏到在城市中难得一见的自然生态美景，可谓一举多得。

革命老区大多位于山区，这里的百姓大多以务农为生，以种植业、养殖业以及农牧产品的加工作为主要收入来源，经济类型较为单一。而旅游业作为服务业能够带动周边农户农产品和加工产品的销售，同时可以带动区域内餐饮、住宿以及休闲娱乐产业的发展，从而为当地经济的发展创造新的经济增长点。

在红色文化旅游品牌建立的同时，还能够带动革命老区红色文化的生产，促进当地红色文化产业的发展。红色文化产业的发展涉及红色文化的生产与消费，是社会主义经济发展的重要途径，能够促进社会主义经济新的增长点。红色文化的生产可细分为物态化红色文化产品的生产和精神形态的文化产品的生产。其中，精神形态的红色产品的生产是将新民主主义革命时期，革命先驱在战斗、劳动或工作中使用过的物品，能够证实身份的各种证件等整理和挖掘出来，展现革命先驱艰苦奋斗、矢志不渝的革命热情等精神形态的文化。除此之外，还包括后世艺术家在缅怀革命先烈的过程中，按照人民的意愿所表达的个人或大众的情感，所创作的精神产品，或对新民主主义革命时期各种活动所进行的总结，如先进的理论以及革命作品等。物态化红色文化产品的生产，是指利用社会化生产工具将艺术家、理论家或作家等所创造出来的红色精神文化进行制作、加工和复制，从而转化为社会产品的生产过程。例如，以西柏坡精神为主题的书籍或画作等。

红色文化的消费则体现出红色文化消费的精神性特点，即通过红色文化旅游、观看红色文化相关的书籍、电影等而获得思想的启迪、知识的丰富、意志的磨炼、榜样的向往、精神的愉悦。而红色文化的精神消费则需借助一定的物质消费。例如，红色文化旅游需借助旅游风景区、纪念馆等场所；红色影视文化则需借助电视、电影院等媒介。红色文化的消费由于属于精神消费，因此能够对人们的思想、道德、世界观、人生观、价值观等产生影响。而红色文化消费的过程，则对社会经济具有较强的带动作用，在一定程度上推动了社会经济的发展。

三、红色文化的教育价值

红色文化中包含着中国共产党的历史文化、政治道路选择，蕴含着中国共产党进行自我教育和全民教育的丰富资源，对于弘扬和传承中国革命精神，提升民族文化自信具有十分重要的教育意义。例如，红色文化中蕴含的中国共产党的历史文化和政治思想是中国共产党党内教育的极佳素材；遍布全国各地的红色遗址和红色故事，则是广大人民群众思想教育的源泉。红色文化的教育价值主要表现在以下几个方面。

（一）红色文化的党史教育功能

红色文化的产生与发展与中国共产党的诞生与发展相适应，是中国共产党诞生以来带领无产阶级和人民群众进行新民主主义革命、社会主义建设以及改革开放的过程中所形成的。从某种程度上来看，红色文化的发展史与中国共产党的发展史具有统一性。

红色文化记录了中国共产党从小到大、从弱到强的历史。中国共产党诞生后，吸引了一大批具有先进思想的革命志士投身到革命斗争中，在中国发起了伟大的五四运动，拉开了新民主主义革命的序幕；其后，在人民群众的支持下，中国共产党领导的革命队伍逐渐壮大，先后取得了抗日战争和解放战争的伟大胜利，建立了中华人民共和国。在这一过程中，无数革命先烈的革命事迹所形成的革命精神，革命先烈在革命过程中所遗留下来的种种革命遗迹，新民主主义革命时期中国共产党所制定的各种政策和制度等共同构成了具有鲜明中国特色的红色文化。

中华人民共和国成立后，面对百废待兴的国内环境以及国外复杂的政治环境，中国共产党带领中国人民在一穷二白的基础上，经过社会主义改造正式确立了社会主义制度。由于对马克思主义理论的认识程度不足，缺乏历史经验的参考，中国共产党在社会主义建设的过程中走了一些弯路。然而这些弯路也体现出中国共产党在社会主义建设中所进行的探索。这些社会主义建设时期的成就、弯路与探索均反映在红色文化中，因此红色文化较为忠实地体现了中国共产党在社会主义建设时期的历史。

改革开放以来，为了适应国际国内环境的发展，中国共产党带领中国人民从社会主义计划经济体制向社会主义市场经济体制转变，经过一系列深化改革，带领中国人民朝着实现中华民族伟大复兴的道路前进，进入全面建成小康社会、加快社会主义现代化建设的新的发展阶段。这一时期的红色文化中较为完整地反映了中国共产党在实施改革与发展中的历史轨迹。

综上所述，红色文化较为完整且全面地反映出中国共产党在革命中诞生、成长和壮大的历史，以及中国共产党带领广大人民群众进行社会主义建设和改革的历史进程。红色文化中包含着中国共产党的革命史、奋斗史，是中国共产党一路走来的光辉历史的文化记载。因此，从这一层面来看，红色文化具有较强的党史教育功能。

（二）红色文化的德育价值

红色文化诞生于新民主主义革命时期，为了推翻压在人民群众头上的“三座大山”，中国共产党领导广大人民群众进行一次次革命斗争。这些革命斗争充分显示了人民不畏强权、勇敢向前的革命精神。这一时期的长征精神等共同构成了红色文化的内涵，记录着中国人民在革命中的牺牲精神、坚定的爱国主义精神等，是红色文化的基础和核心。

红色文化中所包含的宝贵的精神价值是进行德育的重要资源。爱国主义是中国传统道德之一，也是红色文化中永不褪色的主题。中国共产党在领导广大人民抗击帝国主义和建立中华人民共和国的过程中付出了巨大牺牲。中华人民共和国成立后，中国共产党人高举爱国主义精神旗帜，充分发挥自强不息的精神，不断革新求变，推动了社会主义建设和改革，带领人民群众走上了中华民族伟大复兴的道路。而这种爱国主义精神深深地印刻在红色文化中，因此红色文化是进行爱国主义教育，加强民族团结，增强民族凝聚力的重要资源。

红色文化诞生于中国近代史上中华民族处于生死存亡的关键时期，这一时期，无数共产党员及其所带领的中华儿女出于对祖国深厚的真挚情感，不惜抛头颅、洒热血，为新民主主义革命的胜利做出了巨大牺牲，发生了许多可歌可泣的故事，这种爱国主义精神通过爱国主义事例、红色标语、红色歌曲、红色漫画、革命戏剧以及革命烈士陵园等形式反映在红色文化中。而在社会主义建设时期，中国共产党及其带领的人民群众踊跃参加社会主义建设，产生了雷锋精神、大庆精神、铁人精神等；改革开放新时期，中华儿女在中国共产党的带领下，万众一心，众志成城，以时代精神谱写出爱国新篇章，这些精神均被红色文化所吸纳。因此，利用红色文化进行教育，能够培养和激发人民群众的爱国主义情感。

红色文化中还包含着大量集体主义价值观以及诸如艰苦奋斗、勇往直前、敢于拼搏、艰苦朴素等社会公德。例如，艰苦奋斗是中华民族的传统美德，同时也是红色文化的重要组成部分。在不同时代，艰苦奋斗精神的表现形式不同。在新民主主义革命时期，艰苦奋斗精神是不畏生死、不惧艰难、迎难而上、保家卫国；在社会主义建设时期，艰苦奋斗精神是不怕苦、不怕累、坚持不懈、勇于攀登；在改革开放时期，艰苦奋斗精神则表现为积极进取和勇于开拓的精神。无论是哪一个时期的艰苦奋斗精神均具有较强的德育价值。

（三）红色文化的思想政治教育价值

红色文化作为一种文化形态，具有思想教育的价值。红色文化的思想政治教育价值主要体现在红色文化的导向价值、红色文化的激励价值、红色文化的凝聚价值、红色文化的教化价值等方面。

红色文化作为一种政治性较强的文化，具有较强的导向价值。一方面，红色文化能够引导人们树立正确的价值观。红色文化是中国共产党坚持马克思主义信仰以及共产主义伟大理想，并朝着这一伟大理想不断前进中所形成的一种政治文化。红色文化中所蕴含的中国共产党及其带领的中华儿女不畏艰难、勇于攀登、敢于牺牲、艰苦奋斗的精神可以对人们的思想和价值观念进行引导，引导人们树立正确的价值观念。而人们树立正确的价值观念有利于全国人民树立共同的理想和信念，凝聚强大的精神力量，强化基本道德规范。

另一方面，红色文化中所蕴含的无数中国共产党人不畏牺牲、艰苦奋斗、前赴后继的精神具有较强的感染力，能够激发人民群众的爱党、爱国热情，起到营造积极健康的社会舆论环境和宣传法治观念的作用，有利于引导人们建立起共同的价值观念，并以积极健康思想和价值观念规范人们的行为。

除此之外，红色文化还具有较强的激励价值、凝聚价值、教化价值等。

第三章　红色文化对外传播价值与途径

第一节　红色文化对外传播的价值和意义

当今世界各国综合国力的竞争日益激烈，这些竞争不仅包括政治、经济、军事、科技等硬实力的竞争，还包括以文化为核心的软实力竞争。尤其是近年来，随着世界整体经济发展速度放缓，以文化为核心的软实力在世界综合国力竞争中的重要性日益凸显。改革开放以来，随着中国经济、科技的迅速发展，中国的综合实力日益增强，就文化实力来看，中国作为一个数千年文明未曾间断的国家，拥有灿烂辉煌的文化，是我国文化软实力的重要基础。改革开放以来，我国高度重视红色文化的对外传播与发展。进入 21 世纪后，中国文化对外传播进入一个新的阶段。党的十八大提出了弘扬中华优秀传统文化、提高国家文化软实力，建设和打造文化强国战略的构想。学者张浩指出："要努力传播当代中国价值观念，展示中华文化独特魅力，要使中华民族最基本的文化基因与当代文化相适应、与现代社会相协调，把跨越时空、超越国度、富有永恒魅力、具有当代价值的文化精神弘扬起来，把继承传统优秀文化又弘扬时代精神、立足本国又面向世界的当代中国文化创新成果传播出去。"①

红色文化作为中国特色文化，属于中国先进文化的组成部分，也是中华优秀传统文化的重要组成部分。红色文化的对外传播直接关系到中国的对外形象，影响中国在国际上的地位，因此研究红色文化的对外传播价值和意义在中国文化对外传播中具有十分重要的作用。

① 张浩．开放兴邦：新时代中国特色社会主义对外开放思想 [M]. 北京：研究出版社，2018: 90.

一、中华文化对外传播历程

文化是一个国家和民族的精神底蕴和价值追求的集中体现，中华文化自古以来即十分重视文化的对外传播与交流。辩证唯物主义认为，世界上万事万物均处于不断发展和变化之中，因此应该用发展的眼光看待问题。任何事物均不是孤立存在的，了解事物发展的历程，有利于对事物发展规律的把握。了解中华文化自古以来的发展历程有利于探索当前中华文化对外传播战略。

（一）古代中华文化对外传播

中华文化数千年的发展史中一直伴随着对外传播与交流，通过文化的对外传播，一方面将中华民族先进的物质、精神和制度文化传播出去，另一方面则以一种积极的态度吸收来自其他国家和地区的优秀文化成果，将其与中华传统文化相融合，丰富中华传统文化，进而达到不断推动中华民族文化发展与进步的目的。从中华民族数千年的发展史来看，古代中华文化对外传播事件主要代表为张骞出使西域、日本遣使赴唐以及郑和下西洋等。

早在西汉时期，汉武帝就派遣张骞出使西域，以实现政治上联盟抗敌和文化上对外交流的目的。张骞两次出使西域，前后长达 18 年，这一壮举在政治上达到了孤立匈奴的目的，在经济上则打通了与西域开展贸易的通道，开辟了古代“丝绸之路”，极大地促进了中原地区与西域诸国的贸易交往。从文化上来看，张骞出使西域不仅为汉朝树立了良好的形象，还促进了中外文化交流与传播，中原文化与西域各国的文化通过古代“丝绸之路”得到了交流与融合，实现了相互借鉴的目的。中国的丝绸文化、漆器文化、铜文化、冶铁技术和造纸技术等传入西域，在促进西域经济发展的同时，极大地丰富了西域各国人民的精神生活，而西域的音乐和舞蹈、波斯的美术等文化传入中国，被中华文化加以吸收和融合，极大地丰富了中华文化的内涵。

隋唐时期，中华文化进入鼎盛和繁荣时期，其先进和文明程度使得中国在世界上享有很高的声誉。唐朝时期政治开明、经济繁荣、国力雄厚，且实行兼收并蓄、开明昌达、善交友邦、开放自信的文化政策。一方面通过陆上“丝绸之路”和海上交通与外国进行经贸往来；另一方面在与东西方各国进行经济往来的同时，也十分注重对文化的对外传播与交流。这一时期文化的对外传播方式十分丰富，不仅与周边国家和地区互派留学生，还向外输出制度文化，与各国进行音乐、舞蹈、美术等艺术交流，国外的宗教文化也同时传入我国。隋唐时期，日本设立遣隋使和遣唐使制度，通过向隋唐派遣使者学习隋唐的文化和制度，这使得中华文化得以借此向国外传播。

明朝时期，明成祖朱棣实行对外开放政策，派遣郑和通过下西洋的方式与其他国家和地区建立和平友好关系，进行经济、文化交流。郑和是中国和世界历史上伟大的航海家，其一生率领巨型舰队七下西洋，渡南洋，过印度洋，达红海，航程总计 16 万海里，历经东南亚、南亚、西亚和东非的三十多个国家和地区，创造了中国古代航海史上的奇迹。

郑和下西洋时期，东南亚、南亚的许多国家和地区与中国相比文明程度较低，郑和及其所带领的舰队通过赏赐和贸易的方式，将中国出产的丝绸、青花瓷器、茶叶、漆器等物质文化传播到东南亚和南亚各国，同时又将这些国家和地区的名贵香料和药材等丰富物产文化带回国内，极大地促进了双方的物质文化交流。除此之外，郑和下西洋还将中国成熟的制度文化传播到东南亚和南亚各国，极大地提升了中国的威望和国家形象，彰显了中华文化的魅力。

从中国数千年的发展史来看，中国古代文化对外传播活动较少，缺乏文化对外传播的积极性和主动性。这一点值得当今文化传播活动警惕。纵观中国古代各个时期的文化对外传播活动，均秉承和平精神、开放思想和互利观念，这三个方面成为中国古代文化对外传播的主要特点，同时也构成了中国古代文化对外交流实践的思想内核，对当前中国文化对外传播理念仍然具有一定的借鉴作用。

（二）改革开放以来中华文化对外传播

1840 年后，中国社会发生了剧烈变革，面对西方列强的侵略，中华传统文化的地位遭到了严重动摇和威胁，中华文化随着中国社会道路的探索开启了长达百年的动荡和变革过程。这一时期，中华传统文化相对式微，而西方现代文化则被大量介绍到我国。在轰轰烈烈的时代背景下，中华文化这一时期的对外传播十分有限，以西方文化大量输入为主，中华文化也在这一时代背景下逐渐从传统走向现代。

中华人民共和国成立后，马克思主义政治文化成为社会主流文化，而中华传统文化则被压抑。改革开放后，人们开始对中西方文化对中国的影响进行反思，并引发了学术界的“中西之辩”。20 世纪 80 年代中期，中华传统文化的现代化问题开始受到学者的关注。然而，改革开放初期，由于中国的综合国力远远落后于西方发达国家，针对具体国情，中国共产党确定了以经济建设为中心的发展方向，将国家发展的重点放在经济上，相对忽略了文化的发展。在这一方针的指导下，中国的经济建设在较短的时间内取得了举世瞩目的伟大成就。这一时期，中国的经济建设与文化建设呈现出不对等性的特点。

站在中国文化发展的角度来看，改革开放后，党和国家领导人曾多次强调进行精神文明建设，并且对精神文明的定义、指导思想和建设目标进行了详细阐释，然而由于这一时期的文化建设战略不明确，思路不清晰，导致这一时期中国文化的发展落后于经济建设。

除了国家对经济建设的重视之外，改革开放以来，西方多元文化大量进入我国，为了坚定社会主义核心价值观和马克思主义指导地位不动摇，中国共产党加强了对思想文化领域的引导力度，在大力弘扬社会主义核心价值观的同时，加强思想政治教育工作。因此，改革开放后较长的一段时期内，我国文化建设均围绕加强马克思主义思想政治教育开展，对中华传统文化的重视程度不够。

此外，改革开放以来，中国的经济建设在短时间内取得了突飞猛进的发展，甚至用短短的数十年时间走过了西方社会百年的发展历程，这使得中国与外部世界的联系更加紧密，也使中国获得了更多的向世界展示自我的机会。然而由于这一时期在文化建设和对外传播方面缺乏整体战略，导致中华文化在这一时期的对外传播十分有限。进入 20 世纪 90 年代后，随着我国改革开放的深入，对中华传统文化的重视程度也越来越高。

（三）21 世纪中华文化对外传播战略

进入 21 世纪后，随着综合国力的发展，中国在国际上的影响力越来越大，提升国家文化软实力，改善中国的国际形象成为新的历史阶段的重要任务。这一时期，中国开始从多个方面入手，强化文化对外传播战略。进入 21 世纪后，中国积极建立了新的文化战略，通过文化交流、文化贸易、语言文化教育等途径全面提升中国文化软实力，加强了中国文化对外传播效果。尤其是2008年奥运会之后，中国的国际知名度迅速攀升；而2009年世界范围内的金融危机爆发，中国以负责任的大国形象屹立于世界，为中国正面积极形象的建立奠定了基础；2010年中国的GDP一跃成为全球第二，引发了国际社会的广泛关注与积极评论。这些成绩的取得反映了中国综合国力的增强，为中国开展各种公共外交活动、改善中国国家形象、提升中国文化软实力创造了契机。

在此背景下，中国推行积极的文化对外传播政策。政府每年都派出大量的文化团体配合党和国家领导人的外交活动进行文化访问，或举办国家之间的各种文化交流活动。在这些文化交流活动中大力弘扬和传播中国的优秀文化和艺术，打造了一批具有中国特色的文化品牌及重点文化项目，使中国文化在对外传播中掀起了“中国热”的潮流。在进行文化交流活动的同时，中国还积极推行语言文化教育活动，传播中华优秀传统文化。中国对外文化传播中的教育活动主要为孔子学院。孔子学院属于中外合作开设的非营利性教育机构，孔子学院的开设为全球各地爱好汉语和中国文化的人们提供了平台，以文化输出的方式促进了中国文化的传播。2004年11月，第一所孔子学院在韩国首尔正式成立，之后孔子学院作为中国的一个文化教育品牌，在世界各地遍地开花。截至2019年9月30日，孔子学院在全球158个国家落户，设立了535所孔子学院和1134个孔子课堂。这些孔子学院和孔子课堂的建立直接反映出中国文化对外传播取得了较大成就，中国文化软实力获得了显著提升。

除了语言文化教育外，中国还在世界各地建立了数十个海外中国文化中心。海外中国文化中心不同于孔子学院的非官方性质，它是以中华人民共和国文化和旅游部为主导在海外设立的官方文化交流机构，以直接在其他国家设立文化中心的方式来传播中华优秀文化。2002年巴黎中国文化中心成立，标志着中国在西方国家设立的第一个文化中心的建立。2012年国务院批复的《海外中国文化中心发展规划（2012—2020年）》指出，到2020年海外中国文化中心的数量将达到50个。海外中国文化中心通过开展各种主题活动或举办各种主题展览等形式，推动中国文化在海外的传播，彰显中国文化软实力，不断提升中国文化的国际影响力。

除以上中国文化对外传播的形式外，中国还大力发展对外贸易文化，通过对外经济的发展，大力推动中国文化的对外传播。

二、红色文化对外传播的基本价值与意义

文化是一个国家最核心的竞争力，改革开放以来，中国经过40多年的努力，综合国力不断快速上升。中国在不断吸收和引进国外先进文化的同时，也经受着各种西方文化思潮的冲击，因而中国的文化安全面临着巨大挑战。当前，随着中国综合国力的进一步发展，文化短板已成为中国全面建成小康社会与和谐社会的重要阻碍，因此提升中国文化软实力，积极彰显中国文化的价值与优势十分必要，且已成为中国发展的当务之急。提升中国文化软实力不仅要增强自身文化建设，还应加强文化的对外传播。红色文化作为中国文化软实力的重要组成部分，既是中国先进文化的代表，也是中国主流文化的代表，推动红色文化对外传播不仅能够提升和扩大中国文化在国际上的影响力，提高中国文化软实力，还具有维护国家文化安全、改善国家形象、加强意识形态话语权等重要价值和意义。

（一）提高中国文化软实力

软实力通常与领土、军事、科技进步、经济等有形的硬实力相对。软实力这一概念是由美国哈佛大学教授约瑟夫·奈于1990年提出的。软实力这一概念的提出立刻引发了全球学者的关注和认同。软实力是指能够影响他国意愿的精神力量，包括政治制度的吸引力、价值观的感召力和文化感染力等综合能力。软实力在当前世界各国日益激烈的竞争中越来越突出。文化软实力则是指一个国家或地区基于本地文化而产生的凝聚力、生命力、创新力和传播力，最终发展成为区域感召力和影响力。①

红色文化的对外传播能够提高中国文化软实力，这一点主要体现在以下几个方面。

其一，红色文化是构成中国文化软实力的重要组成部分。

一个国家的文化软实力是由这个国家的各种文化基因相互渗透和交织而成的。红色文化具有连续性，是随着时代的发展而不断进行传承和创新的文化，红色文化是一种建立在中国传统文化基础之上的独特文化。红色文化中的许多具有代表性的精神和物质均来源于中国传统文化。例如，爱国主义

① 软实力也是硬道理——为什么要推进文化创新和深化文化体制改革[N].光明日报，2008-7-30(3).

精神是红色文化的代表，而爱国主义精神也是中国传统美德，在不同历史时期，爱国主义精神呈现出不同的形式，表现为天下兴亡、匹夫有责、富贵不淫、贫贱不移、威武不屈、先天下之忧而忧、后天下之乐而乐等多种优良品质，这些优良品质极大地丰富了爱国主义精神的内涵。而在红色文化中，爱国主义精神则成为指引人们进行奋斗的主要精神。在新民主主义革命时期，爱国主义精神激励着中国共产党和广大人民群众奋勇向前，并以爱国主义精神为核心创造出井冈山精神、长征精神、延安精神、抗战精神、西柏坡精神等红色文化。在社会主义建设时期，人们在爱国主义精神的指引下，爆发出极大的建设热情，创造出大庆精神、雷锋精神、“两弹一星”精神以及铁人精神等。在改革开放时期，受到爱国主义精神的激励和感召，人们创造出了创业精神、抗洪精神、抗击“非典”精神、抗震救灾精神等。除了爱国主义精神之外，吃苦耐劳、坚持不懈、永不放弃、艰苦奋斗、敢为人先、达济天下等良好品质均为中华民族的优秀传统美德。这些美好品质和精神均转化为中国红色文化的核心精神和品质。

红色文化是一种持续性的文化，随着中国近现代史的不断发展而呈现出与时俱进的特点。因此，红色文化不仅根植于传统，还具有一定的时代性，是中国先进文化的代表。

综上所述，无论是从中国传统文化来看，还是从中国现代文化来看，红色文化均是构成中国文化软实力的重要部分。红色文化在海外影响力的扩大，能够反映出中国文化软实力的发展。

其二，红色文化能够准确把握文化软实力的发展方向。

红色文化是一种与时俱进的文化，在新民主主义革命时期、社会主义建设时期、改革开放时期，表现出不同的文化特征。红色文化的本质是一种政治文化，其与国家的发展思想相适应。例如，改革开放时期，经济建设成为中国各项工作的中心。这一时期，国家通过制定各种经济政策和经济制度推动我国的经济建设发展，在这种大背景下，创新、创业精神，以及敢为人先、勇于开拓的精神成为我国重点提倡的时代精神，而这些精神也被纳入红色文化之中。因此，红色文化与国家的发展思想保持着高度一致。加强红色文化的对外传播，扩大红色文化的影响力，有利于提升文化软实力，加强文化吸引力和凝聚力，也有利于准确把握中国文化软实力的发展方向。

（二）改善中国国家形象

国家形象是一国内部公众和外部公众对该国政治（包括政府信誉、外交能力和军事准备等）、经济（包括金融实力、财政实力、产品特色和质量、国民收入等）、社会（包括社会凝聚力、安全与稳定、国民士气、民族性格等）、文化（包括科技实力、教育水平、文化遗产、风俗习惯、价值观念等）与地理（包括地理环境、自然资源、人口数量等）等方面状况的认识和评价，可分为国内形象和国际形象，两者之间往往存在很大差异。[①]国家形象是一个国家最为重要的无形资产，也是国家综合国力建设中不可或缺的一部分，其在国家的整体发展战略中发挥着至关重要的作用。国家形象的最终形成并非一朝一夕的努力，也不取决于某一个个体或群体的努力，而是需要国家全体公民的共同努力，经历长期的发展过程才能形成。国家形象在根本上取决于国家的综合国力，但不能简单地将其等同于一国的综合国力，而且国家形象并不是一成不变的，而是在实践中逐渐树立的，良好的传播实践可以塑造好的国家形象。

红色文化的核心是政治文化，其中的政治烙印十分明显。红色文化还是随着中国共产党的诞生、发展和壮大而逐渐形成的，与中国共产党之间存在着千丝万缕的关系。因此，红色文化经常被看作政治文化的一部分，甚至等同于政治文化。红色文化中还包含着大量中国共产党的党史文化、治国理念等，而中国共产党作为中华人民共和国的执政党，其形象传播与中国的国家形象的建设和塑造存在密不可分的关系。因此，红色文化的传播，能够为树立中国国家形象添彩。

红色文化的本质是文化，属于一个国家的软实力，约瑟夫·奈就曾指出软实力传播的特点："软实力是通过吸引和劝服，而非强迫或者收买，来达到自己目的的能力。它源于一个国家的文化、政治理念和政策的吸引力。"[②]因此，红色文化的对外传播可以通过一种较为柔和的方式树立国家形象，以减少不同国家和地区之间不必要的误解，化解对方的敌意，弱化对方的抵触心理，塑造有利于中国发展的国家形象。

---

① 肖航，周萍，纪秀生．华文媒体创新性话语研究与传播[M]．北京：朝华出版社，2018：26.

② 李希光，顾小探．舆论引导力与文化软实力[M]．长沙：湖南大学出版社，2013：16.

红色文化是一种与时俱进的文化，能够体现中国文化的先进性特点。例如，改革开放后，中国的创业精神、创新精神等即为时代精神的写照，而这些时代精神又是中国真实形象的体现。而红色文化中所蕴含的中国人爱国爱家、自强不息、追求真理、渴望自由平等、追求世界共同发展的价值观，以及实事求是、无私奉献、热爱和平的精神等，对塑造中国形象、向世界展现最真实的中国起着十分重要的作用。

（三）加强意识形态话语权

所谓意识形态，是指在阶级社会中，建立在一定的经济基础或者法律和政治上层建筑上的，是代表统治阶级最根本利益的情感、表象和观念总和。[①] 一个国家的意识形态文化是其所在国家文化的重要组成部分，为了达到巩固和强化执政党地位的作用，执政党通常会加强意识形态的文化传播。中国作为主权国家，在对内和对外文化传播中宣传社会主义核心价值观和马克思主义就顺理成章，且十分必要。

从当今的世界话语体系和国际舆论环境来看，中国的综合国力虽然日益增强，然而在世界话语体系中仍然处于弱势地位，其经济地位与实际话语权之间仍然存在着一定差距。

红色文化由于其独特的产生和发展背景，其中含有大量马克思主义、毛泽东思想、中国特色社会主义理论体系等体现中国政治意识形态的核心观点。红色文化坚持以马克思主义作为指导，因此在国家形象的塑造中、红色文化的对外传播中宣扬红色文化的核心价值观念，在无形中即宣传了马克思主义理论。因此，红色文化的对外传播能够达到加强意识形态国际话语权，维护国家主流价值观的主阵地，实现政治稳定等目的，对纠正少数西方媒体的歪曲报道，塑造中国国家形象起着十分重要的作用。

（四）维护国家文化安全

文化是一个国家的核心软实力，也是民族之根和国家之魂。如果一个国家没有独立的文化，即便这个国家在政治上和经济上再强大也不能长久。而只有拥有独立的文化，才能为国家屹立于国际舞台奠定基础。

在当今世界，随着各个国家综合国力的竞争越来越激烈，文化在国家建设和竞争中的地位也越来越高，文化作为软实力的核心作用也越来越突

① 郑永廷．社会主义意识形态发展研究 [M]. 北京：人民出版社，2002: 22.

出。尤其是在经济全球化成为世界大趋势的今天，一个国家的文化思潮在较短的时期内，就会借助互联网技术等先进技术传播到全球各个角落，从而对其他国家的文化产生冲击。在这一背景下，文化安全也逐渐成为一个全球普遍关注的问题。西方学者萨义德即指出："文化成了一个舞台，各种政治的、意识形态的力量都在这个舞台上较量。文化不但不是一个文雅平静的领地，它甚至可以成为一个战场，各种力量在上面亮相，互相角逐。"[①] 而文化作为一个国家和民族身份确立的内在依据，在国家和民族的生存和发展中起着极其重要的作用，一旦一个国家的文化丧失了安全性，那么这个国家和民族也就处于危险的边缘。从这一视角出发，甚至可以说，一个国家或民族文化的消亡，昭示着这个国家或民族的消亡。由此可见，国家文化安全在国家安全中具有十分重要的意义。

我国学者胡惠林在其著作《中国国家文化安全论》中对国家文化安全的定义进行了解读："所谓国家文化安全，是一个涉及民族、国家的文化状况的概念，它是关于一个国家以文化生存与发展为基础的集合，一种由这种集合形成的动力结构规定并影响一个国家文化生存与发展的全部合法性与合理性的集合体。它既是一种客观性的反映——反映着一个民族或国家的文化生存与发展免于威胁和危险的状态，又包括一种主观性的心理感受——反映着主体对这种状态是否存在的一种价值判断。"[②] 由此可见，国家文化安全既具有客观性特点，也是一种主观感受。

改革开放以来，中国从西方国家引进了大量先进技术和生产力，极大地推动了中国经济的繁荣和发展，与此同时，大量西方文化理论和文化思潮也涌入我国，与我国的本土文化进行交流、碰撞和竞争。而在这一过程中，中华民族的传统文化处于相对劣势的地位，存在被同化或被消解的危险。这一点主要体现在两个方面：一方面，西方国家在对中国进行文化输出时，借助人民大众喜爱的电影文化和各种带有强烈娱乐色彩的快餐文化，通过潜移默化的文化渗透，企图改变我国民众的思想，以最终达到颠覆我国意识形态，同化我国文化，破坏我国文化安全的目的；另一方面，改革开放的

① 罗希明，王仕民．教育安全论：基于国家文化安全的视域[M].广州：中山大学出版社，2018：24.

② 胡惠林．中国国家文化安全论（第 2 版）[M].上海：上海人民出版社，2011：18.

头20年，我国全力发展经济建设，文化建设相对滞后，而随着改革开放的深入，中国正处于极其关键的发展转型期，由于新旧文化之间的传承、整合和创新存在一定的混乱，导致我国整体文化在世界竞争中处于劣势地位，国际影响力较弱。因此，面对西方强势文化的冲击，我国文化的安全性大大降低。

红色文化作为中国先进文化的代表，也是中国文化中具有较强生命力和影响力、号召力的组成部分，在对外传播的过程中可以起到抵御西方文化霸权行为和安全威胁，确保本国意识形态的独立性和自主性，从而达到维护我国文化安全的目的。

除了以上几个方面的价值外，红色文化的对外传播还具有提升中国国际话语权的意义。所谓国际话语权是指以国家利益为核心，在国际社会中对国际事件的发言权，甚至是对于国际争端的评议权和裁断权。[①] 改革开放以来，随着我国经济的快速发展，我国的综合国力大幅提升，GDP已跃升至世界第二位。然而，我国的国际话语权却与我国的经济地位不相匹配，导致我国在国际话语体系中处于弱势地位。红色文化的对外传播则可以打破西方发达国家的文化垄断，重塑中国国家形象，从而达到强化中国特色社会主义文化的话语体系建设、提升中国国际话语权的目的。

第二节　红色文化对外传播途径

红色文化是中国特色社会主义文化的重要组成部分，其对外传播途径主要可分为以下几种形式。

一、红色文化对外传播之大众传播途径

红色文化对外传播必须依赖一定的传播工具，而大众传媒作为传播的最主要工具，是红色文化对外传播的首选途径。这里所指的大众传播工具包括广播、电视、报刊等。

① 吴贤军．中国国际话语权构建：理论、现状和路径[M]．上海：复旦大学出版社，2017：18.

（一）对外广播

广播作为传统大众传播媒体的重要渠道，具有覆盖人群广泛，接收便利，感染力强等特点，是我国红色文化对外传播的重要媒体之一。

对外广播作为一种维护国家利益、塑造国家形象的重要途径，历来是国家间争夺利益的重要武器之一。世界对外广播事业最早开始于20世纪20年代。我国的对外广播事业开展较早，早在20世纪40年代的新民主主义革命时期，我国即开通了延安新华广播进行对外广播。1941年12月30日，延安新华广播开始使用日语向侵华日军广播，正式开启了我国的对外广播事业。1947年，延安新华广播增加了英语口语广播，推动了我国对外广播事业的发展。中华人民共和国成立后，对外广播承担起面向国际社会发声，塑造我国国家形象的重要任务。改革开放前，我国对外广播事业的对外广播用语达到39种，在当时世界范围内的对外广播语种覆盖方面名列前茅。改革开放后，中国对外广播事业获得了突飞猛进的发展，20世纪80年代在全国30多个省、自治区、直辖市等建立了数十家记者站，开始筹建独立的采访系统，初步建立起了完善的国内新闻运转体系，为对外广播提供了最基本和必要的前提。进入20世纪90年代后，随着计算机和卫星等高科技技术的引进，中国对外广播体系迎来了全新的发展。不仅通过拓展驻外记者站的方式建立了覆盖全球的新闻信息采集网，而且通过引进现代化技术系统，极大地改善了发射功率小，对外广播电波不能覆盖全球，缺少环球广播等缺点和不足。当前我国对外广播电台的新技术设备和发射功率的综合实力已大幅提升，进入世界电台先进行列。除此之外，对外广播还增设了海外听众来信节目，并且开辟了多种渠道扩大对外广播的影响力。当今，对外广播仍然是中国对外传播的最主要阵地之一。

对外广播能够通过发射信号的方式跨越国家之间有形的疆域，是一个国家面向国际舆论发声的重要途径，能够维护国家利益，宣传国家意识形态，塑造和维护国家形象，开展公共外交，提升国家软实力。红色文化作为中国先进文化的代表，在对外传播中常以对外广播作为重要阵地，借助对外广播达到宣传目的。近年来，中国对外广播通过宣传马克思主义、毛泽东思想、中国特色社会主义理论体系，以及长征精神和改革开放后的创新创业精神等，初步达到了塑造国家形象、提升国家软实力的效果。

（二）对外电视

电视作为一种兼具声音和画面的立体传播方式，自其诞生之日起即受到世界各国人民的喜爱，成为传统大众传播活动中的主要媒介。我国十分重视对外电视媒体的宣传作用。

中华人民共和国成立初期，中央电视台就通过与外国电视机构交换或互购电视片的方式开展国际交往和合作。20 世纪 60 年代，中央电视台已先后与 36 个国家建立了互换或互购电视片的合作关系。改革开放后，加大了与国外电视机构的合作与交往，不仅与国外电视台进行合作互购或互换电视片，而且允许国外有关媒体进入中国拍摄特定主题的电视节目，并通过卫星向国外传送关于国内重大事件的报道。进入 20 世纪 80 年代后，我国中央电视台在传播技术落后的基础上，通过“借船出海”的方式，向国外电视台提供专题性节目、配合重大节目的文艺节目和国产电视剧等途径，达到向国外传送中国电视节目的目的。同时打开国门，协助外国摄影组来华拍摄，反映中国国内的真实情况。除此之外，还走出国门，通过参加国际电视活动的形式，不断扩大中国电视节目的国际影响。20 世纪 80 年代，中央电视台对外部开办了《英语新闻》栏目，正式开创了对外电视广播，这些对外电视广播栏目为中国于 20 世纪 90 年代建立专门的对外传播电视频道奠定了基础。

进入 20 世纪 90 年代后，随着世界电子技术的迅猛发展以及直播卫星电视技术的进步，世界电视媒体进入了新的发展阶段。这一时期，中国对外电视传播也取得了突飞猛进的发展。1992 年 10 月 1 日，中央电视台第一个国际卫星电视频道——第四套节目 CCTV-4 对外开播，中国电视对外传播从此结束了租用国外电视频道的历史，创建了独立传播频道。之后，中央电视台第四套节目 CCTV-4 通过在外国建台播出中国节目进一步提升了对外传播效果，扩大了对外电视的传播影响。1997 年，中央电视台英语频道 CCTV-9 正式对外试播，并于 2000 年正式开播，以新闻播报的形式建立了对外宣传平台。

除了中央电视台的专门对外频道外，我国地方电视台中的东方卫视、福建海峡电视台、江苏卫视国际频道、湖南卫视国际频道、厦门卫视、广东卫视、重庆电视台国际频道、广西电视台国际频道等，均设立了专门的对外电视频道或栏目，形成了地方电视台对外传播联盟。此外，我国地方电视台通过联合起来，建立了全国性企业集团公司，逐步、有计划地建立世界性电视节目销售网络，从而达到向海外输出节目、提升中国文化软实力的目的。

对外电视具有音画结合的特点，通过画面可以展现最真实的中国，展现中国人民真实的精神面貌，因此红色文化对外传播中，即常借助对外电视传播达到传播目的。例如，山西省排演了舞蹈剧《解放》等以红色文化为主题的节目，由于该节目既具有独特的思想，又能够体现出山西省独特的地方文化，因此在一众对外电视节目中取得了较好的效果，达到了宣传红色文化、提升中国文化软实力的目的。

（三）对外报刊

中华人民共和国成立后，中国即初步确定了对外传播战略，在国外多个国家和地区建设了新华社分社，有力地打破了西方国家通讯社对亚洲和非洲地区新闻市场的垄断。然而，由于受到当时国内政治斗争的影响，我国的海外对外传播事业陷入暂时性停滞。改革开放后，我国开始重视对外传播事业，不仅恢复了新华社海外分社，还伴随着中国外交事业的进步，大力拓展了新华社海外分社站点以及编辑部。此外，还通过与国外报社或电视台签订合同的方式，向国外输送新闻资源。

20 世纪 80 年代，新华社引进了数字技术，建立了新闻大厦，实现了新闻报道的质的飞跃。到了 20 世纪 90 年代，新华社在国外建立了一批新的分社，形成了较为完整的世界新闻信息采集体系。进入 21 世纪后，新华社建立了较为完整的世界新闻信息采集网，并且建成了较为完整的新闻信息发布体系，形成了覆盖全球的新闻信息供稿体系，还建成了较为完整的技术保障体系。

在新华社的大力支持下，改革开放后，我国陆续恢复和新增了一些以对外传播为主的期刊和报纸。例如，英文版、法文版、阿拉伯文版、葡萄牙文版《北京周报》，罗马尼亚文版《人民画报》，德文版《中国建设》，英文版《中国妇女》，英文版《中国体育》等，之后这些期刊陆续增加了多种语言版本。

1981 年，中国第一份国家级英文综合性日报《中国日报》创刊。这一刊物本着“让世界了解中国，让中国走向世界”的办报宗旨向世界展示了最真实的中国。除了《中国日报》外，1985 年《人民日报 · 海外版》创刊，主要向国外读者介绍刊载在《人民日报》以及国内其他报刊上的重要言论，对中国的国内外政策以及实施情况进行重点介绍，同时为海外读者开辟咨询和服务。此外，20 世纪 80 年代，《瞭望 · 海外版》《华声报》等报刊相继创刊，成为我国对外文化传播的重要途径。尽管这些报刊中有的由于种种原因已经停刊，但仍然为中国文化的对外传播起到了极为重要的推动作用。20 世纪 90 年代，《北京周末》《上海英文星报》《21 世纪英文报》《中国日报香港版》《21 世纪学生英文报》等相继创刊，极大地拓展了中国对外报刊阵地。进入 21 世纪后，《中国日报》的发行范围覆盖 150 个国家和地区，日发行量 30 万份，覆盖数千万读者，成为中国对外报刊的主要媒介之一。

对外报刊由于发行量大，覆盖人群广，且极受其他国家领导人、政客、学者等精英群体的重视，因此，红色文化对外传播中十分注重对外报刊的传播作用。毛泽东思想既是红色文化形成和发展的理论基础，也是红色文化的重要组成部分。早在新民主主义革命时期，中国共产党即通过各种对外报刊宣传毛泽东思想和长征精神，宣传抗日战争纲领。中华人民共和国成立后，中国共产党也十分注重利用报刊进行红色文化宣传。例如，20 世纪 50 年代，中国共产党即通过英文版、俄文版、日文版《人民中国》，以及世界语版《人民中国报道》、英文版《中国画报》、英文版《中国文学》、英文版《中国建设》、英文版《北京周报》等对外报纸和期刊宣传毛泽东思想，达到了较好的宣传效果。又如，长征精神是中国红色文化的重要核心之一，我国早在新民主主义革命时期，即通过报刊对外宣传长征精神。例如，中国共产党早期在巴黎主办的《救国时报》和《全民月刊》上刊载了多篇中国工农红军。这些报道引发了西方社会媒体的关注和跟踪报道，极大地推动了中国的长征精神在国外的传播。

二、红色文化对外传播之文学艺术传播途径

书籍、影视、漫画艺术等从严格上来说属于大众传播媒体，本书将其从大众传播工具中分离出来，对其进行重点论述。

（一）红色文化对外传播之书籍传播

书籍具有主题鲜明，文字量大，能够系统地阐释主题，表达观点等优势，在我国对外传播活动中极受重视，是我国文化对外传播的重要方式之一。

中华人民共和国成立后，中国外文局十分注重对外图书的出版，通过与其他国家合作出书的方式，于20世纪60年代使用15种文字与18个国家合作出版了272种外文书籍，这些外文书籍大多数为宣传毛泽东思想的著作。进入20世纪70年代后，我国陆续恢复了被国内政治斗争影响所中断的外文书籍出版活动，同时还积极拓展与其他国家的合作，新建了数十个合作出版关系，使用数十种文字出版了数百种书籍。进入20世纪80年代后，我国对外书刊的发行内容进一步扩大，发行方式上除了与国外出版社进行合作外，还自行出版了一批对外图书，向国外系统地介绍中国的文化、政治政策和经济、法律等。同时，还重点出版了一批中国现代文学名著。这一时期的对外书籍发行方面，则通过积极建立海外图书出版代理关系、大力建设海外图书发行机构等，不断拓展海外图书发行渠道。进入20世纪90年代后，中国对外书籍出版种类更加丰富，发行范围更加广泛，并且建立了以市场为导向的对外发行体系，通过积极出国参加各类大型国际书展等形式，提升中国对外书籍发行量，拓展发行渠道。

从中国对外书籍的内容上来看，红色文化始终是各个时期对外书籍出版和发行的重点内容。早在新民主主义革命时期，我国即十分注重通过书籍的方式进行红色文化宣传。

例如，中国书籍对外传播中十分注重对毛泽东思想的传播。毛泽东理论是红色文化的重要理论基础和重要内涵，毛泽东作为中国共产党的主要领导人，理论素养较高，一生撰写了大量的著作，这些著作较为完整地阐述了马克思主义在中国的发展和中国共产党在不同时期的政策、主张以及价值观等。早在新民主主义革命时期，中国共产党人即十分重视对外宣传毛泽东思想。例如，1945年，董必武同志出席联合国大会时，即携带了大量毛泽东著作，并通过在国外进行翻译和出版、发行宣传毛泽东思想。除此之外，在新民主主义革命时期，一些国际友人也自发、积极地翻译毛泽东著作，因此，中华人民共和国成立前，毛泽东著作的俄文版、英文版和日文版已在世界许多国家传播。中华人民共和国成立后一段时期内，中国对外书籍出版的重点依然为毛泽东著作，毛泽东著作因此被翻译成多种文字在国外进行广泛传播。这一时期，毛泽东著作的出版较之新民主主义革命时期更加系统化。改革开放后，毛泽东著作仍然是我国对外书籍传播的重点内容之一。据有关数据统计，毛泽东著作的对外出版和发行已覆盖了世界上 54 个国家和地区，毛泽东诗词和语录也十分受世界各国人民的欢迎，出版了数十种语言的翻译本，在数十个国家的数十家报刊上选载。除此之外，很多西方学者由于对毛泽东思想感兴趣而对毛泽东思想进行研究，例如，西方学者特里尔撰写的《毛泽东传》等。这些著作在客观上起到了宣传毛泽东思想的作用。

除了毛泽东思想外，长征精神也是备受关注的对外书籍传播重点。早在新民主主义革命时期，西方学者斯诺在中国进行采访和报道时便撰写了《西行漫记》(又译《红星照耀中国》)，首次向全世界全面报道了中国工农红军长征的经过和到达陕北之后的生活状况，由于其内容的真实性而在国际上引发了广泛而轰动的影响，成为西方学者对长征精神进行报道的畅销书。除了斯诺外，西方学者费正清所撰写的《伟大的中国革命》，也对长征精神和毛泽东思想进行了介绍。

中华人民共和国成立后，国外学者对中国长征精神的兴趣更加浓厚，许多国家和地区的学者纷纷对我国的长征历史进行研究，并撰写和出版了各种书籍。1955 年，史沫特莱的《伟大的道路》一书面世，这是一本集中表现中国工农红军长征历史的书籍，这本书起初以日文译本出版，出版后立即引发了日本社会的轰动。之后又被译成英语、德语、俄语、法语、西班牙语、孟加拉语、丹麦语、意大利语等多个语种在世界范围内发行，成为世界各国人民了解长征和了解中国的必读书目。除此之外，还有日本学者宾户宽的《中国红军——困难与险峻的二万五千里》《毛泽东的大长征》，安藤正士的《遵义会议》，今井等的《遵义会议与共产国际》《长征秘话》等著作；韩国学者的《中国共产党史》《中国近代史》《中共与亚洲》《长征》《我的长征》等著作；美国学者塔顿的《毛泽东的长征历险记》、杰南特的《长征》、埃德蒙兹的《毛泽东的长征：人类大无畏精神的史诗》；等等。这些书籍均在客观上起到了宣传的长征精神和中国红色文化的作用。除此之外，中国还出版了一批以长征精神为主题的画册，这些画册配合中国在国内和国外举行的各种纪念长征精神的活动进行传播，收到了较好的传播效果。

除了这些红色文化中的核心精神外，我国在对外书籍宣传中，还十分注重通过一些红色经典书籍的对外传播宣传红色文化。例如，《林海雪原》《青春之歌》等著作是我国现代文学中的经典著作，同时也是我国红色文化经典书籍。《林海雪原》自1956年8月完成后，即在国内引发了轰动。自1957年开始，该书在我国国内即出版了多个版本，除此之外，《林海雪原》还被翻译成英语、俄语、日语、挪威语、蒙古语、越南语、朝鲜语、阿拉伯语等多种语言，在全世界进行传播。例如，1962年、1965年和1978年，中国籍犹太翻译家沙博理即翻译并出版了三个版本的《林海雪原》英文译本，这些译本被澳大利亚、加拿大、美国、新西兰、荷兰、日本、瑞典、丹麦、德国、法国、英国、瑞士、西班牙、巴巴多斯、特立尼达和多巴哥、泰国、以色列等国家和地区的多所图书馆所收藏。除了英文版本外，其他语言版本的《林海雪原》也流传甚广。

《青春之歌》于1958年1月完成并出版，出版后即引发了社会轰动，并于1960年开始被翻译成各种语言，在全世界出版。据有关数据统计，《青春之歌》先后被翻译为日语、朝鲜语、阿尔巴尼亚语、英语、西班牙语、世界语、乌尔都语、德语、俄语、泰语、僧伽罗语、泰米尔语、法语、孟加拉语、乌克兰语、希腊语、保加利亚语、越南语、印尼语、阿拉伯语、哈萨克语、蒙古语等数十种外语，在世界各国均十分受欢迎。

除了以上两部红色经典外，我国还有意识地翻译了一批带有红色印记的现当代文学作品，例如，《红岩》《小二黑结婚》《王贵与李香香》《红旗谱》《新儿女英雄传》《创业史》等，这些作品也属于红色文学的范畴。由于文学作品与理论著作相比，艺术性较强，人物形象更加具体和生动，因此这些书籍作品在对外传播过程中受到了各国人民的欢迎，在推动红色文化对外传播方面起到了十分重要的作用。

（二）红色文化对外传播之影视艺术传播

影视艺术作为一种声、画结合的综合性艺术，一经诞生即受到世界各国人民的喜爱。中国对外传播策略十分重视运用影视艺术的方式，通过录制纪录片、拍摄影视剧等多种方式宣传中国文化。

影视艺术也是红色文化对外传播的重要途径之一。中华人民共和国成立后，即通过拍摄纪录片以及电视片等形式，宣传马克思主义、毛泽东思想，以及长征精神、延安精神、西柏坡精神等。除此之外，我国还拍摄了一系列以反映新民主主义革命和社会主义建设、改革开放为主题的影视剧。这些影视剧以真实地反映中国的革命、建设和改革历史为要点，推动中国红色文化在国外的宣传。例如，近年来备受关注的《建国大业》《建党大业》《我和我的祖国》《我和我的家乡》等电影在国内受到好评的同时，也走出国门，在世界各国进行广泛传播。

通过影视艺术途径进行红色文化传播时，通常选取在中国新民主主义革命时期具有重大意义的事件。例如，中国工农红军长征作为新民主主义革命时期的一个重要事件，其展现出来的长征精神成为红色文化的核心，也是我国红色影视剧对外传播的重点题材之一。早在 2000 年我国即拍摄了以长征为主题的电视连续剧《长征》，该电视连续剧较为真实地反映了中国工农红军长征的历史，并且气势宏大、情节感人，具有较高的艺术性，因此，一经播出即受到我国观众的欢迎。这部电视剧出口到韩国、英国、美国、澳大利亚等国家后，也受到了外国观众的好评，较好地宣传了中国的长征精神和红色文化。除了电视连续剧《长征》外，中国还拍摄了纪录片《长征》，并于 2009 年 3 月荣获了美国 CINE Golden Eagle 奖。除此之外，中国还与法国、意大利等国家的电视台合作拍摄专题片或纪录片，由于是国外电视台或摄制团队到中国进行实地拍摄，其剪辑和制作上更符合该国人民的欣赏习惯，因此一经播出即获得了不错的反响，起到了较好的宣传效果。

除了长征题材影视剧外，红色经典文学改编的影视剧在红色文化对外传播中也占有一定比例。例如，根据红色经典文学作品改编的电影《智取威虎山》于 2014 年上映后即取得了较好的成绩，并且成为 2015 年电影贺岁档的票房冠军，这部电影除在国内上映外，还出口到美国、新加坡、丹麦、意大利、法国、巴西、德国与日本等国家放映，该电影的影像资料被海外多个国家和地区的 171 家图书馆所收藏。① 这部电影由于符合当下的审美习惯并且为著名导演执导，因此具有较强的票房号召力，成为现代媒体传播和宣传红色文化的重要手段。

（三）红色文化对外传播之其他艺术传播

除了文学和影视艺术等形式外，红色文化的对外传播还常借助绘画、图册、漫画等形式，收到了较为理想的传播效果。

仍然以长征精神为例，长征精神作为中国红色文化的核心之一，已成为中国红色文化的名片以及中国红色文化大 IP 之一。由于长征精神在新民

① 曹莉莉，何明星．《林海雪原》在海外的传播与影响 [J]. 对外传播，2016(11):55.

主主义革命时期具有较强的典型性和代表性，因此受到艺术家的广泛关注。近年来，我国各个艺术团体分别从不同角度对这一IP进行诠释，并且以多种艺术形式推动长征精神在世界各国的传播。

艺术家们以长征精神为主题所创作的书画作品由于具有较高的艺术价值，因此成为世界艺术拍卖中的亮眼作品。例如，2011年4月，一幅名为《长征第一关》的画作在欧洲著名拍卖行进行拍卖时引发了舆论的关注。这些以长征精神为主题的画作中通常展现出较为鲜明的长征精神，具有振奋人心的作用和较大的收藏价值，因此受到了世界各国收藏爱好者以及社会精英人士的关注，成为近年来我国扩大长征精神国际影响力，传播红色文化，提升国家文化软实力的重要方式之一。

除了影视艺术外，中国国内一些地方博物馆或驻外使馆、新闻机构等在长征纪念日举办的长征图片展等活动在一定程度上也较好地实现了传播中国的长征精神和红色文化的目的。另外，我国一些动漫爱好者所创作的长征主题漫画由于形式新颖而受到许多国外青少年的欢迎，在一定程度上扩大了长征精神和红色文化的对外传播路径。

除以上形式外，2013年，中国邮政发行的《长征》大型珍藏纪念邮册中英文版，以邮票的形式记录了中国工农红军长征路上各个时期的重大历史事件、重要场景等，在宣传和推广长征精神和红色文化方面取得了良好的效果。

近年来，以长征历史和长征精神为主题所创作的音乐，也走出国门在国际上进行传播，并且取得了较为理想的效果。厦门大学百人合唱团及交响乐团于2013年分别在新加坡、马来西亚等国演奏了《长征组歌》。这一乐曲具有较高的艺术价值，在国外进行演出时，每到一处现场都座无虚席，当演出结束时，观众们均会自发起立为这一难得一见的高水平音乐盛宴献出雷鸣般的掌声。《长征组歌》中包含着较为精练的长征精神，其在东南亚国家的演出在客观上起到了传播长征精神和红色文化的作用。

又如，红色经典是红色文化精神内涵的重要组成部分。由红色经典所改编的京剧、芭蕾舞剧等丰富的艺术形式，在红色文化的对外传播中也起到了较为重要的作用。例如，20世纪50年代，刘文韶的报告文学《红色娘子军》发表，这篇报告文学以真实史实为依据，第一次从尘封的史料中发掘出了"娘子军"的故事，革命女军也首次被命名为"红色娘子军"。1960年，我国著名导演谢晋根据这篇报告文学改编了红色电影《红色娘子军》。之后，20世纪60年代，我国又根据电影《红色娘子军》改编了芭蕾舞剧《红色娘子军》。1971年，芭蕾舞剧《红色娘子军》第一次在阿尔巴尼亚、罗马尼亚、南斯拉夫进行演出。截至2020年年初，芭蕾舞剧《红色娘子军》已在德国、奥地利、美国、新加坡、俄罗斯、土耳其、以色列、丹麦、法国、意大利、澳大利亚、朝鲜、西班牙等国家演出，在国际社会引发了较大反响，极大地推动了中国红色文化的传播。

三、红色文化对外传播之新媒体传播途径

进入21世纪后，随着互联网信息技术和通信技术的发展，媒体传播的形式发生了较大变化。一批以网络技术为主要支撑的新媒体平台陆续成为现代大众传播的主要渠道。这里所指的新媒体传播途径主要指包含手机、互联网、数字电视等在内的新兴信息传播平台。

（一）红色文化对外传播之网络传播

20世纪80年代末期，我国开始引进互联网技术。进入20世纪90年代后，随着新媒体信息技术的发展，中国开始大力建设新型网络媒体，并于20世纪90年代中后期建立起了几个较大的对外传播网站。2000年，中央宣传部和中央外宣办共同制定了《国际互联网新闻宣传事业发展纲要（2000—2002年）》，在该文件中初步确立了将中国网、人民网、新华网、中国日报网和国际在线等网站建成国家级重点网站。其中，人民网是《人民日报》的网络版，也是互联网上最大的中文新闻网站之一，此外人民网还设立了英语、日语、法语、西班牙语、阿拉伯语、俄语等多个语言版本，并且与世界多个国家的数百家媒体达成了合作协议，是中国文化对外传播的主要网络平台。新华网隶属于新华社总社，网站集中了新华社在全球各地的分社资源，并且涉及中文繁简体、英语、法语、西班牙语、俄语、阿拉伯语、日语等多个语言版本，通过24小时不间断的即时新闻发布，向国际社会展现中国政治、经济、社会、科技发展现状和中国人民的社会生活，将一个真实的、蓬勃发展的中国展现在世界人民面前。国际在线则是由中央广播电视总台主办的中央重点新闻网站，该网络平台涉及英语、西班牙语、德语、葡萄牙语、法语、俄语、朝鲜语、日语、阿

拉伯语、意大利语、世界语、罗马尼亚语、保加利亚语、印尼语和越南语等多个外语语种。中国日报网则由《中国日报》创办，以灵活多样的栏目以及数十个专题报道为亮点，每月浏览量可达千万人次。央视网则是由中央广播电视总台主办的中央重点新闻网站，以年轻受众为主。这些对外网站吸引了各个层次和各个年龄阶段的用户，在中国文化对外传播过程中起着极为重要的作用。

进入21世纪以来，红色文化的传播也常借助各种对外网络平台。例如，涉及中国共产党的诞生、中华人民共和国成立、改革开放、毛泽东等革命先驱和领导人的诞辰，以及新民主主义革命时期的重大事件时，各大对外网站常常以专题网页的方式，通过文字、图片、视频等形式进行宣传，这些重大事件中往往包含着丰富的红色文化，因此在客观上起到了传播红色文化的作用。除此之外，针对长征精神、延安精神和西柏坡精神等红色文化的核心精神，一些对外网络平台还会制作专门的网页对其进行传播。

（二）红色文化对外传播之短视频、小程序传播

短视频传播是近年来随着视频技术的进步以及视频直播平台的崛起而发展起来的一种红色文化对外传播途径。

短视频传播属于网络新媒体传播的一个重要类型，具有直观、生动、365天24小时不间断等传播优势，因此在进行红色文化对外传播时是一种极受用户欢迎的传播方式。短视频传播渠道与其他新媒体传播渠道的区别主要体现在以下几个方面。

其一，短视频传播具有以短平快的微画面、微音乐、微情节打动人、感染人的特点。

这种传播方式由于受时间所限，往往一个视频中只能重点体现一个主题。例如，体现长征精神中不怕牺牲的精神，或宣传井冈山时期的艰苦奋斗等精神。这种将精简的画面、声音和情节相结合的方式，在讲述红色文化故事时，不仅能够体现出红色文化精神的实质，还能够以较强的时效性、时代感与时尚性等特征打动年轻群体的心，受到年轻群体的欢迎。例如，广东省河源市即运用短视频的形式制作了一批网络精品视频，如《峥嵘岁月 红色基因》等红色遗址故事系列微视频；又如，湖南省红网新媒体推出的红色经典故事短视频《红色故事》等，均对使用短视频传播红色文化进行了极为有益的探索。

其二，短视频传播通过对红色文化资源进行选择和加工，使其成为符合青少年审美的红色题材。

红色文化主要是伴随着中国共产党的诞生、成长和发展而形成的一种具有中国特色的文化。由于红色文化诞生于新民主主义革命时期，因此与青少年之间存在一定的代沟。然而实际上，红色文化中不仅蕴含着大量中华民族的传统美德，而且还具有与时俱进的特点。短视频传播形式可以通过对红色文化历史事件进行剪辑加工，在尊重史实的前提下，以一种青少年喜闻乐见的形式将其呈现出来。因此，短时频传播的形式既可以吸引中国国内青少年群体的关注，同时又可以向国外青少年群体宣传红色文化，并最终达到推动中国红色文化对外传播，增强中国文化软实力的目的。

除了短视频传播外，新媒体小程序传播也是近年来我国一些媒体和新闻机构探索出来的红色文化传播方式。新媒体小程序传播即是指借助微信和微博、QQ 等带有强烈社交色彩的传播渠道，通过互动感强的小程序面向广大网络用户，特别是青少年网络用户宣传红色文化。例如，在 2018 年社交媒体平台上"快看呐，这是我的军装照"、新华社推出的"天安门留影"、2019 年中华人民共和国成立 70 周年之际微信平台推出的国旗照片等均为互动感强、能够引发青少年群体共鸣的红色文化传播方式。

四、红色文化对外传播之文化活动传播途径

文化活动是以集中资源举办活动的形式宣传红色文化的一种重要途径。文化活动是指针对特定的群体，通过明确的主题将这些群体集中到一起而进行的有目的活动。

红色文化中包含大量的物质内涵、精神内涵以及制度内涵，这些内涵并不是孤立存在的，而是互相融合、互相关联的。通过组织与红色文化相关的主题活动，可以让人们设身处地体会红色文化的魅力。

长征精神是中国共产党及其所带领的工农红军在艰苦卓绝的环境下，历时两年，跋涉两万五千里所形成的伟大精神。中国共产党带领中国工农红军在长征过程中所表现出来的坚定的革命信念以及顾全大局、严守纪律、紧密团结、生死相依、患难与共、艰苦奋斗的精神即为长征精神。红军长征是中国新民主主义革命时期具有重大转折意义的事件，而长征精神也引发了外

国学者和群众的极大兴趣。我国政府在进行红色文化对外宣传时，即通过组织各种形式的文化活动，进行长征精神宣传。

例如，2005 年长征胜利 70 周年之际，中国军事博物馆推出了主题展览《伟大壮举 光辉历程——纪念中国工农红军长征胜利七十周年展览》，不仅展示了大量长征时期的文物或展品，还展出了大量长征时期的书籍、画作、图片等。这次展览活动不仅吸引了无数国内参观者，而且还吸引了上千位外国参观者。这些外国参观者中既包括各国驻中国的代表，也包括研究中国文化的学者、国际友好人士等。在这些参观者中，有的人本身即对长征精神有所了解，在这次大型展览中，参观者通过实际接触这些与长征有关的展品，更加深了对长征精神的感悟。有的外国参观者甚至在参观的过程中，还随身携带着描写长征的书籍，并将书籍中所记载的史实与展品相对照，从中体会展品背后所承载的长征精神。这次展览活动，不仅达到了传播长征精神和红色文化的目的，还起到了增强中国文化软实力的作用。

长征精神的核心在于中国共产党及中国红军在物质条件极其苛刻的环境下，一路爬雪山、过草地，无论面对怎样艰苦的环境，都始终坚持革命信仰、永不放弃、敢于牺牲、勇往直前，而这种精神使后人备受鼓舞。我国以各种形式组织文化活动，这些文化活动在一定程度上也影响了外国学者和群众，许多外国群众也通过各种重走长征路活动的实践去体验长征精神。这种实地体验的活动，让参与者亲身体验到长征路上的各种艰辛，因此会产生较以往更加深刻的体会。许多外国学者在重走长征路的实践后撰写了各种记录实践活动和以长征精神为主题的书籍，这些书籍出版发行后又在客观上起到了宣传和推广长征精神和红色文化的作用。

五、红色文化对外传播之文化教育传播途径

红色文化作为中国优秀文化的代表，是中国文化软实力的重要组成部分。文化教育是一个国家传播优秀文化的方式之一。通过文化教育对外传播本国或本民族优秀文化有很多种途径。

其一，留学生教育。

留学生教育是向国外青年精英群体系统地传播中国文化的方式之一。中华人民共和国自成立以来就开始接受外国留学生，1950 年，我国应捷克斯洛伐克和波兰的要求，接受了首批来自东欧的留学生。这批东欧留学生进

入清华大学中国语文专修班学习汉语。从此，中国掀开了外国留学生教育的崭新一页。改革开放后，我国对来华留学生的教育政策进行了改革。1979年，国务院批准了《关于接受自费外国留学生收费标准问题的请示》，为自费来华留学生提供了政策条件。1980年，教育部发布了《关于高等学校开办外国人中文短训问题的通知》，这一政策极大地推动了来华留学生教育的发展。为了进一步规范来华留学生教育，1986年，北京语言学院成立了第一个专门研究留学生教育的群众性学术团体——北京高等学校外国留学生工作研究会，标志着我国外国留学生的教育管理工作开始由经验型向科学型的转变。[①] 据有关数据统计，1978年我国来华留学生总量为1900人，且全部享受政府奖学金。1979年至1989年期间，累计26000余名自费留学生来华学习。[②] 进入20世纪90年代后，随着改革开放的深入，以及中国加入世界贸易组织的影响，来华留学生规模呈现逐步壮大的特点，来华留学生的国别和人数越来越多。进入21世纪后，来华留学生的规模进一步壮大，与此同时，来华留学生生源朝着国际化、分散化和均衡化的方向发展。这些来华留学生大多对中国文化十分感兴趣，来到中国后也较为积极地了解和学习中国文化。因此，在对这些来华留学生进行教育时，即可重点向其介绍红色文化，从而达到传播红色文化的目的。

其二，孔子学院、中国地方文化或党史教育学院。

中国于2004年开始通过在海外设立孔子学院的方式来传播中国文化，目前孔子学院已遍及全世界100多个国家和地区，在全球拥有近千万学员。这些在海外设立的孔子学院在向学员传授中国文化的同时，也可通过各种方式对学员进行红色文化教育。

除了孔子学院外，由官方和民间组织创办的各种以党史或红色文化为主要内容的教育学院，也可采取各种方式对外传播红色文化。例如，中国井冈山干部学院不仅承担着研究和传播井冈山红色文化的任务，还承担着开展国际考察交流合作的重要任务。因此，中国井冈山干部学院通过组织出国培

① 郑向荣，陈昌贵．来华留学生教育及其发展[J]. 湘潭师范学院学报（社会科学版），2004(03): 131.

② 郑向荣，陈昌贵．来华留学生教育及其发展[J]. 湘潭师范学院学报（社会科学版），2004(03): 131.

训学习和考察交流的方式，每年到其他国家和地区出访，通过与其他国家的学者进行交流，传播中国红色文化。

综上所述，红色文化对外传播的途径分为许多种，无论是哪一种红色文化对外传播的途径均能够达到传播红色文化、增强中国文化软实力的目的。

第三节 红色文化对外传播的优势与不足

自改革开放以来，由于我国所实施的对外传播政策，中国的红色文化对外传播取得了一定的成就，然而与此同时，红色文化对外传播也存在一定的不足。本节主要就红色文化对外传播的成就与不足进行详细分析。

一、红色文化对外传播的取得的成就

近年来，在世界经济全球化和文化发展一体化的大背景下，随着文化在国家综合实力中的作用越来越突出，文化的国际影响力和竞争力已经成为一个国家文化软实力的重要参照物。进入21世纪以来，中国红色文化热潮兴起，红色文化理论研究以及红色文艺市场均取得了较好的成绩，红色文化的对外传播也取得了不错的成就。

（一）红色旅游取得了较大成就

近年来，随着中国改革开放的深入发展，越来越多的外国人来中国旅游。国际旅游业不仅可以作为国家获得外汇收入、实现国际收支平衡的重要手段，还能够起到传播中国文化的作用。因此，自2004年以来，中国的国际红色旅游业即被政府、学术界、旅游界所重视，经过十多年的发展后，中国的国际红色旅游业在国际上形成了较大影响力。具体表现在以下几个方面。

其一，红色文化中的人物和事件被越来越多的国外友人所熟识。

红色文化是伴随着中国共产党的诞生和发展而形成的，中国共产党的许多优秀革命人物，以及在新民主主义革命时期、社会主义建设时期、改革开放时期所发生的历史性的重要事件等，都成为红色旅游吸引人的重要元素。毛泽东作为中国共产党、中国人民解放军和中华人民共和国的主要缔造者和领导人，同时还具有较高的理论水平，其所撰写的文章和诗词在国际社会广为流传，具有很高的威望和人格魅力，因此常被作为红色旅游的“金字

招牌”，吸引对中国文化感兴趣的外国友人前来参观学习。毛泽东的故乡韶山，保留着大量毛泽东生活和学习过的痕迹，因此韶山被人们称为“红太阳升起的地方”。20 世纪 60 年代，韶山即成为全国革命传统教育和爱国主义教育基地。20 世纪 80 年代，韶山被确定为国家重点风景名胜区。进入 21 世纪后，韶山通过一系列改革，对当地旅游资源进行整合，从而形成了中国著名的红色旅游胜地。为了更好地建设红色旅游品牌，韶山建立了湖湘名人博物馆和毛泽东纪念园。

湖湘名人博物馆以展现毛泽东成长历程为主。毛泽东在韶山度过了童年和少年时光，在这里留下了众多生活印记。湖湘名人博物馆将毛泽东与历史上的湖湘名人共同放置在同一个场馆中，从而较为立体地呈现出毛泽东的故乡湖南深厚的地域文化和湖南人独特的个性。建立湖湘名人博物馆有利于较为综合和整体地介绍毛泽东以及孕育了毛泽东的湖南的悠久文化，从而打造具有红色文化名人色彩的旅游品牌。

除了湖湘名人博物馆之外，毛泽东纪念园也是韶山地区所打造的红色文化旅游品牌。毛泽东纪念园对毛泽东一生的成长与革命历程进行了较为完整的呈现，在这里不仅可以充分了解毛泽东的一生以及毛泽东思想的形成过程，而且还能充分传播毛泽东思想。这些博物馆和纪念园在获得一定经济收益的同时，也较好地传播了毛泽东思想和红色文化。

除此之外，长征、淞沪会战、南京大屠杀等重大历史事件在国际社会上也引发了不小的关注，而各地以这些重要的革命事件为主题开展的红色国际旅游活动也起到了良好的传播红色文化的作用。

其二，中外红色文化旅游交流活动频繁。

近年来，随着经济全球化的发展，中华人民共和国文化和旅游部与其他国家的交流与合作越来越频繁。在这些交流与合作中，通过与越南、蒙古、俄罗斯、法国、韩国等国一起共同开发红色旅游资源，从而达到传播红色文化的目的。除了文化和旅游部之外，江西、湖南、山东、河北、陕西等红色文化资源丰富的省级旅游管理部门也纷纷举行各种形式的红色文化旅游国际交流活动，积极创建红色旅游品牌。例如，江西省作为中国新民主主义革命时期革命开展较早的地区，红色文化资源十分丰富，在这些红色文化资源的基础上，江西省充分开展红色国际旅游活动，每年接待数亿人次的国内外游客，而入境游每年也达到了数十万人次，且呈现逐年增长的趋势。除了江西省之外，湖南省作为中国的旅游大省，其红色文化旅游资源也十分丰富。为了吸引国内外游客，打造红色文化国际旅游品牌，湖南省创办了中国湖南国际旅游节、中国（湖南）红色旅游文化节、国际和平文化节、中国（湘潭）齐白石国际文化艺术节等以节庆活动为主的红色文化国际旅游品牌。

又如，2015 年是世界反法西斯战争胜利、中国人民抗日战争胜利和俄罗斯卫国战争胜利 70 周年，在这样一个极为特殊的年份，中国政府举行了 2015 年中俄红色旅游合作交流系列活动。这次活动是由中国国家旅游局、俄罗斯联邦旅游署和湖南省政府共同主办的，交流活动的主要地点设立在红色文化资源丰富的湖南省湘潭韶山。在这次国际文化交流活动中，由于两国政府的推动，文化交流的规格较高，在政府搭台的基础上，充分发挥市场的作用，创建了从毛泽东故乡到列宁故乡红色自驾游项目，将中国红色旅游景区与俄罗斯红色旅游景区连接成一条国际红色旅游精品线路，而这条线路的确立和创建有助于将中国红色文化传播出去。

（二）红色文化品牌初步建立

中华人民共和国成立后，中国在打造文化品牌时，就十分重视红色文化资源，并且围绕红色文化资源探索和开发红色文化产品，打造红色文化品牌。20 世纪 90 年代，中国开始通过挖掘红色文化资源，兴起了红色文化产品复兴的热潮。进入 21 世纪后，红色影视剧、舞蹈、芭蕾剧以及文学作品、音乐等红色文化产品陆续创作出来并且走出国门，在世界范围内产生了极大反响，从而达到了传播红色文化的目的。

其一，优秀的红色影视作品走出国门。近年来，我国红色影视作品纷纷走出国门，其中既包括经典影视作品，如《中华儿女》《铁道游击队》《烈火中永生》《红色娘子军》《英雄儿女》等，也包括近年来拍摄的新的影视作品，如《智取威虎山》《亮剑》《钱学森》《建国大业》《建党大业》《秋之白华》等。这些作品在国际影视舞台上获得了良好的品牌反响。

其二，红色书籍、绘画作品走出国门。近年来，随着中华文化“走出去”战略的实施，一批红色书籍在国外市场受到追捧。其中包括《红岩》《红日》《红旗谱》《创业史》《山乡巨变》《青春之歌》《保卫延安》《林海雪原》《上海的早晨》《太阳照在桑干河上》等中国红色文学经典。此外，随着莫言、刘慈欣等作家在国际上屡获殊荣，他们创作的一批具有深刻红色文化背景的作品在国际社会获得了较好的销量，促进了红色文化的对外传播。另外，近年来，随着我国领导人频频在国际社会亮相，关于他们的理论著作也受到了国际社会的追捧。例如，《毛泽东文选》《邓小平文选》《习近平谈治国理政》等。

其三，一批红色歌曲在国际社会获得了良好的反响。《社会主义好》《我要去延安》《地道战》等红色歌曲由于歌词简单、易记，内容积极向上而受到追捧。除此之外，我国拍摄的一批电视纪录片和专题片，也在国际上引发了较好的反响。

二、红色文化对外传播的局限与不足

近年来，中国红色文化对外传播虽然取得了一定的成就，然而仍然面临着一定的局限和不足，主要表现在中国红色文化对外传播体系尚未完全建立。

红色文化作为中国先进文化的一种，其在增强文化软实力方面具有重要作用。然而，中国红色文化对外传播体系尚且没有完全建立起来。这一点主要表现在以下几个方面。

其一，中国红色文化对外传播主体和渠道单一，传播范围有限。

文化传播的主体既包括官方主体，也包括民间组织、企事业单位以及个人等，只有当对外文化传播主体十分丰富时，对外传播的渠道才会更加丰富，传播范围的覆盖人群才会更加宽广，从而达到在较大传播范围内传播中国红色文化的目的。当前，中国红色文化对外传播主体较为单一，主要以官方对外文化传播为主，而由于官方在进行红色文化宣传过程中，往往存在着传播形式较为单一的情况，覆盖人群多为政府官员或社会精英知识分子等群体，较难传播至外国普通群众层面，因此导致中国红色文化对外传播的范围有限。

除此之外，随着互联网信息技术的飞速发展以及网络通信技术的发展，对外文化传播的新媒体渠道也逐渐建立起来。从受众的角度来看，对外传播中的受众越来越习惯于使用网络技术了解各国文化。然而，当前中国红色文化对外传播渠道仍然以传统大众媒体为主，如广播、电视等渠道，还未形成完善的互联网媒体传播平台。这种情况导致中国国内的红色文化资源虽然十分丰富，国外许多受众也希望了解中国的红色文化资源，然而由于传播渠道的限制，中国的红色文化资源无法通过有效手段传达至有需求的受众人群，导致中国红色文化对外传播的范围有限。

其二，中国红色文化对外传播内容与目标未深入内层。

文化具有强烈的民族属性和国家属性，当一个国家的文化对外传播至其他民族或国家的受众群体时，应明确文化对外传播的内容以及目标。例如，文化的哪一个层面，传达给哪一个特定群体，起到什么样的作用。当前，由于中国红色文化对外传播的时间不长，一切尚处于逐步摸索阶段，还未形成专业的红色文化对外传播理论。在这种情况下，中国红色文化的传播主体在进行红色文化对外传播的过程中，没有设置明确的内容和传播目标。例如，长征精神和毛泽东思想、中国共产党党史是近年来中国红色文化对外传播的主要内容。这一部分内容是国外群众相对较感兴趣的内容。然而，这些内容仅仅是中国红色文化的沧海一粟。除了这些内容外，中国红色文化中的优秀内容数不胜数，中国各个省份均有着丰富的红色文化资源。当前我国未出台与红色文化相关的宣传内容名单，也未制订长期的红色文化对外传播规划，这使得各个省份在进行红色文化对外宣传时，在内容的选择上互相不统一，在形式上也千差万别，宣传目标也不明确。甚至各个省份在对外传播红色文化时，受中国红色文化概念和内涵的歧义性的限制，在红色文化概念和内涵的阐释上存在出入，对党史文化、革命文化、中国特色社会主义文化等中国红色文化的独特概念的阐释比较模糊。从传播内容来看，大部分地方政府在传播红色文化时过于强调新民主主义革命时期的红色文化和精神，忽略了红色文化与时俱进的特点，这使得在红色文化对外传播过程中过于强调流血牺牲、艰苦奋斗等精神，而忽略了对开拓创新、勇往直前等新时代红色文化和精神的强调。中国红色文化对外传播中的这种内容和传播目标的不确定，一方面易导致外国群众在接受中国红色文化时，对中国现阶段的发展状况产生怀疑或误解；另一方面，中国红色文化在与西方文化的传播与交流中，易受到政治意识形态的影响，而限制受众的接受。

其三，中国红色文化对外传播对象复杂多样，针对性研究较少。

任何一种文化在对外传播过程中均需要面向各个传播渠道和大众，中国红色文化对外传播也是如此。与一些国家已经建立起较为全面的传播渠道相比，中国的红色文化对外传播对象具有复杂多样化的特点。长期以来，我国并没有对红色文化传播的受众群体的文化传统、消费习惯、生活习俗、思维方式等进行分析与研究，无法掌握红色文化对外传播过程中受众的接受心理，因此导致在红色文化对外传播的过程中，社会实践多于社会理论，相关理论欠缺，因此无法对红色文化的对外传播起到直接的促进作用。

第四章 河北红色文化资源研究

第一节 河北红色文化资源的发展脉络

河北省古称燕赵之地，位于北纬36度至42度，东经113度至119度之间，地处华北平原，属于温带大陆性季风气候，物华天宝，人杰地灵，拥有十分丰富的自然资源和红色文化资源。

河北省东临渤海、内环京津，西为太行山，北为燕山，地跨海河、滦河两大水系，是我国唯一兼有高原、山地、丘陵、平原、湖泊和海滨的省份，周边与内蒙古、辽宁、山西、河南、山东等省、自治区接壤，自古以来即是兵家必争之地。河北省的区位优势使其在任何时期的发展和建设中，均备受重视。河北省的红色文化资源可大致分为三个阶段，即新民主主义革命时期、社会主义建设时期以及改革开放时期。在这三个不同时期，河北省积累了丰富多样的红色文化资源，这些红色文化资源广泛分布在河北省石家庄、保定、衡水、唐山等地。

一、新民主主义革命时期河北红色文化资源

新民主主义革命时期，河北省的红色文化资源呈现沿太行山和燕山、环渤海一带发展的特点。新民主主义革命时期，河北省作为资源大省受到了日本侵略者的严重破坏，在这一条件下，中国共产在河北省建立了多个敌后抗日根据地。这些敌后抗日根据地为了避免遭受到日本侵略者的破坏，多位于太行山、燕山、环渤海周边的农村中。从总体上看，河北省的红色文化资源达800多处，其中包括西坡柏等重要红色文化遗址。

早在五四时期，中国即出现了传播马克思主义思想的先驱，如李大钊等。正是由于这些革命先驱的努力，马克思主义才能被及时介绍和传播到我

国，并且为中国共产党的诞生奠定了重要的、不可或缺的理论基础。李大钊是从河北省唐山市乐亭县走出来的革命先驱，被誉为“中国共产主义的运动先驱，伟大的马克思主义者”，在河北乐亭县的李大钊纪念馆和河北唐山市的大钊公园中，均设立了李大钊革命精神纪念场所。其中乐亭县的李大钊纪念馆前的高台上还雕刻着李大钊的八大丰功伟绩：“首传马列播真理，照亮神州启明星；学十月革命经验，选社会主义道路；领导五四导航向，开创历史新纪元；关怀青年倾心向，培养干部建业勋；创建中国共产党，开天辟地奠核心；受托会见孙中山，促成国共首合作；领导北方党组织，发动工农闹革命；重视军事抓武装，争取将领冯玉祥。”[①] 从这些内容可以看出，李大钊不仅是在中国传播马克思主义理论的先驱，还是中国共产党的主要创始人之一。李大钊在其故乡乐亭县安平村创建了中国共产党第一个农村党支部——台城特别支部。除此之外，李大钊还是五四新文化运动的领导者，他积极推进中国共产党第一次全国代表大会召开，宣告中国共产党成立，为新民主主义革命做出了伟大贡献。由此可见，河北红色文化与中国红色文化的创建处于同步状态，河北红色文化资源是中国红色文化资源的重要组成部分。

抗日战争时期，河北省作为环京津的重要区域遭受了日本帝国主义的疯狂进攻，同时作为敌后抗日主战场，八路军三大主力长期在此奋战。为了抵抗日本帝国主义的侵略，河北人民在中国共产党的领导下展开了激烈的斗争，涌现出了马本斋、节振国等一大批抗日英雄人物。除此之外，国际友人白求恩、柯棣华等都曾在河北战斗、工作，最终都牺牲在了河北的大地上。同时，华北地区在抵抗日本帝国主义侵略的过程中，还积极创造了地道战、地雷战等斗争方式，在河北大地上留下了众多红色文化资源。

解放战争时期，以毛泽东同志为核心的党中央，迁居河北省石家庄市平山县西柏坡，并在这里领导全国人民进行了一系列波澜壮阔的斗争，取得了辉煌的成就，描绘了中华人民共和国的宏伟蓝图。1947 年，在河北省平山县西柏坡村召开了全国土地会议，这次会议通过了《中国土地法大纲》，这是中国共产党在新民主主义革命时期出台的重要土地政策，成为解放战争时期进行土地改革运动的指导性文件。而土地改革运动在中国新民主主义革

① 聂辰席，李春雷．河北文化品牌丛书：红色太行 [M]. 石家庄：河北美术出版社，2011:36.

命的历程中发挥着十分重要的作用，确保了无产阶级的利益，为中国新民主主义革命的最终胜利奠定了基础。除此之外，中国共产党的主要领导人毛泽东等在河北省平山县西柏坡村领导、组织并指挥了 24 次重大战役，其中包括闻名世界的三大战役，通过这些战役的胜利为新民主主义革命的最终胜利和中华人民共和国的成立奠定了坚实的基础。1948 年，中国新民主主义革命胜利前夕，在河北省平山县西柏坡村召开了中共中央政治局扩大会议，毛泽东发表重要讲话指出："我们政权的阶级性是这样：无产阶级领导的，以工农联盟为基础，但不是仅仅工农，还有资产阶级民主分子参加的人民民主专政。""我们政权的任务是打倒帝国主义、封建主义和官僚资本主义，要打倒它们，就要打倒它们的国家，建立人民民主专政的国家"[①]。由此可见，在这次会议上确立了即将成立的中华人民共和国的国体，即人民民主专政的国家。此外，在这次会议上，还确定了人民代表大会制度，为中国共产党领导的多党合作和政治协商制度的建立奠定了坚实基础。毛泽东在这次会议上指出："我们采用民主集中制，而不采用资产阶级议会制。议会制，袁世凯、曹锟都搞过，已经臭了。在中国采取民主集中制是很合适的。我们提出开人民代表大会，……不必搞资产阶级的国会制和三权鼎立等。"[②] 除此之外，1949 年在河北省平山县西柏坡村举行的党的七届二中全会上，还制定了中华人民共和国经济建设特色之路。这一系列制度的形成为中华人民共和国的成立奠定了重要的制度基础和保障，而这些制度也是河北红色文化资源的重要构成部分。

二、社会主义建设时期河北红色文化资源

中华人民共和国成立后，在社会主义建设时期，勤劳的河北人在中国共产党的带领下，充分发挥艰苦奋斗的精神，以极大的爱国主义热情投入社会主义建设中，取得了一系列的成绩，同时也在这一时期创建了一系列红色文化资源。

河北省资源十分丰富，中华人民共和国成立后，为了推动经济建设，河北省的纺织业、煤炭工业、电力工业、冶金业以及交通运输业纷纷发展起

① 孟庆云，牛余庆．西柏坡时期党的建设[M].石家庄：河北人民出版社，2014: 110.

② 孟庆云，牛余庆．西柏坡时期党的建设[M].石家庄：河北人民出版社，2014: 111.

来。在社会主义建设时期，河北人民在中国共产党的带领下，充分发挥敢干实干精神，创造了一个个工农业奇迹。

以河北省煤炭工业为例，河北省内煤矿资源十分丰富，主要分布在太行山一带、唐山、石家庄、邢台及邯郸等地区。河北省内煤炭开采自清朝时期即形成了一定规模和一套较为完整的开采技术，在近代洋务运动的推动下，河北省的煤炭工业逐步发展起来。唐山开滦精神是社会主义建设时期形成的重要建设精神，也是河北省红色文化的重要组成部分。唐山市矿藏十分丰富，早在 1876 年清政府即派官员对唐山地区的矿藏进行勘察，并且于 1878 年在开平镇设立开平矿务局，开始对开滦地区的煤矿资源进行大规模开采，并且修建了专门的铁路用于煤矿运输。早在 20 世纪 20 年代，开滦工人即参与到新民主主义革命中，毛泽东于 1925 年撰写的《中国社会各阶级的分析》还指出，开滦工人阶级作为中国无产阶级的代表，极富战斗力。中华人民共和国成立后，开滦煤矿工人在中国共产党的领导下，充分发扬战斗精神，不断推动煤矿出产量，在我国社会主义建设中做出了重大贡献。尤其是国民经济第四个五年计划期间，开滦煤矿工人充分发挥不怕苦不怕累的革命建设精神，在工作中通过一系列技术创新，攻克了井深巷远、水火为灾等不利条件，充分提高了生产力，同时改造老矿井，挖掘生产潜力，促使煤炭产量连年大幅度增长。1973 年 12 月 19 日《人民日报》在讴歌开滦煤矿工人的建设热情时，对开滦煤矿企业在社会主义建设时期的成绩进行了总结："今年提前 18 天完成国家原煤生产计划，原煤产量创造了历史最高水平，超过矿井设计能力 58%。最近三年，每年增产的煤炭，等于给国家新建一座年产百万吨的大型矿井。今年 1 至 11 月与去年同期相比，开滦煤矿回采工的效率提高 50%，掘进工效率提高 80%，工作面的平均月产量提高 12.5%，各项主要产品和技术经济指标都超过了去年的水平。"[①] 在这篇文章中，提出了"特别能战斗"的开滦精神。所谓"特别能战斗"的开滦精神是指"顾全大局，锐意进取，百折不挠，勇攀高峰的特别能战斗精神"[②]，这一

① 新华社通讯员，新华社记者．他们特别能战斗——记开滦煤矿的革命矿风 [N]. 人民日报，1973-12-19.

② 开滦集团有限责任公司档案馆．开滦史鉴文萃（下册）[Z]. 开滦日报社印刷厂印刷（内部资料）,2003:111.

精神一经提出便享誉全国，成为河北省企业精神的代表，同时也成为河北省在社会主义建设时期的红色文化的重要组成部分和重要精神的代表。

1976 年，河北唐山市经历了一场突如其来的大地震，在短短的 23 秒内将河北工业重镇唐山市夷为平地。在这场地震中，24 万多鲜活的生命葬身瓦砾，16 万多人重伤，4000 余名孩子成为孤儿，3817 人成为截瘫患者。地震发生后，英勇的唐山工人不顾自身生命安危，在一片黑暗中拉下了一个又一个电闸，先后多次冒着发电机爆炸危险，打开排气阀，避免了发电机爆炸，并且将发电用的电台等工具一次次运出，在短时间内恢复了电台联络，将唐山地震的消息传播出去，使唐山人民在第一时间获得了救助。地震发生后，全国人民迅速驰援唐山，开展抗震救援活动。据有关资料显示，地震发生 8 小时后，第一支抗震部队进入唐山地区，接下来先后有 14 万解放军进驻唐山，冒着余震风险，使用双手以及简陋的工具，与死神赛跑、挽救人民群众的生命。而唐山地区的共产党员则充分发挥舍小家、顾大家的精神，不顾自身安危，临危不惧、迎险而上、挺身而出、英勇拼搏，有序组织相关人员撤离险境，顺利脱险；组织各方力量对身处险境的人民群众进行救助，救群众于危难之中；面对国家的财产损失，许多人民群众在共产党员的带领下，自发保护国家财产，使国家财产即使在混乱的状态下，也不致丢失，充分发扬了不畏艰险、勇往直前的精神，他们勇于担当、坚守岗位、不惧生死。

唐山地震发生后，唐山人民家园被毁、痛失亲人，他们怀着无限的悲痛，勇敢站起来，以凤凰涅槃的精神开始重新建设家园。10 年后，唐山实现了灾后重建；20 年后，唐山经济进入振兴时期；40 多年后，唐山经济经过快速发展，已经成为矗立在渤海湾畔的一座现代化名城，年生产总值连续多年排名河北省首位。

2016 年习近平总书记在唐山大地震 40 周年之际，谈及唐山抗震精神时指出："在同地震灾害斗争的过程中，唐山人民铸就了公而忘私、患难与共、百折不挠、勇往直前的抗震精神。这是中华民族精神的重要体现。我们今天要继续弘扬抗震精神，为实现全面建成小康社会奋斗目标、实现中华民族伟大复兴的中国梦注入强大精神力量。"① 在讲话中，习近平总书记明确将唐山

① 赵雪，曹甜甜．唐山精神嵌入思想政治理论课教学改革探析 [J]. 唐山师范学院学报，2018(3)：105.

抗震精神纳入中华民族精神体系，而唐山抗震精神是在中国共产党带领下呈现出来的一种建设精神，属于河北省红色文化范畴。

三、改革开放时期河北红色文化资源

改革开放后，河北人民在中国共产党的带领下开始了新时期的奋斗。这一时期，河北红色文化突出地表现为承德塞罕坝机械林场的塞罕坝精神以及唐山市曹妃甸建设精神、河北雄安新区建设等。

其一，塞罕坝精神。

承德塞罕坝机械林场位于河北省承德市围场满族蒙古族自治县北部坝上地区，“塞罕坝”一词属于蒙语和汉语的合璧语，意为“美丽的高岭”。这里地处内蒙古高原与大兴安岭余脉、阴山余脉交接处，自古以来即是中国重要的林地，水草丰美，森林茂密。然而，到了清朝末年，该地区逐渐开围放牧后，由于过度砍伐和放牧，森林资源遭到了极大破坏，到了20世纪中叶、中华人民共和国成立前，这里的原始森林资源已荡然无存，原来的“美丽的高岭”成为一片风沙肆虐的荒漠，人烟稀少，气候恶劣。由于塞罕坝地区临近京津，没有了森林的阻挡，风沙一路肆虐，影响着京津地区人民的生活。中华人民共和国成立后，为了改善当地的自然环境，同时出于建设首都北部生态屏障的构想，1962年林业部决定建立塞罕坝机械林场。从此一代代塞罕坝林场人扎根林场，开始在这片风沙与严寒肆虐的高原上种植林木。由于这里极为干旱，且风沙肆虐、水土不易保持，高原上的严寒季节来得早、去得晚，一系列不利因素影响着林木的成活。塞罕坝林场人在一穷二白的基础上，在中国共产党的带领下，凭借着坚定的理想信念的支撑，战风沙、斗严寒、抗干旱，通过发扬破釜沉舟、迎难而上，艰苦奋斗、追梦不止的精神，攻克了一个个技术难关，完成了人类向自然的挑战，在高原上种植起一片片林海，使塞罕坝从一片荒原重新成为水草丰沛的“美丽的高岭”。20世纪80年代，承德塞罕坝机械林场初步取得了一定的成绩，然而，塞罕坝林场人并未放松植树造林，而是始终以艰苦奋斗的精神进行林木种植。今天，经过几代塞罕坝林场人的努力，塞罕坝地区已种植了百万余亩人工林海，为京津冀及华北地区筑起防风固沙、涵养水源的绿色长城。而塞罕坝林场人也被誉为全国林业战线上的“大庆人”和“大寨人”。2007年，塞罕坝晋升为国家级自然保护区，创造了生态文明建设史上的奇迹，为中国特色社会主义生态文明建设做出了可贵探索。自 2010 年起，塞罕坝精神开始走向全国，成为河北省红色文化的重要组成部分。

其二，曹妃甸建设精神。

曹妃甸建设精神是河北省唐山市在建设曹妃甸工程时所体现出来的精神。2012 年 7 月 11 日，国务院批准同意撤销唐山市唐海县，设立唐山市曹妃甸区。曹妃甸区从行政区划上来看包括原来的唐海县全境、曹妃甸工业区、生态城、柳赞镇、滨海镇。

曹妃甸区的地理位置十分优越，地处环渤海中心地带、唐山南部，毗邻京津两大城市，南临渤海，与我国青岛、大连、上海三个城市，以及日本、韩国隔海相望。曹妃甸原是渤海边上一个渔船躲避风暴的小沙岛，岛上唯一的建筑是一个简陋的航标灯，整个小沙岛的面积不足 4 平方公里。经过建设者们吹沙造地后，曹妃甸从一个小沙岛发展成面积达 100 多平方公里的工业新区，其周围还建设了多个数十万吨级的铁矿石码头和原油码头。在曹妃甸区的开发和建设过程中，中国共产党带领人民群众面对渤海风暴潮以及建设中的各种困难，充分发挥锲而不舍、勇于开拓的创业精神，不断开拓进取，将曹妃甸区建设成为河北省经济的新引擎。

在曹妃甸区的建设开发过程中，建设者形成了由锲而不舍、勇于开拓的创业精神，精心谋划、审慎决策的科学精神，心系大局、团结互助的协作精神和真抓实干、艰苦奋斗的奉献精神凝结而成的曹妃甸建设精神。曹妃甸建设精神是建立在河北红色文化，尤其是唐山抗震精神基础之上的重要精神。纵观曹妃甸建设精神的内核，与河北红色文化呈现一脉相承的特点，属于改革开放时期河北红色文化的重要组成部分。

其三，河北雄安新区建设。

2017 年 4 月，中共中央、国务院印发通知，决定设立河北雄安新区，这是继深圳经济特区和上海浦东新区之后又一具有全国意义的新区，是千年大计、国家大事。雄安新区的确立与中国 20 世纪 70 年代以来建设的经济特区一脉相承。1979 年 7 月，深圳蛇口工业区开工兴建。1980 年 8 月，中国第一个经济特区——深圳经济特区建立。经过 40 年的发展，深圳已成为中国最具发展潜力的城市。1990 年，上海浦东新区成立，经过 10 年的建设，已成为中国最具发展潜力的地区之一。无论是深圳经济特区，还是上海浦东新区，在发展中均充分发挥了开拓创新的精神，而这种开拓创新的精神正是改革开放以来中国经济发展中最重要的时代精神。河北雄安新区的设立是中国经济发展的一个新的历史起点，雄安新区设立的基础是京津冀协同发展，其目的是建设一个世界级的城市群。在这一新时代背景下，雄安新区的建设不能一味重复深圳经济特区和上海浦东新区的建设和开发经验，而应该秉持开拓创新的精神，因此可以预见，雄安新区的建设必将创造出新的红色文化精神。

综上所述，河北红色文化的发展历程与中国红色文化的发展历程相一致，在不同历史时期，均有着不同的红色文化表现，并且仍然处于不断发展之中。

第二节　河北红色文化的类型与价值

河北红色文化是中国红色文化的重要组成部分，其类型和价值与中国红色文化相比，既有着相同之处，也存在一定的侧重。本节主要对河北红色文化的类型与价值进行说明。

一、河北红色文化的类型

河北红色文化可以按照物质内涵、精神内涵以及制度内涵进行划分。

（一）河北红色文化的物质内涵

河北红色文化的物质内涵中包括大量的革命遗址、会议旧址和办公室旧址、英雄故居或居住旧址、烈士陵园、纪念馆及纪念碑等。

其一，革命遗址。

河北省作为新民主主义革命时期的主要战场，在新民主主义革命时期发生了无数重要的战斗和历史事件，从而遗留下来大量的革命遗址。

例如，冉庄地道战遗址是抗日战争时期的一处著名革命遗址。河北省虽然拥有大量山脉、河流等资源，但是地形仍然以平原为主。在华北平原一望无际的大地上，没有山脉等天然屏障阻隔，河北人民在与日本帝国主义侵略者进行战斗时，开创性地通过挖掘地道来打击日本帝国主义侵略者的嚣张气焰。冉庄地道是在革命斗争中逐渐形成的，而不是一蹴而就的。1937 年七七事变后，日本帝国主义侵略者大举南下，并且采取“铁壁合围”“纵横梳篦”的“清剿”战术，对河北广大平原地区进行“大扫荡”，充分实行“烧光、杀光、抢光”的“三光”政策。为了反抗日本帝国主义侵略者的这一“扫荡”政策，冉庄人民在共产党员张森林等人的带领下，出于保存自己、消灭敌人的目的，于1938年正式开挖冉庄地道。最初只是出于躲避敌人残害的目的，地道也较为简单，然而却为之后冉庄地道的扩展以及地道网的形成奠定了重要基础。

1942年，在充分认识到地道的作用后，冀中区党委明确指出，冀中要开展地道斗争。之后，冀中区党委又分别出台了一系列文件，对地道挖掘中所涉及的组织领导问题、技术规模等均提出了明确的要求以及详细的指导意见，规模宏大的地下工程就此展开。1943年，冉庄开始扩建地道；1944年冬，冉庄地道基本完成。冉庄地道以冉庄村十字街为中心，有东、西、南、北主干线，长2.25公里。另有南北支线13条，东西支线11条和通往外村的联村地道4条，全长约16公里，[①] 堪称“地下长城”。冉庄地道由于位于日军占领区内，因此如同一把插入敌人心脏的尖刀，建成后多次配合武工队和八路军进行作战，有效打击了敌人，为抗日战争的胜利奠定了基础。

除了冉庄地道战遗址外，在冀南地区建设的峰峰地道遗址也是新民主主义革命时期的重要地道之一，在抗日战争中起到了重要的作用。

其二，会议旧址和办公室旧址。

新民主主义革命时期，河北作为新民主主义革命的主要战场，在进行革命战争的同时还召开了大量会议，遗留下来众多会议旧址和办公室旧址。尤其是解放战争后期，中共中央所在地设立在平山县西柏坡村，在这里召开了大量办公会议。新民主主义革命时期的条件十分艰苦，导致这一时期的会议旧址和办公室旧址常常十分简陋。然而，在这些简陋的会议室中，诞生了无数关系革命前景以及影响中国广大民众的会议决议，对新民主主义革命的发展起到了极大的推动作用。例如，西柏坡中共中央旧址；晋察冀军区司令部旧址；陶泉乡北岔口村的全国第一个抗日民主县政府旧址等。这些会议旧址和办公室旧址均为河北红色文化资源的重要组成部分。

① 宋敬．百部青少年爱国主义教育读本：全国爱国主义教育基地·晋冀蒙卷[M].北京：团结出版社，2013：72.

其三，英雄故居或居住旧址。

燕赵大地自古多慷慨之士，新民主主义革命时期，河北省涌现了无数英雄儿女，他们有的是中国共产主义运动的先驱，如李大钊；有的只是一名普通的共产党员；更多的则是拥有一颗爱国之心和一腔报国之志的普通人民群众。然而，在国家生死存亡的关键时刻，他们毅然决然地举起革命的旗帜，投入轰轰烈烈的革命战争中，有的甚至为了革命的胜利而献出了自己宝贵的生命。而后人为了牢记这些革命先辈的革命遗志，牢记爱国主义精神，对他们居住过或生活过的旧址进行保护，以此表达对英雄的纪念和追思。

其四，烈士陵园、纪念馆及纪念碑。

烈士陵园是指为了纪念保家卫国而牺牲的英雄、对国家发展有所贡献的人物建造的陵园，是纪念烈士和英雄的重要场所。新民主主义革命时期，河北省涌现出了无数抛头颅、洒热血的英雄，新民主主义革命胜利后，为了纪念这些为了保家卫国而牺牲的英雄，以及为推动新民主主义革命胜利和国家发展而做出重大贡献的人物，河北省各地建设了多个烈士陵园。例如，石家庄烈士陵园、涞水刘家河抗日烈士陵园、冀南烈士陵园、成安县革命烈士祠、华北军区烈士陵园、磁县烈士陵园、遵化市长城抗战烈士陵园等。重要的革命纪念馆有西柏坡纪念馆、献县马本斋纪念馆、乐亭李大钊纪念馆、白求恩柯棣华纪念馆、白洋淀雁翎队纪念馆、唐山潘家峪惨案纪念馆、石家庄梅花惨案纪念馆、潘家戴庄惨案纪念馆、热河革命烈士纪念馆、涉县八路军一二九师纪念馆、甲山战斗纪念馆、中国人民抗日军政大学陈列馆、卢龙县冀东抗战纪念馆等。除此之外，还建立了大量纪念碑，例如，狼牙山五壮士纪念碑、陈庄歼灭战纪念碑、石家庄纪念碑、成安抗日纪念碑、迁西喜峰口长城抗战纪念碑、王二小纪念碑等。

除了新民主主义革命时期之外，社会主义建设时期以及改革开放时期，河北省还形成了多处红色文化物质遗产。例如，塞罕坝机械林场、河北省博物馆、唐山市开滦矿山博物馆、唐山市国家档案馆、张北县国防教育基地、易县石家统村、三河工业新区、唐山抗震纪念馆等。这些均为河北红色文化物质内涵的重要组成部分。

（二）河北红色文化的精神内涵

河北红色文化中包含着大量丰富的精神内涵。例如，新民主主义革命时期的狼牙山五壮士精神、西柏坡精神、冉庄地道战精神、白洋淀精神等，以及社会主义建设、改革开放时期的大量红色文化的精神内涵。由于社会主义建设时期和改革开放时期河北红色文化的精神内涵大多已在前文中进行了重点介绍，本节主要对新民主主义革命时期河北红色文化中的精神内涵进行详细分析。

其一，狼牙山五壮士精神。

1941 年秋，日本侵略军对晋察冀边区进行“大扫荡”，在这次“扫荡”中日本侵略军出动了 7 万余人的兵力，并调集了无数飞机、大炮等重型武器。其中，日伪军 3500 余人直接朝河北省易县狼牙山地区推进。在这次反“扫荡”中，奉命掩护晋察冀边区机关、部队和群众转移的晋察冀军区第 1 军分区第 1 团第 2 营第 7 连在完成任务撤离时，留下 6 班的班长马宝玉和战士葛振林、宋学义、胡福才、胡德林，负责阻击约 500 名日伪军的追击，掩护全连转移。面对百倍于自己的敌人，八路军的 5 位战士并没有退缩，为了完成掩护任务，他们登上狼牙山棋盘陀主峰，利用险要地形与敌人展开周旋。为了达到拖延时间、保护大部队转移的目的，5 位战士在长达 5 个多小时的激战中，数次打退敌人飞机、大炮以及密集火力的冲锋，最后弹尽粮绝，甚至连山顶的石头也全部扔光了。面对步步逼近的日伪军，5 位战士砸碎了枪支，高呼着“打倒日本帝国主义”的口号，毅然跳下了悬崖。狼牙山五壮士在抗日战争中表现出来的不畏牺牲、舍身救国的精神被世人称为狼牙山五壮士精神，为人们所牢记。

其二，冉庄地道战精神。

河北冉庄人民面对日本侵略军残酷的“大扫荡”，毫不畏惧，勇敢地拿起武器与日军周旋。由于当时的革命条件十分艰苦，冉庄人民手中的武器没有敌人的武器精良，在一望无际的华北平原上，也没有其他天然屏障的保护。然而冉庄人民在没有战斗条件的基础上，硬是通过挖掘地道的形式创造出了开展对敌斗争的条件，并且配合中国共产党所领导的人民武装力量给予日本侵略军沉重打击。冉庄人民在冉庄地道战中所表现出来的“国家兴亡、匹夫有责”的大局观念、无私奉献和不怕牺牲的精神，也是河北红色文化精神内涵的重要组成部分。

其三，白洋淀精神。

白洋淀位于保定市安新县，是华北平原最大的淡水湖。白洋淀有 143

个淀泊，被3700多条沟壕连接，淀淀相通，沟壕相连，形成了巨大的水上迷宫。这里一年四季风光秀丽，在新民主主义革命时期，白洋淀人民在中国共产党的带领下，于1927年成立了第一个党支部。抗日战争时期，为了与侵华日军展开斗争，白洋淀的抗日武装雁翎队在中国共产党的领导下，充分利用白洋淀地区河沟交错密布的地理形势，展开对敌游击战，痛击日本侵略军，屡创以弱胜强的战斗奇迹。2012年，为了牢记革命精神，河北省保定市新安县对外发布了“勤奋坚韧，厚德包容，开放创新”的白洋淀精神表述语。白洋淀精神是河北红色文化精神内涵的重要组成部分。

其四，西柏坡精神。

西柏坡位于河北省平山县，是位于太行山脉上的一个小乡村。解放战争时期，由于该地的特殊地理位置，被中共中央选作战略指挥中心。这里不仅是解放战争的重要战役指挥地，而且还是新民主主义革命时期一系列重要会议的召开地，是新民主主义革命时期土地政策的发布地，还是明确了中华人民共和国国体、政体和发展方向的地方，在新民主主义革命和中国共产党的发展史上均具有十分重要的意义，“新中国从这里走来”。西柏坡精神是毛泽东在党的七届二中全会上提出来的革命精神。党的七届二中全会全称中国共产党第七届中央委员会第二次全体会议，于1949年3月5日至13日在河北省平山县西柏坡举行。这次会议是关系到中国革命进程的一次重要会议。西柏坡精神的内涵十分丰富，主要内容为：永不停步，将革命进行到底；执政党要坚持以经济建设为中心；坚持两个“务必”，保持党的优良传统和作风；团结高效，加强党的集中统一。①

新民主主义革命时期，河北省还产生了大量的红色文学作品、红色革命歌曲以及红色故事等，这些均为河北红色文化精神内涵的重要组成部分。红色文学作品包括《白洋淀渔歌》《战海河》《艳阳天》等；红色革命歌曲包括《歌唱二小放牛郎》《十送红军》以及游击队战歌等；红色故事包括放牛郎王二小、地道战的故事等。

除此之外，晋察冀革命边区成立期间创办了近百种报刊、数家新闻机构，这些新闻机构也曾在河北省进行活动。例如，《人民日报》即在河北

① 国家知识产权局直属机关党委．伟大的中国精神[M].北京：知识产权出版社，2015:116.

省平山县创刊，在此期间，毛泽东还为其题写了发刊词。除此之外，《人民邮电报》《工人日报》《中国青年》《解放军画报》等均曾在河北地区办刊。而《石家庄日报》的前身《新石门日报》也于新民主主义革命时期在河北创刊。这些刊物也是河北红色文化精神内涵的重要组成部分。

（三）河北红色文化的制度内涵

河北红色文化中包含大量的制度性内容，这一点主要表现在解放战争时期党中央驻西柏坡期间所发布的重要制度等。西柏坡时期，党中央在1948年、1949年先后颁布了《关于建立报告制度的指示》《关于宣传工作中请示报告制度的决定》《关于严格执行报告制度的指示》《关于中央局、分局、军区、军委分会以及前委会向中央请示报告制度的决议》《关于健全党委制》《中共中央关于召开党的各级代表大会和代表会议的决议》《关于组织部门业务和报告请示制度的通知》《党委会的工作方法》等一系列制度。这些制度建设是中国共产党在中华人民共和国成立前对党内规章制度的一次重要完善和重大实践。除此之外，中国共产党在西柏坡时期还进行了人民代表大会制度、中国共产党领导的多党合作和政治协商制度等制度实践。

这一系列制度建设是中国共产党在马克思主义理论的指导下，坚持实事求是的原则，对党的领导体制进行的一次较为完善的建设，进一步加强了中国共产党对中国革命的领导，为中华人民共和国成立后进一步推动党的制度建设积累了非常宝贵的经验。这些制度是在河北西柏坡地区制定的，因此也可划入河北红色文化之中，属于河北红色文化的制度内涵的构成。

二、河北红色文化的价值

河北红色文化的价值，从整体上来看与中国红色文化的价值具有较大的相似性。由于河北红色文化从属于中国红色文化，因此也具有政治价值、经济价值、文化价值和社会教育价值等。结合河北红色文化的内涵来分析河北红色文化的价值，主要表现在以下几个方面。

（一）红色文化的政治价值

河北红色文化的政治价值主要体现在对马克思主义理论和毛泽东思想的弘扬方面。河北省红色文化属于中国红色文化的一部分，其理论根源与中国红色文化相同，均为马克思主义理论和毛泽东思想。早在20世纪20年代，河北人民即在中国共产党的主要创始人之一的李大钊等人的带领下建立了共产主义小组，在进行革命活动的同时，积极学习和传播马克思主义理论。在新民主主义革命时期，河北作为晋察冀边区的重要组成部分，受中国共产党思想影响较深，在中国共产党的领导下开展各种反帝、反封建、反官僚资本主义革命运动，而中国共产党是以马克思主义为指导的，因此，河北省的红色文化资源中蕴含着大量马克思主义理论。河北红色文化具有较强的弘扬马克思主义理论的政治价值。

河北省西柏坡作为解放时期党中央的驻地，在革命实践中践行了毛泽东思想。毛泽东在西柏坡时期发表了大量著作，进一步丰富和完善了毛泽东思想。例如，毛泽东亲笔撰写的新闻《蒋傅军妄图突击石家庄》《华北各首长号召保石沿线人民准备迎击蒋傅军进扰》《蒋傅军已进至保定以南之方顺桥》《评蒋傅军梦想偷袭石家庄》等均蕴含了其政治思想。西柏坡时期，由于社会政治环境的变化，毛泽东思想在一系列制度的确定和会议中进一步成熟。因此，河北红色文化中蕴含着大量毛泽东思想。

除此之外，河北红色文化中还蕴含着大量优秀的民族精神和思想价值。红色文化的思想精髓，是激励人民奋发向上、克难攻坚的强大精神支柱和理想信念，是实现中华民族伟大复兴的智力支持。① 河北红色文化中蕴含着大量爱国主义精神，以及艰苦奋斗、开拓创新的精神，从红色革命精神到改革建设精神，从西柏坡精神到唐山抗震精神，都是红色文化的具体表现，是民族精神的载体，这些红色文化的精神内涵不仅对人民群众产生着激励作用，而且体现了一个时期政策实施的方向，体现出较强的政治价值。

（二）河北红色文化的历史传承的教育功能

河北红色文化可分为三个阶段，即新民主主义革命时期、社会主义建设时期、改革开放时期。从整体上来看，河北红色文化呈现出较为完整的发展脉络，与河北省在中国共产党领导下的历史发展进程相一致。河北红色文化与中国红色文化具有历史一致性特点，中国共产主义运动的先驱李大钊即河北人，其很早即在河北省开展传播马克思主义理论的活动。河北省在新民主主义革命时期，在中国共产党的领导下建立了晋察冀边区，一路跟随中国

① 张楠楠．跨文化传播下燕赵红色文化传承与发展的研究 [J]. 文化创新比较研究，2018, 2(33): 66.

革命成长。除此之外，中华人民共和国成立后，在社会主义建设时期，河北人民通过勤奋刻苦的努力，形成了大量具有时代精神的红色文化，例如，开滦精神、唐山抗震精神等。在改革开放时期，河北红色文化则突出地表现为开拓创新的精神，例如，塞罕坝精神、曹妃甸精神等。因此，在学习红色文化的过程中，可对河北省的历史进行详细了解，达到相应的社会教育功能。

除了河北省的历史外，河北红色文化中还蕴含着大量崇高的思想境界和道德情操，这些红色文化中所折射的革命先辈的崇高理想、坚定信念、爱国情操的光芒，具有较强的教育意义。

（三）河北红色文化的经济功能

河北省的红色文化资源十分丰富，红色文化资源作为文化产业的重要构成，能够通过开发将其转化为红色文化产品，建立红色文化品牌，从而实现一定的经济功能。

河北红色文化，尤其是河北新民主主义革命时期的红色文化，其遗址往往多位于太行山脉和燕山山脉之间或环渤海区域。这些地区的自然资源十分丰富，自然风景也十分秀丽，将这些地区的自然资源和红色文化资源结合起来，能够起到促进当地文化产业发展的目的，从而直接或间接带动河北经济的发展。

例如，白洋淀作为河北省最大的淡水湖，素有“华北明珠”之称，享有“北国江南、北地西湖”的美誉。由于河网密布，一年四季自然风景各不相同。春天，一望无际的碧水倒映着蓝天，新生的芦苇刚刚出水，碧绿青翠，在红日映照下显得格外生机勃勃。夏天，由于雨水频繁，湖水暴涨，高大的芦苇与满淀荷花相互映衬，鱼跃水面，荷花吐蕊，颇具江南水乡的意蕴。而秋天时，荷花开尽，莲蓬遍布，芦花纷飞，稻谷飘香，鸭鹅成群，人们乘着小舟在水面上采摘各种果实，极尽渔歌唱晚之情境。冬天时，大雪纷飞，地冻冰封，白洋淀如同一片碧玉镶嵌在华北平原上。白洋淀地区在我国新民主主义革命时期还成立了抗日武装雁翎队，今天在白洋淀地区还设有白洋淀雁翎队纪念馆。将白洋淀地区的自然景观与红色文化结合起来，进行文化产业开发，既可达到传播河北红色文化的目的，又可起到推动当地文化旅游业发展，带动当地水产品资源加工和销售的目的，最终实现带动当地经济发展的功能。

除了白洋淀地区之外，河北红色文化资源大多位于山区，而这些革命老区的经济往往较为落后。近年来，河北省大力推动交通建设，打通省内各个村庄，为了带动旅游业的发展，还修建了多条作为旅游线路的高速公路。这些道路建设为推动河北省的红色文化旅游奠定了基础。通过将红色文化、绿色生态文化和人文古迹结合起来，寓红色文化教育于文化观光游览中，既有利于创新先进文化的传播形式，又促进了红色资源向经济产值的转变，是打造红色生态经济的核心动力。

第三节　河北红色文化的保护与利用

河北红色文化资源丰富，按照区块进行划分主要分布在西柏坡地区、冀北地区、冀南地区、冀中地区和冀东地区。近年来，随着我国对红色文化资源的重视程度越来越高，河北对红色文化资源的保护和利用也越来越重视。本节主要对河北红色文化资源的保护和利用情况进行分析。

一、河北红色文化资源保护

河北省是一个红色文化资源大省，其红色文化资源类型十分丰富，从时间跨度上来看，河北红色文化资源与中国红色文化资源的发展呈现出一致性特点，并且贯穿了新民主主义革命、社会主义建设和改革开放的各个历史时期，具有较强的连贯性特点。从类型上来看，河北红色文化资源的类型十分丰富，既包括红色物质文化，也包括丰富的红色精神文化和制度文化。近年来，随着河北省对红色文化资源的重视程度越来越高，河北省对红色文化资源的保护较之以前取得了较大进步。

（一）河北红色文化保护现状

近年来，河北红色文化保护取得了一定的成绩，主要表现在以下几个方面。

其一，河北红色物质文化保护取得的成绩。

最主要表现在通过旅游开发的形式，开发出了一批以西柏坡中共中央旧址、白洋淀风景区、狼牙山风景区、冉庄地道战景区、潘家峪惨案纪念馆红色旅游景区等为代表的质量好、知名度高的红色文化旅游景区。在这些景区中，通过对景区内的红色文化资源进行整理，修建了一批红色文化纪念馆或革命旧址等。例如，晋察冀边区革命纪念馆、西柏坡纪念馆、白洋淀雁翎队纪念馆、潘家峪惨案纪念馆、李大钊纪念馆、热河革命烈士纪念馆、冀南革命纪念馆、高蠡暴动纪念馆、董存瑞烈士纪念馆、狼牙山五壮士纪念馆、马本斋纪念馆、白求恩柯棣华纪念馆、董振堂事迹陈列馆、冀中三五烈士纪念馆、河北博野毛主席像章文化展馆、晋察冀边区政府及军区司令部旧址、中共中央华北局城工部泊头旧址、乐亭李大钊故居、西柏坡中央部委旧址、西柏坡中共中央旧址、中共晋冀鲁豫中央局和军区旧址、布里留法工艺学校旧址、喜峰口长城抗战遗址、冉庄地道战遗址、八路军一二九师司令部暨晋冀鲁豫军区司令部旧址、史家寨晋察冀边区机关旧址、新华广播电台旧址、人民日报社旧址、新华社旧址等。

除此之外，还通过建立综合性或专门的烈士陵园和烈士纪念碑的方式，对河北省内的红色文化资源进行保护。例如，南皮烈士陵园、晋察冀烈士陵园、抗大纪念碑、冀南四二九烈士陵园、北后台烈士陵园、黄骅烈士陵园、沧州烈士陵园、西柏坡丰碑林、涉县烈士陵园、晋州市烈士陵园、冀南烈士陵园、察哈尔烈士陵园、富镇烈士纪念塔、辛集市烈士陵园、阜平烈士陵园、晋冀鲁豫烈士陵园、华北军区烈士陵园、冀中烈士陵园，等等。

其二，河北红色精神文化保护取得的成绩。

河北红色精神文化保护的成绩主要表现在以下几个方面。

一方面，对河北省的红色文化文艺作品和报刊进行了整理。

例如，毛泽东在河北阜平县晋察冀军区司令部旧址起草的《新解放区农村工作的策略问题》《纪念“五一”劳动节口号》等重要文献，这些珍贵的历史材料是河北红色文化资源的重要组成部分。

新民主主义革命时期，大量报刊以及电台在河北创建或活动，出版了一系列解放区红色文学报刊、重点图书等。1948 年 6 月 15 日《晋察冀日报》《人民日报》两份报纸合并改版为《人民日报》，在河北省平山县创刊。同年 5 月 23 日，陕北新华广播电台从陕北迁移到河北省平山县。1946 年 5 月 15 日，《新华日报》华北版分别在涉县和邯郸地区出版。

另一方面，将河北红色文化资源开发为艺术作品。

河北红色文化资源十分丰富，在这些红色文化资源的基础上，对红色文化进行改编，从而形成了大量红色文学和文艺作品等。例如，以西柏坡红色文化作为基础，通过文学艺术化创作出来的《西柏坡记忆》《西柏坡口述历史》《西柏坡纪事》《西柏坡精神》《红色西柏坡》《西柏坡档案》《走进西柏坡》系列丛书，以及《感受西柏坡》《西柏坡之恋》《西柏坡》《西柏坡研究》《共和国的黎明——西柏坡纪念馆》《西柏坡来电：新中国从这里走来》《西柏坡颂》《西柏坡人物》《西柏坡的故事》《西柏坡国事风云》等。又如，中国现当代作家以河北红色文化资源为素材撰写的现当代文学作品，包括孙犁的《风云初记》、徐光耀的《小兵张嘎》、张孟良的《儿女风尘记》、李英儒的《战斗在滹沱河上》《野火春风斗古城》、李克、李微含的《地道战》等均属于对河北红色精神文化资源的艺术性保护。

以河北红色文化资源为主要素材而改编制作的影视作品《红色西柏坡》《地道战》《太行山》《地雷战》等也是一种对河北红色文化精神资源的保护以及再创作。

综上所述，近年来，河北省对红色文化资源的保护主要体现在两个方面，一方面是对本省红色文化的物质形态进行修复或修建，打造了一批革命纪念馆、烈士陵园以及纪念碑等，并且在省内初步建立了一批红色文化旅游景区；另一方面即对本省红色文化的精神形态以整理、留存以及艺术化再创作的方式进行保护。

（二）河北红色文化保护的不足

尽管近年来河北红色文化资源的保护工作取得了一些成绩，然而由于河北红色文化资源呈现出资源多、分散性强等特点，当前河北红色文化的保护仍然存在一定的不足，主要体现在以下几个方面。

其一，河北红色文化资源保护呈现出对新民主主义革命时期的历史遗迹价值重视不足的特点。

新民主主义革命时期，河北红色文化十分丰富，尤其是在冀中平原地区，许多革命先驱曾深入农村从事革命活动，在河北农村一带进行广泛的活动。他们所生活过的旧居或工作过的地方，大部分为租住当时百姓的民房，尽管如此，仍然可以体现出这些革命先驱的艰苦朴素的工作作风。由于这些农村地区并不注重对这些红色历史资源的保护，导致这些红色历史资源要么年久失修，甚至倒塌；要么虽然保留着原有的建筑，但是并没有对这些红色历史资源进行挖掘，随着时间的推移，当地知晓这段历史的老人们去世后，这些红色历史资源即被淹没于风中，再也无法探寻。

其二，缺乏有效的法律保护，破坏严重。

红色文化可细分为物质形态以及精神形态、制度形态等，河北省对红色文化进行开发与利用，为了充分发挥红色文化的魅力，应当采取实事求是、坚持真实性的原则，尊重红色文化中所包含的红色文化精神内涵。然而，近年来，一些红色文化的开发者在对河北红色文化进行开发的过程中，缺乏良好的保护意识，只是一味追求经济效益的最大化，从而忽视了红色文化中固有的革命传统和红色文化精神内涵，严重违背真实性原则，致使一些优秀的河北红色文化资源失去了其应有的革命价值，完全沦为一种赚钱的手段。除了这种情况外，一些红色文化的开发者，在进行红色文化开发的过程中，不深入挖掘红色文化遗产或遗址背后的故事，而仅仅把红色文化作为吸引游客的噱头，以此来吸引游客从而获取利益，从而严重低估了红色文化资源的价值。

由于河北省在对红色文化资源保护和开发过程中缺乏相应的法律依据，导致出现种种破坏红色文化的行为。

其三，不能正确处理红色文化保护与开发利用的关系。

红色文化资源作为一种有价值的历史资源，在进行保护的过程中，不仅需要花费大量的人力、物力对红色文化中的旧址、遗址等有形的红色文化资源进行修葺，还需要对这些有形红色文化中所蕴含的丰富的红色文化精神内涵进行挖掘。而在保护的过程中，可以进行适当的开发和利用，通过挖掘当地的红色文化旅游资源，赚取一定的利润，再将这些利润用于红色文化资源的保护和整理，从而使红色文化资源的保护与利用实现良性循环。由此可见，红色文化资源的保护和利用并不互相冲突，而是一种相互依存和相互促进的关系。在这两者之中，保护处于首要地位，而利用则是为保护而服务的。然而，在现实中，河北红色文化资源在进行保护和利用时常常无法正确处理二者的关系，从而导致在红色文化资源的保护中出现一定的偏差。一是只有保护没有利用，又由于缺乏足够的保护资金，导致相关的红色文化资源无法进行系统整理；二是在对红色文化资源进行开发的过程中，没有坚持以保护为主，违背了保护红色文化的初衷。

其四，河北红色文化资源呈现出缺乏足够的保护利用理论的特点。

习近平总书记指出："一个博物院就是一所大学校。要把凝结着中华民族传统文化的文物保护好、管理好，同时加强研究和利用，让历史说话，让文物说话，在传承祖先的成就和光荣、增强民族自尊和自信的同时，谨记历史的挫折和教训，以少走弯路、更好前进。”① 历史文化遗迹作为中国文化资源的重要内容，是构建中国文化软实力的重要组成部分。红色文化资源作为中国先进文化的代表，更是构建中国文化软实力的重要手段。20 世纪中后期以来，世界各国十分重视对历史文化资源的保护。20 世纪 40 年代，联合国教科文组织正式成立，相继出台了《威尼斯宪章》《保护世界自然和文化遗产公约》《文化遗产及自然遗产保护的国际建议》《关于历史地区的保护及其当代作用的建议》等文件。这些文件呼吁各国对本国的历史文化资源进行全面保护。中国自古以来即十分重视对历史文化资源的保护，并且已经初步形成了一套历史文物保护理论。然而，红色文化资源作为历史文化资源的一种，具有一定的特殊性，其在全国各地遗迹众多。当前，我国在对红色文化资源进行保护方面，还未形成一套对实际保护等实践活动进行指导的完整的理论体系和方法。因此，河北红色文化资源保护过程中，常常会遭遇各种难题，面临着不小的困境。

二、河北红色文化资源的利用

河北红色文化资源的利用与保护之间具有十分紧密的关系，利用是为保护而服务的，是以保护为最终目的一种有效方式。近年来，河北省本着加强对红色文化保护的目的，结合当地资源对红色文化资源进行开发和利用，现已取得了一定成绩。

（一）河北红色文化旅游资源的开发

红色文化作为中国先进文化的代表，其属于一种历史资源和不可再生资源，红色文化中又蕴含着十分丰富的经济价值、历史价值和教育价值，并且鉴于红色文化在我国文化中的特殊性，红色文化应当在现代社会中被普及和传承。在对红色文化进行保护的过程中，还应充分挖掘其价值，使其为当代生活服务。红色文化的开发和利用应以保护为前提和最终目的，由于红色文化的内涵十分丰富，且呈现出与时俱进的特点，因此对红色文化的开发并不是一蹴而就的，而是需要几代人的共同努力。

① 耿超，徐目坤．文化自信 [M]. 桂林：广西师范大学出版社，2019:: 204.

近年来，河北省在对红色文化进行开发和利用的过程中，将红色文化作为一种旅游资源，对红色文化进行了科学合理的挖掘和整理，并初步形成了一批红色文化旅游资源和红色文化旅游品牌。例如，在新民主主义革命时期，河北人民在中国共产党的领导下展开了无数革命活动，这些革命活动在中国的新民主主义革命中起着十分重要的作用。历史上的一些重大事件，如平津战役等均发生于此，这些应该被充分地挖掘和整理出来，作为新民主主义革命时期红色文化的重要组成部分传承给后人。除此之外，在新民主主义革命时期，河北大地涌现出了无数优秀的英雄儿女，他们生于斯、长于斯，在国家和民族陷于危难之际，在故乡遭遇敌人无情屠戮之际，勇敢地拿起武器与敌人进行殊死搏斗，谱写了一曲曲可歌可泣的英雄之歌。这些河北英雄儿女的故事也应被人们所牢记。

除此之外，在革命战争年代以及中华人民共和国成立后的社会主义建设时期，人们为了纪念新民主主义革命时期的一些重大事件和英雄人物而修建的纪念馆、纪念碑等，也是河北红色文化资源的重要组成部分。

由于河北红色文化资源大部分散落于农村地区，存在重视不足、资源不到位等问题，致使一些红色文化资源的保护工作不到位，无论是历史遗迹还是相关的文史资料均存在破坏严重的情况。除此之外，近年来的城乡改造也使一些革命历史遗迹在地方开发过程中被严重破坏。鉴于这些情况，河北省开始通过打造红色文化旅游品牌的方式，充分将红色文化的保护与当地的经济效益结合起来。例如，弘扬西柏坡精神的西柏坡红色旅游，以及围绕狼牙山五壮士精神、冉庄地道战精神、白洋淀精神等主题，对当地的红色文化资源进行充分挖掘和整理，初步构建了一批红色文化旅游品牌。

（二）河北红色文化产业开发

文化产业是指从事文化生产和提供文化服务的经营性行业。文化产业的发展离不开对文化资源的开发和利用。河北红色文化资源十分丰富，其中蕴含的红色文化精神内涵可以通过文化产业开发而进行挖掘，从而达到保护红色文化资源、传播红色文化精神内涵的作用。

习近平总书记指出："革命博物馆、纪念馆、党史馆、烈士陵园等是党和国家红色基因库。要讲好党的故事、革命的故事、根据地的故事、英雄和烈士的故事，加强革命传统教育、爱国主义教育、青少年思想道德教育，把红色基因传承好，确保红色江山永不变色。”① 在河北红色文化产业开发的过程中，应明确其主要目的，即保护和弘扬红色文化，因此红色文化产业开发并不以追求经济效益为最终目的，而是将红色文化的保护和传播作为主要目的。在此基础上，通过吸收社会资本，并且按照产业化运作机制和市场化组织手段进行整合，从而达到整合红色文化资源的目的。

河北红色文化产业开发，除进行红色文化旅游品牌的建立外，还应充分挖掘红色文化价值，围绕红色文化进行多方面的产品开发。例如，将红色文化与生活中实用的物品结合起来，进行红色文创产品的开发。又如，将红色文化与艺术结合起来，通过艺术性手段传播红色文化。例如，河北省流传着抗日英雄王二小的故事，尽管关于王二小真正在故乡在哪里存在着一定的争议，有的认为王二小的故乡在河北涞源县，有的认为王二小的故乡在河北平山县，但这些地理上的分歧不影响王二小作为抗日英雄的事实。早在新民主主义革命时期，我国作词家方冰和作曲家李劫夫根据这个动人的革命故事创作了歌曲《歌唱二小放牛郎》。这一歌曲就是通过对河北红色文化进行挖掘后，在其基础上而进行的艺术创作。这一艺术创作蕴含着丰富的红色文化精神内涵，因此也属于河北红色文化资源的范畴。

近年来，在对河北红色文化产业进行开发的过程中，通过对红色文化进行充分挖掘，已初步形成了红色文化产业。例如，河北西柏坡地区通过与社会各界的文化学者合作，创作了一系列表现西柏坡精神的文学、绘画和影视作品等。然而从整体上而言，河北红色文化产业才刚刚起步，面对省内丰富的红色文化资源，如何更好地开发、打造红色文化产业，未来还有很长的路要走。

① 李维．习近平重要论述学习笔记[M]．北京：人民出版社，2014: 234.

第五章　河北红色文化对外传播的现状解析

第一节　河北红色文化对外传播现状

红色文化是河北优秀文化的重要组成部分，红色文化的对外传播是构建和提升河北文化软实力的重要途径。进入21世纪以来，我国十分重视对外文化传播工作，早在2011年党的十七届六中全会就提出：“推动中华文化走向世界。开展多渠道多形式多层次对外文化交流……实施文化‘走出去’工程，完善支持文化产品和服务‘走出去’政策措施，支持重点主流媒体在海外设立分支机构，培育一批具有国际竞争力的外向型文化企业和中介机构，完善译制、推介、咨询等方面扶持机制，开拓国际文化市场。”[①] 为了响应国家的号召，河北文化加快了“走出去”的步伐。

一、河北红色文化对外传播背景

河北红色文化对外传播的背景是由中国文化对外传播的大环境，以及河北文化“走出去”战略所决定的。

（一）中国文化对外传播

中国文化对外传播的萌芽可以追溯至20世纪90年代，1992年，中国共产党第十四次全国代表大会召开，在这次会议上首次提出了积极开拓市场，推动我国经济“走出去”的战略，将“走出去”作为未来一段时期，我国经济建设的重要发展方向。2000年10月，中国共产党第十五届中央委员会第五次全体会议通过的《中共中央关于制定国民经济和社会发展的第十个五年计划的建议》正式明确提出了实施“走出去”战略。

① 于海阔．社会文化视角下的戏曲困境解读 [J]. 文艺评论，2015(1)：123-129.

20世纪末21世纪初，随着科技的飞速发展，经济全球化趋势越来越明显，全世界各个国家和地区之间的文化交流越来越密切，世界文化之间的融合程度也越来越高。而随着经济全球化的发展，文化作为各个国家和民族最具特质的核心，在全球化竞争中发挥着越来越重要的作用。在这种前提下，我国经济领域“走出去”战略发布不久，文化领域也明确提出了“走出去”战略。2002年7月，文化部部长孙家正在全国文化厅局长座谈会上提出：“要以更加开放的姿态融入国际社会，进一步扩大对外文化交流，实施‘走出去’战略，着力宣传当代中国改革和建设的伟大成就，大力传播当代中国文化，以打入国际主流社会和主流媒体为主，充分利用市场经济手段和现代传播方式，树立当代中国的崭新形象，把我国建设成为立足亚太、面向全球的国际文化中心。”①

2002年，党的十六大报告强调将实施“走出去”战略作为对外开放新阶段的重大举措。我们在实施文化“走出去”战略时，应立足于中国改革开放的实际，结合我国优秀文化传统，在文化内容和形式上不断创新，以达到增强中国特色社会主义文化感召力的目的。2005年，党的十六届五中全会通过的《中共中央关于制定国民经济和社会发展第十一个五年规划的建议》再次强调了实施文化“走出去”战略，加快中华文化走向世界的步伐。2006年9月，《国家“十一五”时期文化发展规划纲要》发布，这一纲要也强调推动中华文化“走出去”战略。

2007年，中国共产党第十七次全国代表大会提出了推动社会主义文化大发展大繁荣的发展战略。2009年，国务院通过了《文化产业振兴规划》，这一文件强调要通过扩大对外文化贸易的方式，建设现代文化市场体系。2011年，党的十七届六中全会通过了《中共中央关于深化文化体制改革、推动社会主义文化大发展大繁荣若干重大问题的决定》，强调加快发展文化产业，推动文化产业的成熟和发展。2012年，中国共产党第十八次全国代表大会明确提出了建设文化强国的目标。2017年，中国共产党第十九次全国代表大会则强调坚定文化自信，提升国家文化软实力。

这些重要文件的颁布，虽然侧重点各不相同，但是均推动了我国文化产业的蓬勃发展，进一步坚定了中国文化“走出去”战略的实施。

① 孙家正．关于战略机遇期的文化建设问题［J］．文艺研究，2003(1): 6.

（二）河北文化“走出去”战略

在中华文化“走出去”战略的大背景下，河北文化也开始实施“走出去”战略。实际上，河北省早在20世纪80年代即开始通过对外投资的方式推动河北省内经济的发展，然而受限于当时河北省经济发展水平，河北省这一时期的“走出去”战略并没有得到有效实施和发展。20世纪90年代，我国提出“走出去”战略后，河北省也相应地出台了有关“走出去”战略的相关政策。“十二五”期间，河北省出台了《河北省文化产业发展“十二五”规划》，明确指出：“以文化产业招商为突破口，将各种文化要素与不同所有制企业、国内外文化市场相联结，最大限度地开发文化产业商机；利用在国内外具有重要影响的文博会、网络等文化贸易平台，为文化企业进入国际市场铺设道路；鼓励创作弘扬优秀传统文化和彰显新时期河北人文精神的文化精品，促使其走向全国、走向世界；加强文化行政部门与文化企业、商会（协会）的沟通协作，共同开拓文化市场；加强对外宣传和文化交流，推动河北特色的文化产品和服务进入国际市场。”[①]

在河北文化“走出去”战略的影响下，河北红色文化也开始探索“走出去”的途径。由此可见，河北红色文化对外传播是在国家政策和河北省政策的双重驱动下进行的。在此基础上，河北省通过大力发展文化产业，极大地带动了河北红色文化对外传播。

二、河北红色文化对外传播的成绩

近年来，河北红色文化不断探索“走出去”的途径，丰富红色文化“走出去”的形式，并取得了一定的成绩，主要表现在以下几个方面。

（一）打造了一批河北红色文化旅游品牌

红色文化旅游是以红色文化资源为主的一种综合性旅游概念，也是红色文化产业的重要组成内容。河北省的红色文化资源十分丰富，在此基础上构建了一批河北红色文化旅游品牌，主要包括以下几个。

其一，西柏坡纪念馆。

西柏坡纪念馆以河北省平山县西柏坡的红色文化资源为主。

西柏坡是我国五大革命圣地之一，也是中华人民共和国成立前最后一

① 李岚．河北经济发展研究[M].石家庄：河北人民出版社，2016: 692.

个农村革命根据地，作为解放战争时期中央工委、中共中央和解放军总部的所在地，西柏坡留下了数不清的红色文化资源。这些红色文化资源在中国红色文化中具有十分重要的意义，也是河北红色文化资源的代表。

1947 年 5 月，刘少奇、朱德率领中央工委进驻西柏坡。1948 年 5 月，毛泽东率领中共中央机关和中国人民解放军总部正式移驻西柏坡。这里被称为“党中央和毛主席进入北平，解放全中国的最后一个农村指挥所”，作为解放战争中三大战役的指挥地，以及党的第七届二中全会的召开地，这里所孕育的西柏坡精神是我们党宝贵的精神财富。

《人民日报》发表的《河北西柏坡：最后一个农村指挥所》，总结了西柏坡文化的形成与发展。在西柏坡，以毛泽东同志为核心的党中央，不仅领导全国人民取得新民主主义革命的胜利，同样开始了党的工作重心，从农村到城市、从解放到建设的转变，毛泽东思想在西柏坡时期得到进一步的丰富和发展，包括军事思想、战略战术思想，特别是建立人民民主专政、人民代表大会制度和多党合作制度的思想，以及从国情出发，走中国式的建设道路，通过建设新民主主义向社会主义过渡的思想，都得到了进一步充实和完善。党中央在西柏坡时期的辉煌历史和成功经验，形成了伟大的西柏坡文化。由此可见，西柏坡文化产生于中国新民主主义革命即将取得胜利之时，其中包含着爱国主义、艰苦朴素以及戒骄戒躁的精神。

数十年来，西柏坡作为中华人民共和国成立前的最后一个农村革命根据地，吸引了无数人前来追思革命先烈。20 世纪 70 年代，河北省有意识地对西柏坡中共中央旧址进行了复原工作。1976 年，开工建设西柏坡纪念馆。1978 年，西柏坡纪念馆正式落成，此时正逢中共中央和解放军总部移驻西柏坡 30 周年之际。改革开放后，随着中国打开大门，越来越多的外国友人开始来到西柏坡，了解和感受西柏坡文化。西柏坡纪念馆是河北省红色文化旅游事业打造的重点品牌之一。早在 20 世纪 70 年代，为了迎接外宾的到来，河北省西柏坡纪念馆即开始在导游词中加入了外语翻译，以此推动河北红色文化对外传播。进入 21 世纪以来，西柏坡纪念馆在做好西柏坡中共中央旧址保护的同时，重点开发建设了西柏坡纪念碑、西柏坡石刻园、廉政教育馆等 10 余个景点，使游览景点功能多样化、立体化。

其二，冉庄地道战遗址。

冉庄地道战遗址是新民主主义革命时期，冀中平原的人民群众在中国共产党的领导下，通过挖地道与日本帝国主义侵略者进行革命斗争的红色文化遗址。早在1959年，为了纪念冉庄地道战，即修建了冉庄地道战纪念馆，之后随着时代的变迁，冉庄地道战纪念馆几经更名。1961年，冉庄地道战遗址被国务院列为全国首批重点文物保护单位。2004年，清苑县地道战遗址文物保护管理委员会成立，全面负责冉庄地道战纪念馆的遗产保护以及游客服务。2017年，冉庄地道战遗址入选中国红色旅游经典景区名录。冉庄地道战遗址作为冀中地区新民主主义革命时期的重要战斗遗址，每年接待来自世界各地的游客，在河北红色文化传播中起着十分重要的作用。

其三，狼牙山风景区。

狼牙山是国家级森林公园，属于国家4A级旅游景区。除了优美的自然环境之外，还有丰富的红色文化资源，主要包括勇士陈列馆和勇士纪念塔等红色文化景观。勇士陈列馆是以河北省保定市易县狼牙山战斗中英勇抗击日本帝国主义侵略者的5位英雄的革命故事为主题的红色文化纪念馆。2001年，狼牙山五勇士陈列馆正式落成。勇士纪念塔修建于1942年，1943年勇士纪念台被日本帝国主义侵略者的山炮击毁。1959年，易县人民重修了纪念塔，聂荣臻亲笔题写了“狼牙山五勇士纪念塔”的塔名，之后该纪念塔由于种种原因又曾被毁。1986年，第三次修建了狼牙山五勇士纪念塔并保留至今。无论是勇士陈列馆还是勇士纪念塔，均是河北红色文化的优秀代表。

其四，白洋淀风景区。

白洋淀风景区于2007年经国家旅游局正式批准为国家5A级旅游景区。白洋淀地处冀中平原，这里的人民有着光荣的革命传统。早在20世纪20年代，中国共产党人即在这里开展革命活动，并于1927年建立起了白洋淀第一个党支部。抗日战争时期，抗日武装雁翎队在中国共产党的领导下，与日本侵略者展开了灵活机动的游击战争，在多次斗争中都取得了以弱胜强的胜利，极大地打击了日本侵略者的嚣张气焰。该景区中还包括白洋淀雁翎队纪念馆，是传播河北红色优秀文化的重要景区。

除了以上著名红色文化旅游景点之外，河北省其他地区的红色文化资源也十分丰富，例如，唐山市在当地红色文化资源的基础上打造了李大钊纪念馆、唐山抗震纪念馆、曹妃甸湿地公园等红色文化景区。这些河北红色文化旅游品牌，在红色文化跨文化的传播中发挥着十分重要的作用。

（二）打造了一批红色文化产品

除了红色文化旅游品牌外，河北红色文化在对外传播过程中，还打造了一批红色文化产品，大致可分为三种类型。

其一，红色旅游线路。

红色旅游线路是以红色文化中的革命遗迹、博物馆、展览馆以及烈士陵园等红色文化的物质内涵为主体而打造的旅游线路。近年来，随着我国对文化产业的重视，旅游文化，尤其是红色旅游文化成为最受普通民众欢迎的一种文化。由于红色文化景区大多设立在风景优美的地区，因此许多来华留学或旅居的国际友人常到这些地区进行参观，这为红色文化对外传播奠定了基础。一般来说红色旅游线路在设计的过程中，通常涉及一个地区，或临近两个及两个以上地区。除此之外，为了保障红色旅游线路的交通便利，还常常进行道路或桥梁修建。例如，修建一条贯通几个红色文化景区的高速公路等，以确保红色旅游线路畅通无阻。红色旅游线路除可以较为便捷地将几个红色文化景区连接起来外，还能够使游客充分欣赏沿途的风光，感受中国城乡的现代化发展。例如，西柏坡高速即专门为了到西柏坡旅游而修建。又如，河北省保定市作为新民主主义革命时期的主要革命战场之一，红色文化资源十分丰富，是地道战、狼牙山五壮士、白洋淀雁翎队等革命事迹的发生地。为了传播红色文化，也为了增强红色文化旅游的吸引力，保定市开辟了红色电影旅游线路，通过依托《敌后武工队》《野火春风斗古城》《地道战》《狼牙山五壮士》等红色电影将承载着这些红色文化革命事迹的红色旅游景区联系起来，带给人们不一样的体验。

其二，红色旅游纪念品。

红色旅游纪念品是指游客在旅游过程中购买的，从红色文化中衍生出来的具有红色文化特征的物品。消费者到红色文化景区旅游时，在充分感受到革命先烈的精神后，出于对革命先烈的敬仰和追思，而购买的与红色文化相关的纪念品均可称之为红色旅游纪念品。红色旅游纪念品一般来说兼具使用功能和纪念意义。因此，红色旅游纪念品通常具有较强的设计意义，能够较好地突出实用性和艺术性，表现出良好的精神内涵。当前，河北省的红色旅游纪念品较之以前丰富了不少，然而从整体上来看仍然显得粗糙，还需进一步设计，才能兼具功能性、收藏性和审美性等。

其三，红色文化精神产品的丰富与挖掘。

这里所指的红色文化精神产品是指从红色文化遗址或物质文化中衍生出来的，与各种文化相结合的，以歌颂中国革命先烈的事迹为题材而创作和改编的作品。以西柏坡为例，不仅围绕西柏坡精神拍摄了一系列影视片，还创作了丰富的文学作品、绘画作品、雕塑作品、书法作品、音乐作品、舞蹈作品等文化产品。同时，还以动漫形式，拍摄了一部动画电影《西柏坡》，这一动画电影借助儿童视角，对新民主主义革命时期西柏坡的革命斗争，以及西柏坡时期中国共产党领导的土地改革、指挥三大战役和党的七届二中全会等重大历史事件为基础，打造了极具特色的红色文化产品等。

第二节　河北红色文化对外传播的偏差与不足

《河北省红色旅游发展规划纲要（2012—2015 年）》强调通过整合资源，继续加强红色文化资源建设步伐，依托京津冀一小时交通圈地区优势，吸引大量访客，拉动中短途周末和假日经济需求。近年来，随着河北开放程度的不断提高，众多内容丰富的宣传活动吸引了国内外专家学者前来考察学习，红色文化对外传播与翻译的需求进一步增强，急需解决语言障碍，搭建中外文化沟通的桥梁与交流工具。在传统文化“走出去”的过程中，现有的技术手段与渠道平台在一定程度上存在形式单调、技术落后、内容枯燥等问题，难以吸引海外受众，特别是青年受众的主动参与。

尽管近年来河北红色文化对外传播取得了一定的成就，然而，从总体上来看，河北红色文化对外传播仍然存在一定的偏差与不足，本节主要对此进行详细分析。

一、河北红色文化对外传播中的受众偏差

受众是对外传播中的对象，从跨文化角度来看，受众在面对不同于本国文化特质的异国文化时，通常表现出三种文化解码方式：第一种即与编码方式相同的解码方式；第二种是协商式编码方式，这种文化解码方式与编码方式中的一部分内容呈现出重合的特点；第三种则是对抗式文化解码方式，

即解码方式与编码方式完全相反。一般来说，如果受众在跨文化解码中采用了对抗式文化解码方式，那么这次跨文化传播必然会走向失败。从受众的跨文化解码方式可以看出，无论是世界上哪一个国家的文化，在进行跨文化传播时，必须从受众的角度出发，用受众认可的方式进行文化编码，才能获得受众的文化认同，减少文化障碍和文化冲突带来的影响。

红色文化作为中国先进文化的代表，从文化发展的角度来看，具有较强的先进性特点。然而，红色文化作为中国特色文化，在文化传播中应注重从受众的角度出发，对红色文化进行编码。河北红色文化在对外传播中，则始终以“我”为主体，忽略了受众的语言文化习惯、兴趣以及接受心理，导致河北红色文化对外传播过程中出现了受众偏差。

以红色文化的对外翻译为例。语言是人类独有的一种交流和交际手段，也是进行对外文化传播的基础。语言作为一个国家和民族文化的核心，具有强烈的国家和民族属性。在对外文化交流中，语言极易成为对外传播的障碍。

河北红色文化对外传播必然涉及语言翻译，语言翻译水平的高低直接决定着文化对外传播的成效。我国学者朱义华曾在其著作中针对语言翻译对国家和城市对外传播的重要作用进行了详细说明：“对整个国家而言，外宣翻译的质量直接影响到中国在国际社会的形象；而对一个地区、城市而言，外宣翻译的质量往大处讲可能影响到本地的投资环境，往小处讲可能影响到一个招商项目能否成功。”[①] 可以说，良好的语言翻译是跨越对外文化传播障碍和鸿沟的桥梁。

从跨文化视角来看，河北红色文化具有较强的中国特色。具体表现在两个方面，一方面，河北红色文化属于中国红色文化的一部分，而中国红色文化是在中国共产党的领导下产生和发展起来的，带有强烈的政治性。另一方面，河北红色文化与中国共产党的发展历史和毛泽东思想紧密联系在一起。

鉴于以上河北红色文化的两个特点，河北红色文化在跨文化对外传播中翻译的准确性十分重要。

然而近年来，河北红色文化在跨文化对外传播中却并未对语言翻译给

① 朱义华．外宣翻译的政治性剖析及其翻译策略研究[M].苏州：苏州大学出版社，2017: 2.

予足够的重视。当前，河北红色文化跨文化对外传播中语言翻译的不足主要表现在以下几个方面：现有外宣翻译人才的数量不能满足红色文化对外宣传的需求，外宣翻译要求和现有高水平外宣翻译人才数量不成比例，文化产业专业翻译人才稀缺；红色文化外宣翻译未能充分重视跨文化对外传播的作用。译者在进行翻译的同时，多局限于语言本身，表达方式受思维束缚，没有对原文隐含的信息深入理解，忽略其文化内涵，导致译文过于片面。

以河北省西柏坡红色文化为例，西柏坡作为解放战争时期中共中央曾经驻留的地方，多位党和国家领导人曾在这里居住。他们在生活和工作中所表现出来的高尚的道德情操以及独特的人格魅力，均为河北红色文化的组成部分。除此之外，解放战争时期许多对国家未来发展具有重要决定性意义的政策在西柏坡酝酿并出台，而中国共产党历史上一系列重要的会议也在这里召开，这些共同构成了西柏坡红色文化的核心。西柏坡在中国共产党历史上独特的地位以及丰富的红色文化，使其成为无数共产党员和普通群众心中的革命圣地。西柏坡因此成为中国共产党思想政治教育基地及爱国主义思想教育基地。西柏坡红色文化为了适应这种教育特色，在进行红色文化宣传时使用了许多华丽的辞藻以及大量排比、比喻等修辞手法。在跨文化对外传播中，翻译人员必须根据受众的特点，对这些语言进行重新处理，一方面使其更加符合国外受众的语言理解以及外语表达习惯；另一方面有利于受众在较短的时间内理解人物的身份以及人物事迹。现阶段，西柏坡红色文化在对外传播中仍然含有大量充满各种修辞方式的句子，在语言翻译中含有大量程式化的书面语，多用直译等方式，在短时间内难以让国外受众对西柏坡红色文化和西柏坡精神产生兴趣。

语言翻译作为跨文化对外传播的桥梁，在进行翻译时应从受众的角度出发，尊重受众的文化习惯，避免由文化障碍而带来的理解偏差。除此之外，在红色文化对外传播中，语言翻译还应坚持文化对等的原则，减少命令式语言，在表达方面注重用语的委婉性，尤其是红色文化景区在面向外国受众进行翻译时，应尽量避免由于文化差异而来的误解。

二、河北红色文化对外传播中主体和渠道偏差

从跨文化视角来看，现阶段河北红色文化对外传播的渠道和形式呈现出较为单一的特点。从河北红色文化的传播特色来看，目前河北红色文化的对

外传播形式主要以红色旅游开发为主，包括主题小镇、电影拍摄场地、革命纪念场馆、宣传河北红色人文精神的“文化走廊”实地展馆等，没有建立贴近海外受众与媒体的红色文化资源的网络信息化平台，缺乏多样化传播途径。

其一，以传统媒体传播为主，网络媒体传播稍显不足。

从河北红色文化对外传播主体来看，河北红色文化对外传播的主体为政府，传播方式主要以传统媒体组成的传播矩阵为主。例如，以《人民日报》等为主，前文中曾指出，《人民日报·海外版》使用多种语言进行发行，对外传播覆盖率较为广泛，其在国外读者群中受认可程度较高。《人民日报·海外版》曾多次对西柏坡精神进行报道，对河北红色文化对外传播起到了较大助力。除此之外，影视渠道也是河北红色文化对外传播的主渠道之一。根据河北优秀红色文化改编而成的影视剧作品或电视纪录片，由于艺术性较强，符合现代受众的审美特点，因此在河北红色文化对外传播中往往能够收到较好的传播效果。例如，根据西柏坡精神改编的电视纪录片《新中国从这里走来》《大转折：西柏坡1947—1949》，电视剧《谁主沉浮》《西柏坡》，电影《走出西柏坡》等。

近年来，随着互联网信息技术的发展以及手机、电脑的普及，河北省在红色文化传播过程中开始尝试探索使用网络新媒体进行对外传播。然而，由于缺乏专业的新媒体工作人员，致使河北红色文化对外传播的方式和渠道相对单一。

以西柏坡为例。早在2003年，西柏坡纪念馆即建立了官方网站，该网站使用红色作为主色调，以彰显西柏坡精神作为河北红色文化的核心内容之一。然而，由于缺乏专门的技术人员，只能将网站技术维护进行外包，却由此产生了信息更新慢、内容重叠等问题。近年来，随着新媒体平台的诞生，西柏坡纪念馆在新媒体平台上开通了官方账号，然而其所发布的内容多为针对国内受众的内容，与国外受众的需求存在错位。

又如，唐山抗震精神是社会主义建设时期形成的红色文化。1976年唐山大地震，引发了全世界的关注。数十年来，唐山人民以凤凰涅槃的精神在地震废墟上建起了一座经济蓬勃发展的崭新城市，充分体现了唐山抗震精神。20世纪90年代，唐山抗震精神对外宣传时，即广泛借助国内外报刊、图书、画册和影视剧等。近年来，唐山通过录制宣传片和短视频的形式在网络上进行播放，起到了一定的对外宣传效果。但是这些宣传片和短视频多为城市形象宣传片，所涉及的唐山抗震精神较少。唐山市近年来也建造了各种宣传网站，然而网站上的外语常有错漏之处，不能起到较好的对外宣传作用。

其二，以政府活动或旅游地活动为主，对外传播主体单一性较强。

从跨文化视角来看，河北红色文化对外传播中，大多以政府为主体，或以红色文化旅游地为主体，在对外传播中呈现出较强的单一性特点。近年来，随着河北文化“走出去”战略的实施，河北红色文化也通过各种方式进行对外传播。其中最主要的方式即是以政府为主体与国外政府共同兴办文化年、文化周等活动，并且在此基础上进行红色文化宣传。例如，2011年，河北省为了配合国家文化发展在澳大利亚、新西兰举办的河北文化周等活动。

以唐山为例，近年来，唐山市举行了多种形式的对外宣传活动，其中包括中日韩青少年运动会、每年一届的唐山中国陶瓷博览会、中国国际园艺博览会、曹妃甸论坛、金鸡百花电影节等较高规格的对外传播活动。这些对外宣传活动吸引了大量国外受众前来参观，可借此机会将唐山市的红色文化传播出去。又如，西柏坡红色文化作为河北红色文化的核心，在河北红色文化对外宣传中也常被作为重点红色文化进行推广。西柏坡纪念馆经常举行各种纪念活动或文化交流活动，在西柏坡纪念馆中配置了专业的语言翻译，以便更好地向国外受众传播红色文化。

这些活动均以政府为主体，而缺少其他组织和个人的参与，因此从整体上来看，这些活动的覆盖面有限，导致河北红色文化的传播效果有待提升。

三、河北红色文化对外传播内容偏差

河北红色文化资源十分丰富，然而从河北红色文化对外传播内容上来看，则呈现出较为单一的特点。河北红色文化是一种与时俱进的文化，然而与社会主义建设时期以及改革开放时期的红色文化相比，新民主主义革命时期的红色文化的特色更加鲜明，且在全国红色文化中更具代表性。新民主主义革命时期的红色文化往往具有较强的时代性特点，即呈现出较强的艰苦奋斗色彩以及不怕牺牲、不怕困难的精神。

仍然以西柏坡红色文化对外传播为例。近年来，不断对西柏坡红色文化进行挖掘和整理，形成了西柏坡中共中央旧址、西柏坡陈列馆、西柏坡石刻园、西柏坡纪念碑、五位领导人铜铸像、西柏坡青少年文明园、国家安全教育展览馆等红色文化内容。这些红色文化内容从总体上来看，与我国其他地区的红色文化内容基本相同，在传播中以这些内容为主，显得相对较为单一，缺少突出的特点。

西柏坡精神作为中国红色文化的核心精神之一，其内涵十分丰富。然而，在西柏坡红色文化对外传播中，要么是根据程式化的、官方的介绍词对其进行笼统的介绍，要么是通过图片加文字，或是照搬已有的史料进行阐释。这些宣传内容难以在较短的时间内使国外受众对西柏坡精神有所了解，难以引发国外受众的共鸣，没有充分将西柏坡精神的内涵传播出去。

除了西柏坡精神之外，河北省其他红色文化在对外传播中的内容也呈现出单一性。例如，唐山近年来在“走出去”战略的带动下，通过积极开展一系列国际文化活动，吸引许多游客到唐山旅游。然而，唐山在宣传红色文化时，由于缺少高水准的专业翻译，也没有针对国外受众进行专门的旅游介绍，导致红色文化内容也呈现出单一性的特点。以唐山抗震精神的对外传播为例，尽管河北省在抗震周年之际均会通过报刊等方式对外传播唐山抗震精神，并以唐山大地震为主题拍摄了一系列影视作品，近年来也走出国门，获得了国外受众的关注。然而，从总体上来看，在这些传播内容中，对唐山抗震精神的宣传呈现出表面化等特点，没有充分挖掘唐山抗震精神的深层次内涵。

第三节　新形势下河北红色文化对外传播的挑战与机遇

文化自古以来就是不同国家和民族之间经济、政治交流的催化剂和调解剂，是处理各种政治、经济摩擦的良好润滑剂。进入 21 世纪以来，受经济全球化的影响，文化在全球各个国家的综合国力中所起的作用越来越重要。本节主要对新形势下河北红色文化对外传播的挑战和机遇进行详细分析。

一、新形势下河北红色文化对外传播的机遇

近年来，随着科学技术的飞速发展，在经济全球一体化的推动下，人

类文化的发展环境出现了翻天覆地的变化。过去，由于科技生产力相对落后，交通工具极度不发达，不同国家和民族处于一种相对较为封闭的环境中，因此创造出了具有独特民族和国家特色的文化。而当前，在信息技术的推动下，世界各国的地理距离不再成为限制信息传播的主要因素，世界已变成一个密不可分的有机整体，文化全球一体化成为世界发展的不可逆转的大趋势。

在这一趋势下，原有的文化和贸易壁垒被打破，全球文化进入大交流和大融合时期。河北红色文化可以借此机会走出国门，与世界各个国家的优秀文化进行交流与碰撞，在充分领略其他国家优秀文化魅力的基础上，搭建起传播红色文化的有效平台，推动河北红色文化在全球范围的传播，从而进一步推动河北红色文化产业的发展，促进河北红色文化产品的开发、创造与消费。

我国自21世纪初正式提出文化“走出去”战略后，不断强调扩大对外文化交流，通过对外传播中华优秀文化增强中国文化软实力。在我国“走出去”战略的影响下，河北红色文化作为河北优秀文化的代表，在新时期的对外传播中面临着难得的发展机遇，主要表现在以下两个方面。

（一）河北红色文化对外传播符合时代发展与社会实际需求

文化是国家和民族的血脉，是关系民族兴亡的重要内容。近年来，在我国文化“走出去”战略的基础上，中国红色文化的对外传播得到了极大的政治助力。自21世纪以来，中国共产党历次重要会议均对文化“走出去”战略进行强调，并且出台了一系列推动中国文化对外发展的政策。习近平总书记指出，“要精心做好对外宣传工作，创新对外宣传方式，着力打造融通中外的新概念新范畴新表述，讲好中国故事，传播好中国声音。”① 实现中华民族伟大复兴需要中华文化的繁荣兴盛。

在我国文化“走出去”战略的带动下，河北省也提出了建设文化强省的目标。河北省文化资源十分丰富，是一个名副其实的文化大省。然而，由于长期以来河北省一直将发展重心放在经济领域，忽视了文化的发展，而要建设文化强省，实施文化“走出去”战略，则需对河北省文化资源进行充分整理，对优势文化进行重点传播。红色文化在河北文化资源中，不仅占比较

① 新华通讯社课题组．习近平新闻舆论思想要论[M].北京：新华出版社，2017:190.

大，还具有较为鲜明的特色，因此，近年来我国开始重视红色文化对外传播。当前，在我国文化“走出去”战略以及河北省建设文化强省的背景下，推动红色文化“走出去”，展示红色文化的独特魅力，是促进河北省文化建设的客观需求；弘扬红色文化精神，是对中华优秀传统文化的传承、丰富和发展，是对社会主义核心价值体系的实践。从这一角度来看，河北红色文化对外传播面临着十分有利的发展机遇。

（二）河北红色文化对外传播可带动河北红色经济开发和产业价值实现

实施文化“走出去”战略，提升中国文化软实力，离不开对文化产业的发展。所谓“文化产业”最初是于20世纪初期由西方学者霍克海默和阿多诺在其著作《启蒙辩证法》一书中提出的。我国文化产业的发展与西方发达国家相比，落后了整整一个世纪。我国的文化产业发端于20世纪末，并随着改革开放的不断深入和现代生产方式的不断进步而逐步发展起来。改革开放后，随着国内文化有偿经济的发展，“文化市场”一词被正式提出。20世纪末，我国出现文化产业司，为文化产业概念的正式提出奠定了基础。2000年，党的十五届五中全会通过的《中共中央关于制定国民经济和社会发展第十个五年计划的建议》中正式使用了“文化产业”一词，这标志着文化产业被我国正式认可。2002年，党的十六大报告指出：“积极发展文化事业和文化产业。”“发展文化产业是市场经济条件下繁荣社会主义文化、满足人民群众精神文化需求的重要途径。”① 这标志着中国的文化产业具有了政策合法性，在中国的发展进入了一个全新的阶段。2003年，《文化部关于支持和促进文化产业发展的若干意见》发布，同年对文化产业体制进行改革。之后，在国家政策的支持下，我国文化产业的发展越来越快。对于文化产业在构建我国文化软实力中的重要性，习近平总书记指出：“文化产业是一个朝阳产业。现在文化和技术深入结合，文化产业快速发展，从业人员也在不断增长，这既是一个迅速发展的产业，也是一个巨大的人才蓄水池，必须格外重视。”②

在文化产业的发展中，文化旅游作为一个以文化为核心，将文化资源

① 蔡尚伟，车南林．文化产业精要读本 [M]. 南京：江苏人民出版社，2015: 59.

② 焦佩，李桂艳．中国化的马克思主义专题研究 [M]. 济南：山东大学出版社，2018: 63.

与自然生态资源相结合的项目近年来颇受重视，并取得了一定成就。尤其是近年来，随着中国改革开放的逐渐深化，中国综合国力的提升以及中华文化“走出去”战略的实施，越来越多的国外游客开始来到中国进行旅游，为中国红色文化旅游景区奠定了向外国受众面对面传播中国红色文化的基础。

从跨文化视角来看，河北红色文化的国际化传播是文化自信的集中体现，创建具有国际影响力的河北文化产业新品牌，是实现河北文化强省战略目标的有效措施，是推动河北文化产业软实力的“硬拳头”。河北红色文化资源丰富，具有爱国主义教育价值、革命历史见证价值、精神文明传承价值和红色旅游开发价值。河北省现阶段已打造了西柏坡精神、狼牙山五壮士精神、唐山抗震精神以及白洋淀精神、冉庄地道战精神等多个红色旅游品牌。这些红色旅游品牌在接待国内外游客的同时，还承担着向国外受众传播红色文化的责任。此外，从经济效益上来看，红色旅游作为红色文化产业的重要组成部分，极大地推动了河北经济的发展。

除了红色旅游外，河北省还大力发展红色文化纪念品、文创产品等，为当地经济的发展创建了新的增长点。

二、新形势下河北红色文化对外传播的挑战

尽管新时期河北红色文化对外传播面临着前所未有的机遇，然而从国际文化传播以及河北红色文化自身特点来看，河北红色文化对外传播也面临着一系列挑战。主要表现在以下两个方面。

（一）河北红色文化在国际文化交流中处于弱势地位

改革开放以来，随着中国经济的不断发展，中国的综合国力日益增强，GDP 总量已跃居世界第二，成为名副其实的经济强国。然而，从文化上来看，我国虽然是一个文化大国，拥有辉煌灿烂的文化，但是我国还不能称为文化强国。河北红色文化作为中国文化的重要组成部分，在跨文化对外传播中，必须直面国际文化交流中存在的“西强我弱”的格局。

其一，从世界文化贸易格局来看，中西方文化贸易发展不平衡。

与西方文化产业相比，中国的文化产业发展起步较晚，因此在文化产业发展水平以及文化产品创造方面，西方发达国家文化产业和文化产品贸易所创造的价值较高，文化产业发展较为成熟。相对来说，中国文化产业发展

相对落后，文化产业和文化产品贸易与西方发达国家相比呈现出发展态势不足、竞争力相对较弱的特点。这使得我国红色文化贸易在世界文化贸易中处于弱势地位。

其二，从世界文化舆论格局来看，红色文化在世界舆论中处于弱势。

从世界文化舆论格局来看，西方舆论无论是从媒体数量来说还是媒体在国际上的影响力都远远超过我国。纵观世界上有影响力的传统媒体，例如，《纽约时报》《华尔街日报》《泰晤士报》《读卖新闻》《太阳报》《世界报》《今日美国》《朝日新闻》《新苏黎世报》《时代周刊》、ABC 、BBC 等均属于西方舆论传播媒体。中国的《人民日报》、新华网等在国际上也具有一定的影响力，然而与西方传统媒体相比，其影响力仍然相对较弱。因此，而中国文化传媒在与西方文化舆论的竞争中仍处于相对弱势的地位。

此外，从中西方的传播技术来看，西方的传播技术发展较早，掌握甚至垄断着全球舆论，而我国传播技术发展较晚，且现代传播技术中所必需的卫星转播等资源大部分掌握在西方媒体手中。尽管近年来随着我国卫星科技的进步，我国开始逐渐打破西方舆论的垄断，然而，与西方舆论相比，我国文化在国际上声音仍然相对较弱。

因此，从以上两个方面来看，河北红色文化对外传播中依然面临着挑战。

（二）河北红色文化对外传播需从中国红色文化对外传播中突围出来

红色文化分布在全国各地的每一个角落，这些红色文化从整体上来看，呈现出较高的一致性特点。具体到河北红色文化，其与其他地方的红色文化相比，具有自身独特的特点。

从新民主主义革命发展史来看，中国共产党在领导新民主主义革命的过程中，历经各种艰难困苦和曲折，除了河北省西柏坡外，中国共产党还曾将井冈山、延安等地作为中共中央的所在地。这些地区的红色文化由于开发较早，因此与河北红色文化相比，在对外传播方面显得更加成熟。例如，延安红色文化在新民主主义革命时期即十分重视对外传播，通过借助埃德加·斯诺等西方记者在国际舆论上发声，在新民主主义革命时期的对外传播中起到了极其重要的作用。同时，也使一些外国受众对中国的延安精神和长征精神等产生了莫大兴趣。中华人民共和国成立以来，我国就有意识地对外传播长征精神，而长征精神在国际上也成为较为知名的中国红色文化品牌。这一时期的对外文化宣传也使得许多国外受众在提起中国红色文化时，首先想到的是长征精神、延安精神等，而忽略了河北红色文化。

因此，从这一视角来看，河北红色文化对外传播起步较晚，在跨文化对外传播中，不但要面对西方文化的冲击与竞争，还要与我国国内其他地区丰富的红色文化进行竞争，只有从中国红色文化对外传播中突围出来，才能在未来的跨文化对外传播中取得较好的传播效果。

第六章　河北红色文化全媒体对外传播渠道研究

第一节　全媒体传播的概念与价值

所谓全媒体是指随着数字技术的发展，各种媒介之间相互融合、渗透、协同发展的趋势而构成的全新理念。全媒体超越了传统媒体和互联网新媒体之间的界限，其范畴更加广泛，本节主要对全媒体传播的概念、价值以及特点进行详细阐释。

一、全媒体传播的概念及发展

全媒体概念来自传播领域，随着互联网信息技术的发展，传统媒体的形式、内容、渠道、功能等均发生了翻天覆地的变化，因此人们提出了一个含义更为广泛的概念来形容媒体，即全媒体概念。

（一）全媒体传播的概念辨析

当前国内外学者对全媒体概念定义的角度稍有不同，而从不同角度出发，全媒体概念的阐释也有些许不同。当前国内外学者对全媒体概念的阐释，主要可划分为三个角度。

第一种角度是从报道角度对全媒体概念进行阐释。我国学者梅笑兵从报道角度出发认为："全媒体是指一种业务运作的整体模式与策略，或者说是采用多种媒体手段和传播平台来构建的报道系统。这种报道不再是单一落点、单一形态和单一平台的，而是在多个传播平台上开展的多个落点、多种形态的报道体系。传统的报纸、广播、电视媒体及网络新媒体都是这个报道系统的整体组成部分。”[①] 这是从新闻报道的角度对全媒体概念所做的阐释。

第二种角度是从传播形态角度对全媒体概念进行阐释。我国学者袁靖华在阐释电视等传统媒体的未来发展与创新时提出了全媒体的概念，认为全媒体是综合运用多种表现符号，如文字、图像、声音、光线等，全方位、立体化地展示传播内容，并通过多种传播手段传输的一种新型传播形态。[②] 这一观点在国内学者中的认同度较高，其他国内学者也从传播形态角度提出了类似的观点。

第三种角度是在前两种角度的基础上，兼从新闻报道和传播形态的角度，对全媒体概念进行阐释，认为全媒体是指立足于现代传媒技术和媒体融合的传播观念，综合运用新兴媒体与传统媒体在媒介内容生产、传播渠道联通、运营模式统筹等方面的整合性实践。[③] 这一概念的阐释强调全媒体现代性和融合性的特点。从以上三种角度的概念阐释可以看出，全媒体的概念与新媒体不同，其从传统媒体的传播特点和形态出发，是面对网络信息技术的冲击而进行的改革与突破，强调各种传统媒体以及数字化新媒体之间的整合，在保留传统媒体的把关人优势前提下，充分利用各种报道形态和传播手段而进行的传播。

（二）跨文化视角下全媒体传播依托的理论

从跨文化视角来看，随着信息技术以及经济全球化的发展，各个国家信息传播的方式更加多样化，在借助传统大众媒体进行传播的同时，跨文化人际传播也更加频繁。从理论视角来看，全媒体传播依托于以下几个理论。

其一，把关人理论。

把关人理论是由世界传播学四大先驱之一的美国社会心理学家、传播学家勒温提出的理论。1947 年，勒温在其著作《群体生活的渠道》一书中首次提出了“把关”一词，并由此引申出把关人理论。勒温指出，信息总是沿着“门”的渠道传播，信息能否进入传播渠道，是由把关人决定的，只有符合群

---

① 梅笑冰．电视文化商品的模式化生产对电视人行为观念的影响 [J]. 中国广播电视学刊，2010（5）：39.

② 袁靖华．探析我国电视节目模式创新的出路 [J]. 电视研究，2010（8）：23.

③ 沈慧萍．从《中国达人秀》看引进类节目的策划 [J]. 新闻界，2011（6）：54.

体规范，或者符合把关人标准的信息才能够进入这一渠道。[①] 在大众媒体中，把关人包括编辑、记者等个人，也包括媒介组织。1950年，勒温的学生、传播学者怀特在勒温把关人理论的基础上提出了新闻筛选把关人模式。

无论是把关人理论，还是新闻筛选把关人模式，均被广泛应用于传统大众媒体传播中，是传统大众媒体传播的基础理论。把关人理论在大众媒体中的应用能够加强媒体从业人员的岗前培训和在职培训。编辑、记者等媒体从业人员是大众传播媒介中的信息提供者，也是主要的信息把关人，只有对其进行严格的培养，使其了解所在媒介的定位、受众需求以及把关标准，才能确保信息筛选的精准、恰当。把关人的把关行为可以划分为疏导和抑制两种类型。把关人对信息采取疏导还是抑制的决定，是受把关人的自身经验、看法、兴趣等个人因素，以及包括上级、受众反馈、同事意见等外部环境因素所影响的，个人因素和环境因素共同构成把关的标准。

传统大众媒体正是因为应用了把关人理论，其传播才具有足够的权威性。随着互联网信息技术的发展而兴起的自媒体传播由于缺乏专业的把关人角色，而导致自媒体传播具有信息冗余、虚假性信息较多、权威性较差的不足。全媒体传播是在传统大众媒体的基础上充分利用数字化媒体技术而形成的新型传播，其传播中保留了把关人这一角色。因此，把关人理论在全媒体传播中起着十分重要的作用。

其二，弱关系、强关系理论。

弱关系理论是由西方学者马克·格拉诺维特于1973年在其著作《弱关系力量》中提出的。在这本书中，作者指出人与人之间、组织与组织之间因为接触而存在一种纽带，这种纽带所形成的社会关系有强有弱，具体可从四个维度进行分析。第一，互动频率，个体与个体、组织与组织之间的互动频率越高，则表明关系较强；互动频率越低，则表明关系越弱。第二，感情深度，个体与个体、组织与组织之间的感情越深，则表明关系越强；感情越浅，表明关系越弱。第三，亲密程度，个体与个体、组织与组织之间的亲密程度和信任程度越高，则关系越强；反之，则关系越弱。第四，互惠关系，个体与个体、组织与组织之间的互惠交换越多，则表明关系越强；反之，则关系越弱。

① 方建移．传播心理学[M]．杭州：浙江教育出版社，2016: 10.

弱关系理论提出后，受到了西方学者的广泛关注。弱关系连接的通常是特征不同的个体，而强关系连接的多为特征相似的个体。1982 年，马克·格拉诺维特在弱关系理论的基础上进一步提出了“桥”的概念。他指出，具有相同特征的行动者由于性格与爱好相似，能够较为容易地建立起网络联系，而两个不同特征之间的个体或组织很难建立起联系，一旦建立起联系则多为弱关系。而与弱关系相对的则是强关系。强关系理论有利于建立起信任关系，从而更有利于信息的传播以及获取有价值的信息。强关系对于弱关系进行了补充。

马克·格拉诺维特提出的强关系和弱关系理论是基于人类学的角度提出的社会理论。不同的国家和民族受不同文化的影响所构成的社会类型不同，然而，无论是哪一种社会类型，在经济全球化的发展趋势下，弱关系的作用随着网络信息技术的应用，在社会中所起的作用越来越强。例如，中国河北省的一位青年在社交媒体上发布了一条河北红色文化旅游景点的照片或视频，被大洋彼岸的国外受众看到后，即可能激发这位国外受众对河北红色文化的兴趣，从而促成其到中国河北的红色文化旅游景点进行跨国旅游。在这个案例中，河北青年与大洋彼岸的国外受众之间即属于弱关系，然而河北青年在社交媒体上传播的信息却对国外受众产生了影响。由此可见，随着互联网信息技术的提升以及自媒体的发展，传统的信息传播方式、传播内容以及传播渠道发生了重大变化，这一变化为全媒体传播时代的到来奠定了基础。

其三，媒介情境理论。

媒介情境理论是由美国著名传播学者约书亚·梅罗维茨于 1985 年在其代表作《消失的地域：电子媒介对社会行为的影响》一书中提出的理论。约书亚·梅罗维茨在麦克卢汉的媒介理论和戈夫曼的戏剧理论基础上，提出媒介技术的新发展是导致社会变化的重要原因。

约书亚·梅罗维茨的媒介情境理论指出，情境是一种信息系统，由于信息技术的发展，电子媒介成为人们获取信息、工作、学习和生活所不可或缺的工具，电子媒介在改变着人们衣食住行等方式的同时，也改变着社会情境。由于电子媒介为人们提供了工作和生活的各种场景，人们对现实生活的社会物质场所的依赖性越来越低，人类的活动不再受物质场所的限制，因此造成了社会情境的变化，对社会情境进行了重新组织。

个体是社会组织中的一分子，在传统社会中，个体不同的行为所需要的情境不同，情境具有动态性的特点，根据不同个体的生活和工作方式，以及社会对媒介的运用而选择不同的情境。然而由于互联网信息技术的发展，电子媒介应用打破了不同情境之间的界限，从而使得信息传播呈现出跨情境发展的特点。从媒介情境理论出发，即可针对不同媒介的特点进行精准化对外传播。

（三）中国全媒体的发展历程

中国的全媒体发展始于21世纪初期。20世纪八九十年代，中国报刊业受体制化改革的影响进入了报业寒冬，面对这种情况，许多传统媒体人开始思考如何突围，开始尝试全媒体改革和跨媒体运营。例如，《人民日报》开始顺应发展趋势开辟了《人民日报》的网络版，并且在此基础上开始尝试打造人民网。这种传统媒体与数字化新技术的结合，使传统新闻媒体在网络信息时代，突破了传统纸媒新闻报道的内容和形式，开始朝着综合性新闻网站的方向发展。这一改变被认为是中国传统媒体向全媒体转变的初始萌芽。《人民日报》的这种改革在中国首次将传统新闻报道与网络技术结合起来，为国内其他传统媒体的改革指明了方向。

2001年，《沈阳日报》开始打破传统媒体的采编模式，创造性地在国内实现采编网络化和管理一体化，并通过图文合一的采编网络平台建立起集各种传媒业务于一体的系统，为报社未来实现信息传播流程一体化开辟了新道路。[①] 沈阳日报社的这种创造性的改革和探索被认为是中国报业最早的全媒体试水。2003年，上海的《东方早报》在进行新闻报道时，提出了“新闻视觉化”的理念，并且强调在进行新闻报道时，大量使用新闻图片，以在注意力时代争夺读者的眼球。在《东方早报》的带领下，我国许多传统媒体纷纷成立了视觉新闻中心。这种强调图片对视觉的冲击，以大量图片和较少文字进行报道的形式也突破了传统媒体报道中以文字为主、图片为辅的报道逻辑，为传统新闻报道的全媒体改革奠定了基础。

2006年，新闻出版总署报纸期刊出版管理司开始组织并实施“中国数字报业实验室计划”，在该计划提出之前，中国传统媒体与网络数字新技术进行的改革大多为试水性的尝试，而这一计划的提出与实施加快了我国传统媒体向全媒体的转型。2006年年底，沈阳日报报业集团率先打造了我国第一家

① 刘延军.《沈阳日报》实现采编网络化管理一体化[J].中国传媒科技，2002(5): 35.

全流程、全媒体数字报，沈阳日报报业集团旗下的《沈阳日报》《沈阳晚报》《沈阳今报》数字版全部上线，不仅在报道内容上进行了全新的探索，除文字和图片之外，充分利用互联网数字技术，新增了视频、动画、音频，极大地丰富了读者的阅读体验。2007 年，《国家“十一五”时期文化发展规划纲要》《国家新闻出版业“十一五”发展规划》相继出台，并且确立了“国家数字复合出版系统工程”发展规划，在这一规划中正式使用了“全媒体”概念，并且规划了一系列全媒体平台建设项目。在国家规划的基础上，我国传统媒体陆续开始了从传统报道向全媒体方向改革和发展的步伐。在此期间，一大批传统媒体脱颖而出。例如，2008 年，烟台日报传媒集团组建了全国首家全媒体新闻中心，由传统纸媒内容生产商向向内容提供商转变，实现了采集、资源整合、多途径发布的创新性探索。2009 年，宁波日报报业集团成立了全媒体新闻部，并且开始探索手机报和手机电视数字播报技术，实现了我国新闻报道中多媒体、即时、互动的移动新闻播报。同年，南方报业传媒集团也开始实施全媒体转型，提出了南都全媒体集群战略，其旗下的各种报刊均开始利用数字化信息技术朝着全媒体数字信息运营商和现代通讯社转型。南方报业传媒集团在全媒体转型中通过与其他媒体平台合作，将全媒体传播推向了新的高度。例如，南方报业传媒集团旗下的《21 世纪经济报道》与中央广播电台总台经济之声合作推出了移动互联网电台，这一互联网电台的新闻报道资源则来源于《21 世纪经济报道》，同时利用电台的音频传播开辟了新的报道形式。南方报业传媒集团旗下的《广州日报》则成立了报纸与手机、网站等多部门联合报道的形式。之后，《人民日报》等媒体纷纷加大了向全媒体转型的步伐，通过电视、博客、手机报和手机电视等多种途径，充分将文字、图片与视频、音频等报道形式相结合，走上全媒体传播之路。

这场由传统纸媒改革引发的全媒体改革风潮很快波及广播电视领域。2009 年，中国第一家网络电视台正式开通。2010 年前后，中国网络电视台和央广广播电视网络台先后开播，标志着电视和广播媒体也开始向全媒体发展。[①] 我国各地方广播电视媒体纷纷开始朝着全媒体的方向进行改革，全面推动了我国全媒体传播的发展。

① 王勇．媒介融合背景下我国广电全媒体发展研究 [M]. 北京：中国广播影视出版社，2017: 77.

二、全媒体传播的特点和价值

在网络信息化技术飞速发展的今天，全媒体传播具有传统媒体所不具备的全新价值和优势。

传统媒体传播由于建立了把关人的制度，因此新闻在播报之前会经过层层把关，去除冗余的、不符合真实情况的报道，而将最有价值的报道传播给读者。传统媒体传播的这种把关人制度有效地确保了新闻的真实性和有效性，然而在互联网信息技术飞速发展的今天，传统媒体传播的方式较为单一，传播速度也相对较慢。新媒体传播不同于传统媒体传播，是建立在网络信息基础之上的一种新型传播形式。新媒体传播具有及时性和互动性强的特点，然而与传统媒体相比，新媒体传播又具有信息冗余程度较高、内容低俗化倾向严重、新闻的真实性不能保证、权威性较差的缺点与不足。全媒体传播模式则兼具了两者的优势。全媒体传播的主要特点体现为以下四个方面。

其一，全媒体传播具有互动性的特点。全媒体传播将过去传统媒体传播中的单向传播改革为互动性传播。信息发布后受众可以根据信息内容对信息进行评论、转发，并与新闻的发布者进行交流。这一特点更加符合当前互联网信息时代的特点，同时也可使新闻发布者更加明确受众的喜好以及需求，进一步推动信息传播的精准性。

其二，全媒体传播的手段十分丰富。全媒体传播在传统媒体以文字和图片为主的传播形式基础上，将文字、图片、音频、视频等多种表达方式融入传播之中，呈现全方位的报道。受众在接收信息时，既可以通过文字对信息的内容进行详细了解，也可以通过图片和视频的形式对信息进行全方位了解，还可以通过倾听人物声音的方式，确保信息的权威性。全媒体传播手段的丰富性创建了一个立体的信息传播网络。

其三，全媒体传播的信息内容具有全面化的特点。全媒体传播与传统媒体传播相比，不仅仅在传播形式上存在差别，更重要的是全媒体传播建立了一个集中了各种信息的信息库。由传统媒体内容生产商的角色转变为内容提供商的角色。全媒体传播打破了传统媒体只能依赖于某一位或某几位记者所提供的信息的特点，能够有效整合发布并呈现所有的相关信息。例如，对河北红色文化中西柏坡精神的报道，不仅可以展现西柏坡精神的主要内容，还可以将西柏坡纪念馆以及西柏坡有关的文化产品进行综合性展现。通过这样的方式，可以使受众更加清晰、立体地了解西柏坡精神。

其四，全媒体传播的覆盖面具有全面性的特点。除了以上三个特点外，全媒体还具有覆盖面广和覆盖群体全的特点。全媒体传播通过借助互联网信息技术，突破了一时一地的传播，可以使信息传播到世界的每一个角落，并且信息发布后，如果不被删除，即可永远保存，不论信息发布之初，受众有没有接收到信息，只要受众进行信息浏览均可看到相关信息。此外，全媒体传播的受众覆盖群与传统媒体和新媒体相比都更加全面，可以通过不同形式和内容的信息为不同年龄阶段、不同国籍和不同受教育程度的受众服务。

全媒体传播是传统媒体利用数字新技术进行传播的一种新形式，其充分将传统媒体的把关人制度与新媒体的快捷、时效性、传播形式的多样化等优势结合起来，从而形成了一种能够极大提高传播效果的新型传播方式。

第二节　红色文化全媒体传播案例研究

红色文化作为我国优秀文化的代表，利用全媒体进行传播，不仅可以更加立体化地展现红色文化，而且可以有效进行跨文化对外传播，提升对外传播的效果。本节主要以沂蒙红色文化全媒体对外传播为例，对全媒体对外传播进行分析，为河北红色文化全媒体传播提供借鉴。

一、沂蒙红色文化形成、发展及特点

山东临沂境内包含蒙山（沂蒙山）和沂水，以蒙山和沂水为地质坐标的地理区域被称为沂蒙。沂蒙地区自古以来就产生了辉煌灿烂的文化，具有悠久的历史和厚重的文化底蕴。新民主主义革命时期，在中国共产党的领导下，沂蒙人民在革命中展现出爱党、爱国的革命热情，通过前赴后继支援中国革命，形成了以爱党爱军、开拓奋进、艰苦创业、无私奉献为基本内涵的沂蒙精神和沂蒙文化。

（一）沂蒙红色文化的形成与发展

沂蒙山区是中国共产党较早进行革命活动的地区之一，1927 年沂蒙山区第一个党组织——中共沂水支部成立。在中共沂水支部的领导下，沂蒙山区的中国共产党人以各种形式传播马克思主义思想，并积极发动人民群众开

展革命活动。新民主主义革命早期的日照暴动、苍山暴动、费县起义等革命活动，均是在中国共产党的领导下开展的。之后中国共产党的领导下一支工农红军游击队在沂蒙山区成立并鲜明地举起了革命的旗帜，吹响了革命的号角。新民主主义革命早期沂蒙山区的革命活动为抗日战争时期以及解放时期沂蒙山区红色文化的建立奠定了基础。

抗日战争时期，沂蒙山区的群众在中国共产党的领导下，展开了轰轰烈烈的抗日救亡运动。1939 年，中国共产党在沂蒙山区建立了八路军第一纵队，在这支队伍的领导下，山东人民拿起武器开始反“扫荡”，与日本帝国主义侵略者展开斗争。同年，鲁南革命根据地创建，沂蒙山区的抗日力量逐渐增大。在抗日战争中，沂蒙革命老区的人民群众纷纷参军入伍，诞生了数不清的支前模范以及英雄村庄。在抗日战争的关键时期，日本帝国主义侵略者加大了对山东抗日根据地的封锁和“扫荡”，在日本帝国主义侵略者的残暴掠夺下，沂蒙山区出现了纵横近 100 公里的无人区，无数人民群众被日本侵略者杀害。在革命异常艰苦的环境下，沂蒙山区的人民不畏牺牲，坚持抗战，在中国共产党的带领下，与日本帝国主义侵略者进行了殊死斗争，涌现出了一大批可歌可泣的英雄人物，例如沂蒙母亲、沂蒙红嫂等，书写了抗日战争中伟大的历史篇章。沂蒙红色文化也在这一斗争过程中逐渐形成。

解放战争时期，山东成为主战场之一，沂蒙革命根据地遭到了敌人的疯狂围攻，沂蒙人民在艰苦的环境中，在中国共产党的领导下，经历了鲁南战役、孟良崮战役、淮海战役等一系列艰苦的战役，最终取得了胜利。在解放战争中，沂蒙人民广泛动员起来进行支前运动，诞生了无数沂蒙英雄。战争年代，沂蒙人民的这种无私奉献、不畏艰难、不怕牺牲、爱国爱军的革命精神，被人们称为沂蒙精神，推动着沂蒙红色文化的形成与发展。

中华人民共和国成立后，沂蒙山区的人民发挥自力更生、敢为人先、艰苦创业的精神，在社会主义建设和改革开放时期表现出色，创造了一个个社会主义建设和改革开放的奇迹。

（二）沂蒙红色文化的主要表现

纵观沂蒙红色文化，其主要表现在以下几个方面。

其一，红嫂精神。红嫂是新民主主义革命时期，对救护子弟兵的沂蒙妇女的泛称。沂蒙革命老区在新民主主义革命时期遭遇了日本帝国主义侵略者极其残酷的破坏。当时中国共产党领导的八路军战士在进行抗战时，付出了极大牺牲。沂蒙山区的人民为了支持革命，不仅纷纷送子参军上战场，而且通过各种形式支援抗战。1941 年，沂蒙山区的一位哑妇明德英在日本帝国主义侵略者的疯狂“扫荡”中救了一位伤势严重、生命垂危的战士，在物质条件十分缺乏的年代，明德英用自己的乳汁喂养战士，这位战士最终在明德英的悉心照顾下得救了。明德英用乳汁救伤员的故事流传开后，在沂蒙山区引发了极其轰动的效应，涌现出了“沂蒙六姐妹”“沂蒙母亲”等沂蒙女性的革命事迹。这些沂蒙女性朴实善良、无私奉献、艰苦创业的伟大精神成为沂蒙红色文化中鲜亮的底色。

其二，小推车精神。沂蒙山区作为中国共产党较早进行革命活动的区域，人民群众的思想觉悟普遍较高，在新民主主义革命时期的各个阶段，均表现出积极的支前精神。其中，解放战争时期，在山东地区进行的淮海战役是解放战争中最为重要的三大战役之一。在淮海战役进行的过程中，沂蒙山区的人民群众表现出突出的革命精神。为了支持和配合中国共产党领导的人民军队打赢淮海战役，沂蒙山区的人民纷纷加入民工的行列，用 11 万辆小推车向战场运送粮食、军鞋、马料等各种军事补给。而无数沂蒙妇女则在后方日夜不停地制作食物和衣物等，正是在沂蒙人民源源不断的革命补给的支持下，淮海战役才取得了最终的胜利。正如陈毅同志所说：“淮海战役的胜利是人民群众用小推车推出来的。”[①] 这种不畏艰险、艰苦奋斗、无私奉献的精神是沂蒙红色文化的重要组成部分。

其三，支前精神。新民主主义革命时期，沂蒙人民在中国共产党的领导下，以激昂的革命热情投奔到战场，支援前线。沂蒙革命根据地提出了砸锅卖铁也要支援前线的口号，涌现出了无数妻子送郎上战场、父母送儿子上战场的感人事迹。以解放战争为例，据有关数据统计，解放战争时期沂蒙山区的 460 万人口中有 120 万人支前参战，其中 3 万多名沂蒙儿女为革命事业献出了自己宝贵的生命。[②] 这种支前精神是沂蒙红色文化中的核心组成部分。

除此之外，在社会主义建设时期，沂蒙老区的新愚公精神以及改革开放时期的九间棚精神、沈泉庄精神、经济开发区精神和蓝田商城精神均体现出沂蒙红色文化“爱党爱军、开拓奋进、艰苦创业、无私奉献”的特点。

---

① 中共中央组织部党员教育中心组织编写．基层党组织书记理论知识读本 [M]. 北京：党建读物出版社，2015: 26.

② 左海燕，汪仲启．革命老区沂蒙山区的群众工作经验 [J]. 党课参考，2018(第 13 期): 107.

二、沂蒙红色文化全媒体对外传播案例

沂蒙红色文化内涵丰富，在对外传播中充分发挥了全媒体时代的优势，利用各种媒体传播形式进行沂蒙红色文化传播。主要表现在以下几个方面。

（一）构建官方传播和民间传播的双重渠道

这里所指的官方传播是指包括政府、当地宣传部门、景区等在内的传播主体。这些传播主体是沂蒙红色文化对外传播的主要群体。官方传播主体的优势在于对沂蒙红色文化的理解较为全面和深刻，能够充分利用各种优势媒体，例如，当地的主流报纸、期刊、广播和电视等媒体对沂蒙红色文化进行传播。官方传播的优势一方面在于可以通过各个渠道，挖掘沂蒙红色文化的内涵，从而将沂蒙文化与当下的时代精神相结合，打造符合现阶段受众审美的红色文化；另一方面，在于调动各个不同媒体传播沂蒙红色文化的积极性，不断拓展沂蒙红色文化的对外传播效果。在跨文化对外传播中，官方传播平台可以充分发挥各种不同媒体的优势，例如，以报纸类为代表的媒体可以充分结合各个时期的纸媒报道，以头条的形式对红色文化进行传播。电视和广播类媒体，则可以通过将声音、画面与文字结合的形式，增强沂蒙红色文化对外传播的观赏性和直观性。除此之外，以报纸、广播、电视为主体的优势媒体，可利用其专门的对外传播频道或栏目，更加精准地传播沂蒙红色文化。而传统媒体建立的网络媒体和以手机等终端为媒介的各种新媒体平台，则可以充分发挥新媒体的优势，根据现阶段碎片化的阅读趋势，将沂蒙红色文化转化成为结合声音、文字、图片、视频等形式的短小文章或视频及时发布出去，以更好地向受众传播红色文化。由于碎片化的传播不需要大篇幅的报道，因此在进行传播时，可以更好地从受众接受的角度进行语言翻译，在扩大传播范围和增强传播感染力的同时，提升传播中受众接受的精准化。

所谓民间传播，在这里主要指充分发挥人民群体或民间组织的力量，通过民间红色文化消息发布、民间红色文化视频拍摄等形式，增强红色文化的对外传播。民间传播最重要的本质在于其充分发挥了人际传播的特点，通过个人的社交网络，以中外民间绘画、音乐、旅游等各种途径，提高红色文化对外传播的范围和效果。民间红色文化传播不同于官方传播，其常常从自

身所处群体的特点出发进行红色文化传播，因此更加了解所在群体的国外受众的心理，因此往往能够起到增强红色文化对外传播精准度的效果。

全媒体时代的到来，为民间传播的发声提供了便利条件，同时也凸显了民间传播的重要性。民间传播与官方传播相比属于小众传播或小范围传播，其所使用的传播媒介主要为网络新媒体，不能代替官方传播，却能够起到强调和补充的作用。沂蒙红色文化将官方传播与民间传播相结合的跨文化对外传播形式，打破了红色文化传播中普遍存在的传播主体单一、传播渠道狭窄的局面，极大地提升了沂蒙红色文化的对外传播效果。

（二）构建跨平台、多平台传播渠道

跨文化传播主要涵盖三个层面，即认知、言语、非言语，并通过日常生活、人际交往得以显现。在跨文化传播中，全媒体通过不断拓展传播渠道，从不同侧面展现事物的各个层面，可以达到提升跨文化传播效果的目的。

跨平台传播是全媒体传播的一个重要特点，在传播中通过将传统媒体与新媒体结合起来，从而构建覆盖多平台的传播渠道。沂蒙红色文化在进行传播时充分构建跨平台、多平台传播渠道，以扩大对外传播的影响。主要表现在以下几个方面。

其一，借助媒体对旅游景点和官方活动的对外报道和宣传进行对外传播。

沂蒙山区所在的山东临沂通过对沂蒙红色文化的充分挖掘，打造了一批红色文化旅游品牌，这些红色文化旅游品牌各自的侧重点不同，面向的人群也各不相同。例如，沂蒙山小调博物馆是通过对沂蒙红色文化中的红色歌曲的提炼而打造的景区。《沂蒙山小调》是新民主主义革命时期在沂蒙山区广泛流传的一首红色歌曲，这首歌曲中充分表达了沂蒙红色文化中爱党爱国、勇往直前、敢于牺牲和无私奉献的精神。沂蒙山小调博物馆形成了以体验为主的旅游特色，并且于 2016 年开始通过举办“小调音乐节”的方式对该景区的红色文化进行宣传。这种线下的、具有时代特色兼具体验性的活动方式，借助全媒体报道与传播的途径，可达到对外传播沂蒙红色文化的目的。

孟良崮旅游区是通过挖掘新民主主义革命时期中国人民解放军华东野

战军与国民党整编第74师在孟良崮进行激战时所表现出来的牺牲精神、无私奉献的精神而建立的侧重于教育价值的红色文化旅游景区。该景区在沂蒙文化中占据了特殊地位，因此常常接待不同国家的游客，而该景区则借助各种媒体报道以及纪录片加强对外传播。例如，该景区为了突出景区特色，在景区旅行社以及特色餐厅的布置上均体现出鲜明的年代感，引发各类媒体的关注，借助媒体报道提升景区对外传播效果。

沂蒙红色影视基地是临沂市打造的一个极具红色文化特质的影视拍摄基地，其中的布置、饮食等均具有鲜明特色。该景区主要以旅游为主，主要通过参与公益活动和综艺类节目录制，与高校美术专业合作、为高校美术专业提供写生基地等方式，吸引各类媒体的报道。除此之外，沂蒙红色影视基地还与《临沂日报》、山东电视台、《齐鲁晚报》和《济南日报》等媒体签订了长期合作的协议，通过各类媒体的长期报道吸引国内外受众的关注。

其二，借助各种与沂蒙红色文化相关的活动进行全媒体对外传播。

在沂蒙红色文化的影响下，沂蒙红色影视基地举行了沂蒙红色影视杯美食烹饪大赛，吸引电视、广播、报纸以及各类网络媒体的关注和报道。中国饮食文化博大精深，是最受国外受众关注的中国文化之一。这种信息的报道与官方传播中的报道不同，由于其形式更加贴近生活，因此极易引发民众的个人传播，也更易被国外受众所接受，从而提高国外受众对沂蒙红色文化的接受度。

除了临沂地区自行举办的饮食大赛外，沂蒙红色文化对外传播还充分借助国外受众喜爱度高的纪录片品牌来实现对外传播的目的。《舌尖上的中国》是近年来我国口碑较好、知名度较高的纪录片品牌。这一纪录片在国外传播的效果良好，获得了国外观众的喜爱，拥有一批国外拥趸。《舌尖上的中国2》中播出了蒙阴县垛庄镇椿树沟村的特色沂蒙煎饼。沂蒙煎饼是沂蒙山区民间传统家常主食，也是久负盛名的地方土特食品。沂蒙煎饼具有悠久的历史，并且在新民主主义革命时期曾作为革命军队的干粮，沂蒙红嫂在新民主主义革命时期就是用制作煎饼的方法来支援革命的。《舌尖上的中国2》播出后，沂蒙煎饼引发了全球各个国家的食客的关注，临沂地区则借助这类电视节目以介绍沂蒙煎饼历史的方式加强沂蒙红色文化的对外传播，取得了良好的效果。

除此之外，沂蒙红色文化传播中，还借助了现阶段备受年轻受众群体喜爱的、极具感染力和体验感的短视频平台，这种互动性强的传播方式极大地提升了沂蒙红色文化对外传播的效果。

（三）借助红色文化产品丰富全媒体对外传播内容

除了以上两个方面外，沂蒙文化资源丰富的临沂地区通过不断创新红色文化产品的形式，不断丰富沂蒙红色文化全媒体传播的内容。沂蒙红色文化中包含了大量可歌可泣的英雄人物，据此创作的各种红色歌曲、影视剧、短视频等红色文化产品，通过在各种平台上进行播放，吸引了一批国外受众，从而达到了传播沂蒙红色文化的目的。

从文学艺术作品来看，1957年，我国作家吴强所创作的长篇小说《红日》一经出版，即受到人民群众的喜爱。作为中国经典红色文学作品的《红日》除在国内进行传播外，也被翻译成各种语言在全球范围内推广和传播。《红日》中体现了沂蒙红色文化，因此在这部文学作品传播的过程中，也间接促进了沂蒙红色文化的传播。除此之外，1961年根据沂蒙红嫂事迹而创作的小说《红嫂》，根据沂蒙山区红色革命故事而创作的《沂蒙飞虎》《沂蒙老兵》《沂蒙》《沂蒙山高》《沂蒙长风》《沂蒙山好》等文学作品，均集中体现了沂蒙红色文化。改革开放后，根据沂蒙红色文化改编而成的影视剧《沂蒙》《红日》《南征北战》《孟良崮战役》《新沂蒙颂》《沂蒙英雄》《蒙山沂水》《斗牛》《沂蒙六姐妹》《铁道飞虎》等均属于沂蒙红色文化产品。这些文学和影视作品中不乏投资巨大的大制作以及走出国门的影片，而这些影片在借助全媒体传播的过程中即对沂蒙山区的红色文化进行了深入传播。

除此之外，临沂地区还推出了许多根据沂蒙红色文化而创作的微电影以及各种短视频等。这些红色文化产品借助互联网平台而传播至世界各个角落，在一定程度上丰富了沂蒙红色文化的内容，为提升沂蒙红色文化的对外传播效果奠定了基础。

综上所述，沂蒙红色文化对外传播中，充分发挥全媒体平台的作用，从跨文化视角出发，提升了沂蒙红色文化的传播范围和传播效果。河北红色文化在对外传播中，也可借鉴山东沂蒙红色文化全媒体传播的经验，从而提升河北红色文化对外传播效果。

第三节　河北红色文化全媒体对外传播渠道的创新与改进

近年来，随着信息技术的发展，各种传播方式和传播平台不断兴起，信息传播正式进入了全媒体时代。全媒体传播由于交互性强、传播速度快、传播内容更加丰富，因此十分适合跨文化传播。本节主要在借鉴山东沂蒙红色文化全媒体对外传播经验的基础上，从对外传播渠道的创新以及改进的角度对河北红色文化全媒体传播进行分析与研究。

一、拓展河北红色文化全媒体对外传播渠道

随着经济全球化的持续发展，跨文化传播已成为当前文化传播的主要形式。全媒体传播可以综合运用文字、图片、动画、音频和视频等形式在不同的媒体形态上进行传播，从而体现出极大的传播优势。河北红色文化全媒体对外传播中可通过以下几种方法拓展传播渠道。

（一）坚守纸媒传播阵地

纸质媒体近年来由于受到互联网信息技术的冲击，其影响力已大不如前，然而纸媒传播无论是在国内还是在国外均保持着相当大的影响力，这是由纸媒体的特点决定的。一方面，纸质媒体在世界存在了相当长的一段时间，人们习惯从印刷的媒体获取信息，而且纸质媒体具有较强的权威性。另一方面，纸质媒体在互联网信息技术的冲击下，在保留纸质媒体的基础上，相继开通了官方网站。纸质媒体的头版头条均会刊登在官方网站上，且纸质媒体为了适应现阶段人们的阅读习惯，开发了电脑终端、手机终端等多个版本的数字报，以方便人们查阅。因此，一些纸媒在国际上的传播范围和影响力仍然不可忽视，其中刊载的信息在社会舆论传播中还有很强的影响力。

从我国的情况来看，纸质媒体通常是由较大的新闻传播集团创办的，而进入 21 世纪后，随着互联网新技术以及各种数字技术应用到信息传播中，各大新闻传播集团纷纷进行改革，创建了适合全媒体传播发展的信息库。这些新闻传播集团采编能力较强，在对外信息传播中的经验较多，因此在对外传播中仍然起着十分重要的作用。而各个地方媒体的头版头条在全媒体时代还会被各大新闻传播机构所关注，且极易被转载形成二次传播，从而扩大传播范围。而文化的传播常常隐藏在信息传播中，因此在红色文化跨文化对外传播中不可忽视纸质媒体的作用。

河北红色文化的纸质媒体传播，一方面，应与省内媒体建立良好的长期合作关系，以便通过各种新闻报道达到传播河北红色文化的目的；另一方面，在举行重大活动，如红色文化摄影周时，应及时向设立海外版的纸媒提供新闻线索，以达到对外传播的目的。

（二）借助影视、广播传播平台

广播和电视传播平台，通过音频和视频相结合的形式进行信息传播。与纸媒报道的文字和图片为主相比，动态化的音频和视频信息更加生动，也更加容易引发受众的关注。河北红色文化传播，十分重视利用影视的方式进行对外文化传播，今后还应借助影视、广播传播平台以影视产品为内容加强红色文化的对外传播。

拍摄河北红色影视剧。河北省红色文化资源十分丰富，中华人民共和国成立后，河北省即以本省红色文化资源为题材创作了一系列红色电影和红色电视剧，其中红色电影包括《地道战》《地雷战》《狼牙山五壮士》《小兵张嘎》《平原游击队》《新儿女英雄》《白毛女》《野火春风斗古城》《青春之歌》《红旗谱》《烈火金刚》《白求恩》《戎冠秀》《谁主沉浮》《建国大业》等，红色电视剧则包括《地道战》《白毛女》《敌后武工队》《遍地烽火》等。

拍摄河北红色文化纪录片。自 2013 年以来，河北省充分利用拍摄红色文化纪录片的形式传播红色文化，例如，《西柏坡来电》《晋察冀边区》《平山记忆》《老八路》《档案·西柏坡密电》《铁血丹心》《寻找王二小》《较量·西柏坡 1948 年纪事》《太行山上》《大转折》等。其中，《西柏坡来电》作为河北省重点文化项目和重大理论文献片，采用了章回体形式，在内容上以党中央从西柏坡发出的数百封电报为视角，解读了中国新民主主义革命后期的解放战争时期所发生的一系列惊心动魄的重大历史事件，深刻地体现了河北红色文化的精髓。这部纪录片上映后即引发了社会轰动，获得了海内外媒体的极大关注。2012 年，第八届中国纪录片国际选片会上，《西柏坡来电》荣获文献类纪录片一等奖，在跨文化对外传播中取得了较为理想的效果。

在影视传播媒介传播中，除了拍摄影视剧、微电影、动画片之外，还可借鉴沂蒙红色文化影视媒介传播的经验，充分挖掘河北饮食文化、歌唱文化等特点，并以此为主体参与知名纪录片品牌或在国际上影响力较大的综艺节目的拍摄，全方位传播河北红色文化。此外，还可充分利用拍摄城市形象宣传片或城市旅游宣传片的形式，增强河北省对外红色文化的传播。

（三）加强互联网平台以及自媒体建设

随着互联网信息技术和数字技术的发展，互联信息传播平台也逐渐建立起来。互联网信息传播平台是以互联网作为传播渠道，以文字、语音、视频等传播手段为主的具有虚拟性的传播形态。互联网信息传播形式包括网站传播、论坛传播、即时通信、博客传播、微博传播、微信传播、短视频传播、移动视频直播等。网络传播与传统媒体传播相比，具有传播主体多元化、信息传播过程的复杂性、传播手段的复合性、传播受众的高能动性、传播的互动性以及传播效果的开放性等特点。网络信息传播中，传播主体的多元化带来了多主体传播以及多视角的海量信息，极大地增强了河北红色文化在海外传播中的曝光率。网络信息传播中，受众不仅可以选择接收什么类型的信息，还可以选择创作和传播哪种类型的信息，以及在哪些平台上针对哪些主题进行互动。这种高能动性直接提升了传受双方的互动性。此外，由于受众的主动权和能动性大大增强，传播过程更加复杂，因此不容易把握传播规律，传播效果也受到多种因素的制约而变得不易预测，因此其传播效果的开放性较强。

网络信息传播的特点与优势十分明显，且由于网络媒体的崛起，受众接受的方式也发生了变化，使得信息朝着碎片化的方向发展。因此，在河北红色文化传播中应加强网络传播平台的建设，充分利用网站传播、论坛传播、即时通信、博客传播、微博传播、微信传播、短视频传播、移动视频直播等形式传播河北红色文化。其中，创意短视频传播和移动视频直播是现阶段受众最欢迎的信息传播形式之一。短视频作为一种声画结合的信息传播形式，信息的受众接受度较强，还可以应用于各种不同的媒体传播中，实用性也较强。近年来，随着中国创意短视频拍摄技术的提高，我国诞生了一批以传播中华优秀传统文化为主的优秀短视频制作者。例如，李子柒拍摄的展现中华传统饮食文化的短视频，在对外传播中引发了海外网络用户的极大反响。河北红色文化传播可充分运用拍摄创意短视频的形式，拍摄一批质量过硬的、兼具艺术性和功能性的优秀短视频，以提升河北红色文化对外传播效果。

（三）加强官方传播渠道与民间传播渠道的协同性

在沂蒙红色文化对外传播过程中，通过官方传播渠道与民间传播渠道相结合的形式进行红色文化传播，取得了较好的传播效果。河北红色文化传播也可借鉴沂蒙红色文化传播的经验，在红色文化对外传播中，加强官方传播渠道与民间传播渠道的协同性。

河北红色文化作为河北省特色文化和先进文化，在传播中主流媒体由于掌握着社会优质传播资源，并且起着引导传播方向的作用，在红色文化的传播中常常起着主要作用。全媒体时代，随着互联网信息技术的发展，传统主流大众媒体“一统天下”的局面被打破，网络、手机等新媒体平台成为对内对外传播中不可忽视的主体。因此，在全媒体传播中，应重视民间传播渠道。

然而，由于红色文化的特殊性，民间传播如果对内容不加以重视，则极有可能发生传播偏差。因此，应加强官方传播与民间传播的协同性。具体来说，可从重视民间传播中意见领袖的作用入手，对河北红色文化对外传播内容进行有效引导。

新闻传播领域的“意见领袖”一词，是由美国学者拉扎斯菲尔德于 20 世纪 40 年代在《人民的选择》一书中提出的。拉扎斯菲尔德在《人民的选择》一书中正式提出了二级传播理论。二级传播理论认为，传播并不是一个单级的过程，而是有两个传播过程，第一次传播是从大众媒体到意见领袖，第二次传播是从意见领袖到大众媒体。例如，大众媒体中的电视传播即应用了二级传播理论。在影视平台的国际传播中，对外电视媒体录制或拍摄的节目先由国外具有意见领袖地位的电视媒体或栏目引进后，才能传播给受众。

所谓意见领袖，指在人际传播网络中经常为他人提供信息，同时对他人施加影响的“活跃分子”。① 自古以来，意见领袖广泛存在于各种类型的信息传播过程中，在互联网信息传播时代，由于网络的开放性与自由性，越来越多的网民在各自擅长的领域中积极发声，参与热点事件的讨论，造就了具有身份多样、数量众多、活跃程度高等特点的网络意见领袖。网络意见领袖作为信息的传播者和普及者，在民间传播中起着重要的导向作用。

网络意见领袖的身份可以是媒体人、政府官员或各行业的精英人士等。根据美国心理学家提出的非正式群体理论，从信息传播的角度看，网络意见领袖属于红色文化信息传播中的非正式群体。美国心理学家梅耶提认为，在企业中除了正式群体外，还存在着各种各样的非正式群体。正式群体所反映

① 曹茹，王秋菊 . 心理学视野中的网络舆论引导研究 [M]. 北京：人民出版社 ,2013: 196.

的组织成员之间的关系是职能或职务的关系，然而却并不能反映群体之间的社会关系。而通常来说，群体中的社会关系却可以对企业的生产效率以及组织中人们的行为产生巨大的影响。这种社会关系是受企业中各种各样的非正式群体中的领袖人物所影响的。从这一角度来看，企业中非正式群体中的领袖人物的影响力甚至比企业中正式群体中的领导者更大。除梅耶提以外，西方学者拉扎斯菲尔德经过社会学研究肯定了这一理论，并且强调意见领袖在信息传播过程中发挥着重要的、能够影响别人的态度或行为的作用。

根据这一理论，在河北红色文化传播中，官方传播渠道可通过统一报道主题的方式，发挥网络意见领袖的作用，引导公众对河北红色文化内容的传播。例如，制作河北红色文化创意短视频进行传播，当河北红色文化旅游景区举行重大活动时，则以此为主题进行传播等。

二、从受众视角丰富河北红色文化全媒体对外传播内容

近年来，随着注意力经济时代的到来，以及网络传播平台等新媒体平台的崛起，信息的内容和质量在对外传播中所起的作用越来越大。注意力时代，强调“内容为王”，只有从受众视角出发，充分丰富河北红色文化信息传播的内容，才能真正达到提升红色文化对外传播效果的目的。

（一）加强红色文化传播中的人文关怀

从受众的角度来看，在信息极大丰富的今天，受众每天接收大量的碎片化信息，而大量的新闻报道也因此而淹没在信息海洋中。只有少量的信息可能通过受众的选择传达到受众眼前。因此，在全媒体时代，受众在信息传播中不再是单纯的信息接收者，而是成为信息选择的主体。受众通过网络媒体接收信息时，可对信息进行选择性浏览。例如，在微信平台信息传播中，受众只有关注某个公众号才能接收其信息，而受众则通过选择关注某个公众号或不关注某个公众号的方式来实现信息的选择性接收。

全媒体时代受众接收信息的特点决定了河北红色文化对外传播中必须加强对受众心理的分析与关注。从心理学的角度来看，受众接收信息的过程即是对自我进行认证的过程，如果不符合受众的心理，则很难得到受众的认同。红色文化作为中国先进文化的代表具有鲜明的中国文化特点。中国传统文化中强调集体主义倾向，例如，中国传统文化中的爱国主义精神、集体精神和

牺牲精神等均是集体主义倾向的体现，这一点在红色文化中体现得更加明显。欧美等西方国家的文化价值观中则注重个人取向，因此，如果一味宣传红色文化中的爱国主义精神、集体主义精神等，则容易导致与受众所处的文化环境不符，引发受众的不理解的情况。有鉴于此，在进行河北红色文化传播的过程中，应加强红色文化传播中的人文关怀，例如将红色文化中的英雄置于具体的家庭中，注重对红色文化中的英雄人物的深层心理情绪的挖掘，以引发受众的心理认同，最终达到有效提高河北红色文化对外传播效果的目的。

（二）提升外语翻译水平

跨文化传播的双方来自不同的文化语境，即文化编码者和译码者属于不同文化背景的群体。在这种情况下，为了确保文化传播的有效性，减少跨文化传播中的误解和偏见，必须从受众视角进行信息编码，以提升跨文化信息传播的有效性。从这一视角来看，河北红色文化全媒体对外传播需注意提高翻译语言的准确性和可理解性。

从语言角度来看，语言与文化之间存在着既密切相关又相互区别的关系，语言属于文化的一部分，同时语言也是文化的载体之一，文化离不开语言。从跨文化传播的角度来看，精准的语言翻译是跨文化传播的基础。

一方面，从发音标准角度来看，音调在语言表达中起着极为重要的作用，如果在语言表达中音调表达不正确，就会产生一系列跨文化传播障碍。另一方面，不同文化体系的词汇之间并不完全对应。我国学者关世杰在其所著的《跨文化交流学》一书中指出，不同文化之间的词汇可细分为重合词汇、平行词汇、全空缺词汇、半空缺词汇以及冲突词汇。[①] 其中，重合词汇、平行词汇在不同文化语言中的翻译均相对较容易，而全空缺词汇则是指存在于一种文化语言中，而在另一种文化语言中不存在的词汇。汉语博大精神，存在着大量内涵丰富的、其他语言中不存在的词汇，这种全空缺词汇在跨文化传播中易引发理解障碍，但往往可以通过解释、询问加以理解，从而跨越文化传播障碍。半空缺词汇是指字面意思相同，然而在其中一种语言中具有引申义，而在另一种语言中却只有本义，没有引申义的词汇。冲突词汇是指字面意思相同，然而引申含义却截然相反的词汇。半空缺词汇和冲突词汇在跨文化传播中最易引发理解障碍，是红色文化语言翻译中最大的障碍词汇，

① 谭自强．图解跨文化交流学[M]．北京：世界图书出版公司北京公司，2010：91.

这部分词汇如果不能从受众的角度进行准确翻译，常常会导致对外文化传播失败，或降低对外文化传播效果。

除此之外，在红色文化语言翻译中，还应重视汉语文化与其他文化在表达方面的语法和句式结构差异等。例如，英语文化在表达时间时，是面向“未来”区分时间先后的，认为“过去”在它们的后面；而汉语文化的表达正好相反，是面向“过去”来区分时间先后的，以“前”表示“过去”，用“后”表示“未来”。又如，英语中的简单句的基本构造为“主系表”结构，即主要成分由主语、系动词和表语构成，以对于主语的特征、类属、状态和身份等进行表述。在汉语的句子结构中，即便缺少主语，意思表达也不受影响。如果在进行红色文化语言翻译时，不重视这些情况则极有可能会引发跨文化对外传播障碍，影响红色文化的跨文化对外传播效果。

第七章　河北红色文化组织活动对外传播渠道研究

第一节　组织活动传播的概念与价值

所谓组织活动传播，又称为组织传播，是指组织成员之间、组织内部机构之间、组织与更大的社会环境之间的信息交流和沟通。本节主要对组织活动传播的概念与价值进行分析。

一、组织活动传播的概念

人类属于群居动物，从人类社会角度来看，人类社会具有组织性的特点，人们生活在社会之中离不开各种各样的组织，小到学习上的组织、工作上的组织，大到国家层面的组织。西方学者厄佐尼在其代表性著作《现代组织》一书中指出："我们的社会是一个组织的社会，我们出生在组织中，受教育于组织中，我们中的大多数耗去大量的生命为组织工作，即便是在许多闲暇的时间里，我们也在组织中娱乐，在组织中祈祷我们中的大多数将死在组织中，并在葬礼到来的时候还需得到最大的组织政府所赐予的官方许可。"① 由此可见，组织在人类的生活中具有十分重要的作用。

中西方学者从不同角度对组织的概念进行了研究，并给出了不同的定义。其中，西方学者切斯特·巴纳德指出："所谓组织是有意识调整了两个人或更多人的行为或各种力量的系统。"② 我国学者郑海航则指出："组织是由

① 周鸿铎．新传播学教程[M]．北京：中国国际广播出版社，2018：493.

② 林金忠．企业组织的经济学分析[M]．北京：商务印书馆，2004：58.

两个人以上的群体组成的有机体，是一个围绕共同目标，内部成员形成一定的关系结构和共同规范的力量协调系统。”①

综合以上不同学者的观点可以看出，组织属于社会上的一种群体，这种群体不同于一般的群体，其具有共同的目标、统一的指挥和管理体系，组织成员之间的关系并不平等，而是根据分工不同形成不同的阶层。

了解了组织的概念后，从传播的角度来看，组织活动传播，顾名思义是由组织举行的、具有传播性特点的活动。从传播学的角度来看，组织传播属于微观的人际传播，与宏观的大众传播相比，其传播范围就小得多。

中西方学者从不同角度对组织传播的概念进行了界定。西方学者佩斯认为，组织传播可以定义为信息作为一个特定组织，组成部分的传播单位之间的扩散与阐释。②我国学者周鸿铎则指出：“组织传播就是组织之间以及组织与组织成员之间或者组织成员之间的信息传播活动。”③

组织活动传播最初产生于20世纪初期。19世纪末期，西方各国相继进入并完成了工业革命。工业革命使传统农业社会中以家庭小作坊形式为主的手工业发展为高度机械化和工业化的工厂式生产。除此之外，随着工业时代的到来，人们之间的交流和传播活动发生了巨大变化。在农业社会中，人们之间的交流和传播主要以人际传播为主。而在工业社会中，由于原来大量从事农业活动和手工业活动的农民自动或被迫放弃土地，进入工厂进行集体工作，因此在传统人际传播的基础上，兴起了一种组织传播。20世纪初期，西方学者最初从机械运作的角度，对组织的运作进行考察，并提出了组织传播理论。然而由于人类组织较之于机械，具有较强的灵活性特点，因此这种从机械运作角度出发对组织传播进行阐释的理论，很快被西方学者所抛弃。西方学者转而从人际关系运动的角度，对组织活动传播进行研究，认为组织传播中的人与人之间的交流，主要以面对面为主的非正式渠道的垂直和水平交流为主。之后一些学者从人力资源学的角度出发，对组织活动传播进行了考察，人力资源学学者认为，组织内部的员工是智力和体力的贡献者，是

① 刘延平，黄金芳，郭纹廷，桂英歌．现代企业组织理论与实践[M]．北京：北京交通大学出版社，2012：5.

② 周鸿铎．新传播学教程[M]．北京：中国国际广播出版社，2018:495.

③ 周鸿铎．新传播学教程[M]．北京：中国国际广播出版社，2018:495.

实现组织目标的重要组成部分，因此必须让组织内部的每一位成员参与到组织的发展和管理设计中去，以便促进组织的更好发展。这一观点在组织活动传播中得到了大多数人的认同。

二、组织活动传播的类型

从组织传播的概念可以看出，组织传播可以划分为组织内部的传播以及组织外部的传播两种类型。

（一）组织内部的传播

组织作为人类的一个活动群体，其与普通活动群体相比，具有目标一致性的特点。

组织内部的传播可以分为三种类型，即下行传播、上行传播以及横向传播。

其一，下行传播。

所谓下行传播是指组织内部从上到下的一种传播手段。由于组织内部分工不同，不同的分工造成了不同阶层的产生，而下行传播则是一种信息从高层到低层的逐级传播。在一个组织内部，组织的决策者即组织的最高领导人掌握着组织内部最多的权力以及信息，其在组织发展方向以及组织面临选择时，具有决策权。为了确保组织的正常发展，组织决策者即组织的最高领导人一般在政策传达以及任务布置、召开会议时，使用下行传播的方式进行信息传播。日本学者川浦东康智以企业为例，阐释了组织常见的下行传播所包括的五个方面的内容，即关于工作任务和内容的指示或说明，关于组织成员权利和义务的信息，关于部门和岗位的职责权限及其相互关系的信息工作，单位上司对部下工作的评价和奖惩信息，关于组织的目的理念、社会作用和贡献的信息。

下行传播在组织内部是一种常见的传播形式，通过这种传播形式将组织内部最高决策者的意见和决策发布下去，而作为组织成员，按照这一意见或决策开展行动或进行实施。唯有如此，才能确保组织的正常发展。下行传播通常采用命令的形式，整个传播过程中互动较少，传播的信息量清晰具体，由于信息量较少，不可避免地会产生信息精准性较差的问题。

其二，上行传播。

与下行传播正好相反，上行传播是一种从组织内部低层向高层的传播方式。上行传播一般应用于下级向上级汇报工作情况或者提出自己的建议意见，以及从自身出发提出的要求等。上行传播是组织内部不可或缺的一种传播手段，其在组织的发展中具有决定性的作用。如果组织内部的上行传播渠道畅通，那么组织的最高决策者就可以听到来自不同组织阶层的声音，确保组织最高决策者的决策具有正确性。同时，上行传播渠道的畅通，可以保证下级执行者向上层决策者及时反馈决策是否正确、决策是否执行到位、实施过程中是否存在困难等。只有了解了这些情况，组织最高决策者才能从具体的问题出发，对决策做出调整，确保决策更好执行，同时为下一步的工作部署奠定基础。

上行传播与下行传播在一定程度上具有相似性的特点，均是通过逐层反映问题的方式进行沟通。一般来说，一个组织内部的上行传播渠道通畅，则这个组织内部的科学化和民主化的程度更高，组织成员的工作积极性更高。上行传播也具有一定的缺点，由于上行传播是逐层传播，导致当信息到达最高决策层时，可能会因为信息的准确性低，而导致组织的最高决策者做出错误判断。

其三，横向传播。

横向传播在组织内部又称为水平传播。顾名思义，横向传播即是指组织内部发生在相同或相近的阶层成员之间的一种对等性的对话或沟通。横向传播还可以发生在两个相同层级的组织内部的部门之间。横向传播不同于上行传播和下行传播，具有对等交流的特点。信息传播的双方可以进行开诚布公的探讨与交流，如果发布信息一方的信息被对方所接受，那么双方可以进行具体实施细节的沟通；如果发布的信息被对方所拒绝，那么双方可以就具体的信息进行商讨和沟通，以便达到信息通畅以及促进组织发展的最终目的。横向传播在组织内部同样具有极其重要的作用。横向传播是使各种信息抵达终极目标的最重要手段，因此横向传播渠道的畅通与否关系到组织内部政策实行和实施的精准性。如果组织内部的横向传播渠道不通畅、存在一定的障碍，那么就会引发组织内部成员之间的相互猜疑与不信任，从而导致组织陷入一定的矛盾和冲突之中，破坏组织内部的和谐。一般来说，组织内部横向传播越畅通，那么组织内部的人际关系越好，组织内部成员的工作积极性越高。

下行传播、上行传播以及横向传播三种方式均属于组织内部的正式传播渠道。除了正式传播渠道之外，组织内部还有非正式传播渠道。所谓非正式传播渠道，是指由组织内部的成员或部门之间自发形成的各种沟通与交流方式。一般来说，每一个组织内部都不可避免地会出现非正式传播渠道。如果一个组织内部的正式传播渠道不畅通，那么非正式传播渠道则会十分活跃；相反，如果一个组织内部的正式传播渠道十分畅通，那么就可以在一定程度上避免非正式传播渠道的小道消息和谣言，从而有利于确保组织的正常发展。

（二）组织外部的传播

组织外部传播具有广义与狭义之分，广义的组织外部传播是指组织这个社会群体与其之外的整个外部大环境进行的信息交流。例如，河北红色文化旅游景区向外部社会传播红色文化活动信息即属于一种广义的组织外部传播。狭义的组织外部传播，则是指不同组织之间的传播。例如，河北红色文化旅游景区与山东沂蒙红色文化旅游景区之间的信息传播，即属于狭义的组织外部传播。

外部传播关系到一个组织在社会上的发展前景，因此组织的外部传播具有十分重要的作用。组织的外部传播可以分为组织的信息输入和组织的信息输出两种类型。

其一，组织的信息输入。

组织作为一个社会化群体，存在于整个社会化网络之中，因此一个组织的发展必然会受到其所在的社会环境的影响。除了社会政治、经济以及文化等大环境之外，还会受社会各行各业以及各个部门的影响。例如，2020年年初，河北省内的各个红色文化旅游景区已经做好了春节期间的营业准备，然而由于新冠肺炎疫情的影响，人们无法前往旅游景区进行实地参观，因此红色文化旅游景区只能闭门歇业。这在一定程度上影响了河北省各个红色文化旅游景区的整体效益。又如，近年来随着中华文化“走出去”战略，以及河北省文化“走出去”战略的实施，河北省内的一批红色文化旅游景区品牌陆续建立起来。以上两个例子均说明组织在社会中生存和发展不可避免地受到社会各种因素的影响，而只有充分地了解各种政策和信息，才能确保组织了解社会以及市场的发展趋势，在组织发展中做出正确的判断。

其二，组织的信息输出。

组织的信息输出过程与组织的信息输入过程正好相反，是组织对外的一种行为。组织的信息输出，不仅限于组织的对外宣传以及对外信息传播，还具有多样化的信息输出特点。我国学者郭庆光指出，从广义上说，组织任何与外部有关的活动及其结果都带有信息输出的性质。例如，河北省红色文化旅游景区，为了打造具有特色的红色文化产品，与文化创意公司合作拍摄创意视频以及设计创意文化产品等均属于组织信息输出活动。具体来说，组织信息输出活动包括公关宣传、广告宣传以及企业标识、系统宣传等多个方面；除此之外，组织对危机的预防和处理活动也属于组织信息输出的范畴。

三、组织活动传播的理论基础

组织活动传播所依据的基础理论为传播理论中的沉默的螺旋理论、集群行为心理理论和体验式传播理论。

其一，沉默的螺旋理论。

沉默的螺旋理论是由德国学者诺尔·纽曼提出的，最初发表于 1972 年在日本东京举行的国际心理学大会，1973 年日本的《广播研究》和 1974 年美国的《传播学刊》杂志分别对其进行了刊载，1974 年诺尔·纽曼在其著作《沉默的螺旋：舆论——我们的社会皮肤》中对此进行了系统阐述。之后，这一假说迅速传播到整个世界。该理论的提出者诺尔·纽曼是一名民意研究专家，于 1947 年创办了德国第一家民意研究机构，长期进行民意研究。她对于公众的选举行为进行了调查，并由此提出了沉默的螺旋理论。

这一理论的主要内容为舆论的形成与大众传统媒体营造的意见气候有直接关系。大众传播有三个主要特点，即大多数传统媒体报道的内容具有相似性，这一特点在公众传播中产生共鸣效果；同类信息传播具有连续性和重复性，这一特点在公众传播中产生累积效果；信息到达的广泛性，这一特点在公众传播中产生普遍效果。这三个特点在社会上和公众中营造了一种意见气候，而个人因为害怕被社会所孤立，所以会在做决定时，根据社会优势意见气候采取趋同行动，从而产生了一方大声疾呼，而另一方越来越沉默的螺旋式过程。这一假说指出大众传播效果十分强大，进而对 20 世纪 40 年代以来的大众传播影响有限的定论进行否认，这也使得这一假说成为大众传播理论中备受争议的假说。该假说提出后，许多学者对该假说的条件缺乏限制、对孤立恐惧的动机、对人类动机复杂性的思考，甚至对诺尔·纽曼自身的经历进行批评和质疑。尽管如此，沉默的螺旋理论中所提出的人们害怕被孤立、意见气候等核心概念却从未过时，仍然是大众传播理论中的经典假说之一。

其二，集群行为心理理论。

集群行为的心理三要素指从众、暗示和感染。第一个要素，从众。所谓从众，即个体在特定的环境下对于周围人行为的一种消极认同和盲目服从。当人们面临突发事件或处于一个特定的群体环境中时，大多数人的是非分辨能力以及自我抉择能力会大大减弱，为了获得心理上的安全感和保护感，避免遭受周围人的指责，大多数人会产生从众心理。第二个要素，暗示。所谓暗示，是指在集群行为中，人们往往受到激情与情绪的影响，会表现出与平时不同的行为。例如，有的受众平时不喜欢红色文化，然而，当其处于特定的环境中时，受到周围人群行为的暗示后会产生模仿行为。第三个要素，感染。感染是集群行为的重要心理因素。这里的感染包括情绪感染和行为感染两大部分。所谓情绪感染，即指个体在集群行为中由于受到周围人的情绪感染，会放弃平时的行为准则，而放任自己的内在情绪。行为感染则是集群行为的参与者在情绪感染中会做出过火举动，而这一举动会产生行为传染，将单个人的行为变成群体行为。

从集群行为的心理三要素中可以看出，个体在集群行为中会经历认知趋同、情绪积聚、情绪宣泄以及理智思考的心理过程。其中，认知趋同既是集群行为发生的前提，也是集群行为发展的基础。情绪积聚则是集群行为的初级阶段，而情绪宣泄则是集群行为的高潮阶段，最后，当个体的情绪充分表达，个体会从情绪支配中解脱出来，从而恢复理智思考，然而集群行为可以在一定程度上加强或改变受众的观点，从而对受众今后的行为产生影响。

其三，体验式传播理论。

体验式传播理论是指在信息传播的过程中关注受众对信息接收的外在需求和内在需求，从而从受众的需求角度出发进行信息设计，以选择合适的信息传播形式。

体验式传播理论是随着互联网信息技术的发展与普及而兴起的一种新式传播理论。随着科技的发展，社会经济取得了飞速发展，与此同时，信息技术的普及背景下的信息的传输方式以及受众接收信息的方式等均发生了翻天覆地的变化。随着互联网信息传播平台的崛起，传统信息传播中受众的身份发生了重要的改变。传统大众媒体在进行信息传播时，受众只具有接收信息的权利，而没有回应信息或表达个人意见的权利。互联网信息传播平台的崛起打破了传统大众媒体传播中受众的角色，而赋予了受众反馈信息以及与信息传播者进行互动的权利。除此之外，大众信息传播中，纸媒与广播、电视等媒体的传播手段具有鲜明的界限性。在互联网信息传播方式的影响下，这种界限性被打破，互联网信息传播平台既可以承载文字与图片信息，也可以将文字、图片、音频、视频等结合起来进行综合性的信息传播。

受互联网信息传播方式的影响，社会个体在获取信息时更加注重信息平台的互动性等体验性功能，因此推动了体验式传播的崛起。

互联网信息时代的体验式传播与传统大众媒体传播相比，具有重视受众体验，重视受众的主动参与，与受众在信息传播的过程中借助某种媒介实现互动，重视信息传播过程中受众的情感投入等特点。体验式传播能够消除传统大众媒体信息传播过程中的障碍，确保信息传播更精准和畅通；传播媒介的丰富性更强，与新技术的结合度更高，从侧面推进了新技术与传播媒介的融合；体验式传播还具有提升受众信息接收精准性特点，能够最大限度地实现信息传播效果。

在肯定体验式传播的优势的同时，也应看到体验式传播的不足。体验式传播是在信息技术发展的基础上兴起的一种形式传播，因此这种传播方式对技术的依赖性较高；体验式传播还会在一定程度上减少个体与真实社会之间的交流，长期沉迷其中，易导致个体陷入社交障碍。

四、组织活动传播的价值

组织活动传播的功能和价值是建立在组织内部沟通渠道畅通的基础之上的。

（一）组织内部沟通类型

组织内部的沟通情境，按照不同的分类标准可以划分为四种类型。

第一种类型，正式沟通渠道与非正式沟通渠道。正式沟通渠道是指组织内部根据一定的组织原则进行的信息传递与交流方式。例如，公函往来、会议、文件传达、参观访问、技术交流、市场调查等。非正式沟通渠道则是指不受组织监督，员工自由选择的沟通渠道。例如，员工私下聚会、传播谣言和小道消息等。由于组织活动中的个体具有不同的教育背景、文化背景，岗位不同，在组织发展中所扮演的角色有异，存在年龄差异等，这些差异导致不同个体之间的意见不统一，分歧较大。而这种分歧常常导致组织内部的沟通不和谐、不畅通。当组织内部的沟通出现这种消极现象时，则会产生非正式沟通渠道。非正式沟通渠道会传播谣言和小道消息，这些真假难辨的消息，通常会动摇组织成员的意志，从而引发更大的沟通障碍。

第二种类型，上下沟通。这种划分是基于组织内部不同成员在分工中形成的阶层进行的分类。上下沟通具体又可以划分为向上沟通和向下沟通。所谓向上沟通是指组织内部处于较下级阶层的成员向比自己高阶的成员进行问题反馈或信息传递。在企业组织中，向上沟通是指企业基层员工与企业经营管理决策层之间的信息交流，包括信息层层传递和越级反映两种渠道。向下沟通则正好相反，是组织内部处于较上级阶层的成员向比自己低阶的成员进行问题反馈或信息传递。在企业组织中，即企业经营管理决策层向企业普通基层员工所传达的关于工作的指示、工作内容的描述、员工应该遵循的政策、程序和规章制度，以及对员工工作绩效的反馈等。一般来说，组织内部上下沟通的渠道较为多样，除了面对面沟通还可以借助广播、电视等通信设施。

第三种类型，水平沟通。水平沟通是组织内部层次相当的个人或团体之间进行的信息交流与传递。例如，在企业组织中，水平沟通的类型包括企业决策层与工会系统之间的沟通与交流；高层管理者之间的沟通与交流；企业各部门之间的信息沟通与中层管理人员之间的沟通与交流；普通基层员工的工作和思想沟通与交流。

第四种类型，语言沟通与非语言沟通。语言沟通包括面对面沟通与文字沟通两种方式，语言沟通是强织内部沟通中最常见的沟通方式。非语言沟通既可强化语言所传达的信息，也可对语言所传达的信息进行混淆和歪曲。

如果组织内部沟通不畅，则会导致组织内部成员之间意见不统一，分歧较大，使得团队内部的关系较为紧张，易产生冲突，团队凝聚力较差。而组织决策者在进行决策时，由于听不到各个方面的声音，只能根据个人经验而做出判断和决策。而这一决策可能会引发团队的冲突，无法达成共识，或者由于错误决策导致组织发展陷入困境，产生负面影响。因此，组织内部沟通畅通在组织管理中起着十分重要的积极作用。

（二）组织活动传播的意义与价值

组织活动传播的价值主要表现在以下三个方面。

其一，组织活动传播具有协调内部成员行为，形成和提升凝聚力的作用。

组织作为由许多成员组成的社会群体，要达到组织的既定目标，必须在组织内部形成统一的凝聚力。而要在组织内部形成凝聚力，则必须使组织内部形成良好的沟通情境。

无论是哪一种沟通类型，如果组织内部之间的沟通渠道不畅通，那么组织内部都不能形成凝聚力，而一个没有凝聚力的组织，则往往面临着解散的风险。组织活动传播可以通过开展活动将组织内部不同部门之间的成员组织起来，从而在组织中建立正式沟通渠道，确保组织内部各个环节的信息保持流畅沟通，减少或杜绝谣言。另外，组织活动传播还可以通过特定的主题活动将组织成员集合在一起，为持有不同意见的组织成员提供交流的平台，最终达成一致意见，从而在组织内部建立有效的传播渠道，并在此基础上最终达到团结组织成员和提高组织凝聚力的目的。

其二，组织活动传播具有提高管理效益以及生产效率的价值。

组织作为由许多成员组成的社会群体，不同成员在组织活动中所扮演的角色不同，因此通常不同的组织均会设置一位核心人物，这位核心人物一般处于组织关系的顶端。例如，在企业组织中，组织的核心人物一般为董事长或总经理；而在社团组织中，组织的核心人物一般为该社团的发起人。组织的核心人物对整个组织的发展负有绝对责任，因此其在组织的指挥和管理中发挥着极其重要的作用。组织传播涉及任务的下达、实施、监管及反馈，日常事务的处理和规章制度的形成等。如果组织内部的信息沟通不畅，那么势必会影响组织任务的完成度，进而影响整个组织的发展。而组织活动传播则能够畅通组织内部的沟通渠道，在组织内部建立有效沟通，从而使得组织内部令行禁止，实现提高管理效益以及生产效率的价值。

其三，组织活动传播具有确保组织者正确决策，保障组织正常运行和发展的价值。

组织是一个由人类组成的社会群体，由于人类行为具有变化性的特点，因此，组织并非处于静止状态，而是处于不断发展和变化之中。组织是一个不断变化的有机体，在不同的政治环境、文化背景以及经济条件下需要面临不同的抉择。在这种情况下，组织内部的沟通显得更加重要。而为了确保组织在面临需要抉择的情况下能够做出正确的抉择，则应该确保更多的组织成员参与进来。只有组织内部不同阶层的成员从各自的立场出发，对组织面临的变化提出自己的意见和建议，才能使组织的决策者能够听取各方面的声音，从而对当前面临的问题进行全面的思考，并最终做出正确的决策。而组织活动传播为组织的决策者和各个不同阶层的成员之间提供了交流和沟通的平台，能够确保组织内部的有效沟通，因此组织活动传播在组织中起着确保组织工作以及组织正常发展的重要作用。

第二节　红色文化组织活动传播案例研究

组织活动传播在红色文化的对外发展中起着十分重要的作用，红色文化对外传播中，可以充分利用组织活动传播的形式取得较好的活动传播效果。

一、红色文化旅游景区组织活动传播案例

红色文化旅游景区掌握着丰富红色文化资源，在对外传播中，可以充分利用红色文化旅游景区的影响力，组织各种形式的红色文化对外传播活动。在红色文化旅游景区所开展的各种活动中，展览活动是一项较受国外受众喜爱的活动形式。

展览是指将与展览主题相关的资料加以筛选后，以陈列展示的形式进行的对外传播。展览兼具文字、图片、视频、音频以及文物实物等多种传播载体，是一项综合性强、立体式的传播媒介。展览活动所展示的信息具有集中性强、载体多元化以及直观、形象的特点。展览作为一项组织活动传播，最早起源于一些私人收藏家，他们出于服务公众、显示品位的意图将自己收藏的展品通过集中陈列的方式向外界展示。现代意义上的展览通常是在特定

的场馆中进行的主题性的物品展示。展览通常借助多种技术手段，营造出一个浓缩的历史空间。在展览中，需要借助多种感官使人们沉浸在某种环境之中，立体地感受某种文化氛围，从而达到良好的传播效果。

红色文化作为中国先进文化的代表，在对外传播过程中，可充分借助展览的形式进行传播。在这里主要以沂蒙红色文化为例，对红色文化旅游景区的组织活动传播进行分析。

沂蒙地区作为中国的革命老区，在新民主主义革命时期涌现出了一大批可歌可泣的英雄人物，为了充分传播沂蒙红色文化，山东省临沂市于2005年纪念中国人民抗日战争暨世界反法西斯战争胜利60周年之际，在国家博物馆举行了沂蒙精神大型展览。

在这次展览上共展出了80多件珍贵的革命历史文物以及200多幅图片，整个展览中充分地将实物、蜡像、雕塑、图片、音乐等相结合。同时，引进声光电技术，通过还原和模拟现场的形式再现了沂蒙红嫂用乳汁救治革命伤员的场景。除了沂蒙红嫂之外，这次展览中还展现了极具沂蒙红色文化特色的沂蒙小调。当人们走进展览现场时，即进入了一个沂蒙红色文化的世界。悠扬的沂蒙小调在展览大厅中播放，触目可及的是沂蒙人民在中国共产党的带领下高举革命旗帜，进行反帝、反封建、反官僚资本主义斗争的伟大实践。

展览共分为三个部分，在红色的热土部分中，比较系统地讲述了中国共产党进驻沂蒙开辟革命根据地，并且带领人民进行浴血抗战的历史。第二部分可敬的人民，通过在抗日战争和解放战争中涌现出来的一批革命英雄的事迹，集中展现了沂蒙人民在新民主主义革命时期对革命的大力支持以及极具牺牲、奉献精神的优秀品质。沂蒙红嫂以及支前精神等都在这一部分中体现出来。伟大的实践部分则展现了社会主义建设时期以及改革开放时期，沂蒙人民在沂蒙红色文化的激励下，积极开展自力更生建设家园的活动，并且通过与时俱进的发展，体现出沂蒙老区的历史新面貌。

这次展览活动经过精心筹备，因此整个展览中的主题十分鲜明，所陈列出来的展品极具冲击性和感染力。为了让这次展览活动更好地发挥对外文化传播的作用，在这次活动的预演期间，专门在北京市举办了新闻发布会，并且在发布会上召开这次展览的开幕仪式，邀请国家军乐团进行演奏，并且邀请多位在沂蒙老区和山东工作过的同志参加发布会，通过现身说法的形式，吸引公众的关注。短短10天内，参观展览的人数即达到了近20万人，平均每天将近2万人的参观规模。许多人参观展览后感动得热泪盈眶，掀起了一股沂蒙精神的红色热潮。为了在展览期间加强沂蒙红色文化的社会影响力和社会传播，配合此次展览还在首都民族文化宫大剧院举行了《沂蒙颂歌》的文艺表演。此次展览不仅吸引了多位新民主主义革命时期的老同志及家属的参观，而且还吸引了多家媒体争相报道。

这次展览活动在社会上引发了极大的轰动，不仅吸引了大量在京的国际友人前去参观，而且还通过《人民日报》、新华网等全国优势媒体的报道，取得了良好的对外传播效果。

二、官方红色文化组织活动传播案例

官方红色文化组织活动在这里主要指官方组织的文化外交活动。文化外交活动具有广义概念与狭义概念之分。这里所指的是文化外交活动的广义概念，即指国家主导的、有着一定战略意图的、多层次的文化交流活动。

文化外交是将一个国家视为独立的组织对外开展的文化活动。文化外交与其他组织活动传播相比，其组织主体是国家。文化外交的优势主要体现在两个方面。一方面以国家作为组织主体以及决策者对本国内部的优秀文化进行整合，从而提升本国公民的文化价值认同，提升本国文化的软实力；另一方面文化外交能够充分实现本国内部的优秀文化与世界其他国家的优秀文化进行的交流与融合，从而达到提升国家综合实力、提升国家在国际组织中的话语权的最终目标。

中国的文化外交政策是在中华文化“走出去”战略的发展与推动下提出并实施的。2009年7月，第十一次驻外使节会议正式提出加强公共外交和人文外交，积极开展多种形式的对外文化交流活动，扎实传播中华优秀文化。

与其他外交形式相比，文化外交的优势主要在于，文化不同于军事、经济、政治等国家硬性力量，而是属于一种软实力，具有沟通人与人之间的心灵以及影响他人文化价值观的作用。文化外交具有其他外交形式所不具备的价值与意义。

中国文化外交政策严格遵循跨国文化传播法则，反对单向文化输出，倡导双向的文化交流与沟通，从而在和平友好的外交环境中达成共识，继而传播本国优秀文化。文化外交的实现主要依靠两条路径，一条路径是政府外交形式，另一条路径是公共外交形式。

其一，政府外交形式。

中华人民共和国成立以后，为了构建良好的外部政治发展环境，我国制定了一系列对外文化交流政策和方针，社会主义建设时期我国的对外文化交流主要以政府外交为主，并且取得了较大的成就。

传统意义上的外交一般多为国家或政府的行为，指政府间的外交。所谓政府外交主要是以国家、政府为主体的，以维护本国国家利益为最终目的，具有官方的、正式的国家外交资格的对外交涉或交往活动。[①] 政府外交的主体为政府，政府外交的最终目的是维护整个国家和民族的根本利益，具有较强的政治性和目的性。此外，政府外交具有官方的、正式的性质，所代表的是整个国家和民族，具有合法性和正当性的特点。

中国的对外文化交流开始由单一的政府外交朝着多渠道、多形式、多层次的全方位交流方向发展。我国积极参加国际文化活动，与联合国教科文组织、世界知识产权组织以及其他在国际上影响较大的国际文化组织保持合作，通过协同合作与发展的方式，共同举办多种形式的文化活动，在国际舞台上展示中华优秀传统文化，讲述中国故事。中国政府在进行对外文化交流中，还积极鼓励我国具有国际水平的各种学术组织以及艺术机构积极走出国门，在国际社会中与对应的组织机构和团体进行交流，开展多种形式的专业文化活动，增强和提升中国在国际文化活动中的话语权。

其二，公共外交形式。

21 世纪以来，随着经济全球化的趋势日益明显，以及信息技术的发展与应用，公共外交逐渐兴起。公共外交是指面向国际社会、国外民众（包括各种基金会、学术团体、各种协会等）所展开的国际公共关系活动。公共外交和政府外交组成了国家的整体外交。公共外交借助各种传播和交流手段，向国外公众介绍本国国情和政策理念，向国内公众介绍本国外交方针政策及相关举措，旨在获取国内外公众的理解、认同和支持。[②]

公共外交活动与政府外交活动相比，文化交流对象更加丰富化和多元

① 朱蓉蓉．民间外交与政府外交关系初探 [J]. 社会科学战线，2010(10): 173.

② 杨洁篪．努力开拓中国特色公共外交新局面 [J]. 求是，2011(04): 43.

化。公共外交的主体仍以政府组织为主，而公共外交的对象并非外国政府组织，而是包括外国民间组织与公众个体在内的外国民众。公共外交的对象发生了重要变化，因此，公共外交活动与政府外交活动相比，其规范性较弱，但是传播内容则更加广泛，覆盖面更大，双方达成合作的可能性较高。现阶段，我国对外文化外交主要以公共外交活动为主。《中共中央关于制定国民经济和社会发展第十二个五年规划的建议》正式提出加强公共外交，广泛开展民间友好交往，推动人文交流，将公共外交提升到了国家战略高度。通过公共外交活动传播红色文化，则需注意以下三个方面。

首先，加大对公共外交的投资力度和研究深度。

公共外交是中华文化“走出去”战略的重要实现途径之一，纵观西方国家提升文化软实力的方式，无一不重视公共外交的力量。由于公共外交出现时间较短，关于其发展模式，各个国家均处于研究之中。中国的公共外交要想取得理想的发展效果，还必须重视公共外交规划的长远性，并且探索公共文化外交投资方式，加大投资力度与研究深度。地方政府在开展公共外交活动时，可以在政府资金支持的基础上，通过各种方式加大资金投入，从而创造更多优秀的文化产品在国际文化交往中进行交流与传播。

其次，积极参与公共外交活动。

公共外交作为现阶段国家对外文化政策的主要形式，不仅需要国家的积极支持，还需要各种优秀的学术组织、文化机构的参与，从而构建多层面、多层次的公共外交体系。唯有如此，才能充分发挥公共外交的优势。因此，河北省政府或文化机构等在进行红色文化对外传播过程中，可借助公共外交活动，展现河北红色文化的魅力。

最后，杜绝面子工程，强化人文交流。

公共外交是对外文化传播的主要形式，具有传播范围广的特点。文化作为一种软实力，其在国际社会中的影响并不是一蹴而就的，而是具有潜移默化的特点。因此，无论多高规格或多么宏大的组织，公共外交均不可能通过一次传播就能改变我国文化在国际社会中的地位。而无论多小的公共外交活动，只要不断坚持，持续将其打造成品牌，长此以往，即可取得理想的文化传播与交流效果。从这一意义上来看，公共外交活动不追求轰轰烈烈、大张旗鼓，而追求细水长流、积少成多。因此，公共外交活动中应注意杜绝面子工程，重视人文交流。

三、民间红色文化组织活动传播案例

民间红色文化组织活动是指以企业、社会机构以及个人为主体进行的红色文化组织活动。

组织活动传播的主体具有多元化的特点，既可以将国家作为主体，也可以将企业、社会机构以及个人作为主体。上文中提到的公共外交、政府外交等均为以国家为主体组织的文化传播活动。

除了以国家为主体之外，文化企业也可以作为组织活动传播的主体。文化企业属于营利性的社会组织。文化企业通常通过开展组织活动传播，扩大企业自身的影响力，以及推广企业开发、设计的创意文化产品。社会组织主体是指不以营利为目的组织机构或团体。个人主体则是指随着互联网信息传播平台的建立，在网络上发布或组织活动的个人。个人的力量虽然相对比较弱小，但是如果掌握了一定的信息传播渠道，则会在文化传播中起到极具关键的作用，能够有效推动文化的对外传播效果。

早在新民主主义革命时期，国际社会对中国共产党不甚了解之时，美国记者埃德加·斯诺经过长途跋涉到达陕甘宁边区，斯诺对中国共产党的领导人以及经过长征到达陕北的普通红军战士等多个不同群体，进行了全方位的采访。在采访中，埃德加·斯诺发现国际社会对中国共产党的固有印象是错误的，因此他将采访资料整理成书，命名为《西行漫记》（又译《红星照耀中国》），并于 1937 年 10 月在英国正式出版了这本书。这本书作为最早对中国共产党和中国工农红军进行全方位的深入报道的书籍一经出版，即在国际社会上引起了强烈反响。

埃德加·斯诺详细地介绍了中国工农红军长征途中所经历的艰难和险阻，并且根据自己的采访记录整理出多个感人至深的故事。斯诺在这本书中第一次对中国共产党和中国工农红军的形象进行了正面报道，并且极力歌颂了他们无私奉献、甘愿牺牲的精神。这本书出版后即打破了国际社会对中国共产党的刻板印象，许多外国友人开始对中国共产党和中国工农红军报以同情和支持。除了埃德加·斯诺外，美国著名的女记者史沫特莱也从国外辗转到达延安。史沫特莱到达延安时，中国工农红军刚刚结束了万里长征。史沫特莱通过走访掌握了第一手采访资料，并且经过几年的整理，终于出版了《伟大的道路》一书。在这本书中，史沫特莱不仅对长征进行了详细的描写，并且称赞了长征的意义，这本书同样在西方社会引发了轰动。在这两本书的影响下，越来越多的外国记者突破重重阻挠，历经艰险来到中国，并对中国共产党和长征精神进行报道。中华人民共和国成立后，一些国际友人还纷纷通过重走长征路的形式体会长征精神，并对长征在中国新民主主义革命中的历史意义进行总结。

从以上例子中可以看出，即便是在传统媒体时代，个体也可以成为组织活动传播的主体。了解了组织活动传播的主体，可以更好地开展组织活动。

2016年，在纪念中国工农红军长征胜利80周年之际，中央电视台创办的央视网，组织了80名网络媒体人参与了“重走长征路”的活动。这一活动分为线上和线下两种活动形式。线下，80名网络媒体人踏上了现实中的长征路，并一路追寻红军的足迹，对沿途经过的村庄一方面进行红色文化的挖掘和整理，另一方面对长征沿路出现的新面貌进行专题报道。这些新闻报道的形式十分丰富，既有文字和图片报道，也有电视采访报道，充分将文字、图片以及音频、视频载体融合起来，全方位展现了长征路上的变化。线上，央视网创建了主题网页，并随时上传和更新各家媒体的报道。此外，为了提升网络受众的参与感，央视网在还在主题网页上设置了“VR带你走长征”“长征路，新故事”“长征故事”访谈、“长征——信仰的力量”“长征途中的重要会议”“长征路线”“图文报道”等多个栏目，通过引进VR技术等方式，为网络用户了解长征、感受长征精神以及新时期长征路上的变化进行了详细而立体的报道。

由于这次活动的组织主体为央视网，属于媒体机构，而线下参与者中不乏各大优势传媒平台的记者，这些记者在进行线下参观的同时，撰写新闻报道并进行即时发布。这次活动在我国国内产生了较大影响。这些视频报道或图文报道还通过各种对外媒体传播到国外，起到了传播长征红色文化的目的。

第三节 河北红色文化组织活动对外传播渠道的创新与改进

从以上组织活动案例中可以看出，组织活动传播的主体既可以是国家，也可以是企业、媒体或其他社会机构，甚至还可以是个人。这些案例为河北红色文化组织活动对外传播提倡了良好的借鉴，河北红色文化组织活动对外传播渠道可从以下几个方面进行创新。

一、重视大众传播和人际传播渠道

文化作为一种软实力必须借助一定的媒介载体才能进行传播。组织活动传播，虽然可以通过并行线下活动组织达到对外传播的效果，但是线下活动组织通常具有较大的限定性，例如限定于某一个群体，或者由于活动场地等原因而对人数有所限制等，导致传播效果受限。当前，世界已全方位进入互联网信息化时代，大众传播在传统大众媒体的基础上，开始朝着大众媒体与新媒体相结合的方向发展。这些大众传播媒介均在红色文化对外传播中发挥着极其重要的作用。

组织活动传播中应加强对大众传播的重视。正如上文中提到的长征红色文化传播案例。中国共产党和中国工农红军进行长征之后到达陕北，当时国内信息极度不对称，加之国内政治局势十分紧张，中国共产党和中国工农红军的形象存在被歪曲的现象。这一时期，中国共产党虽然创办了自己的报纸，并通过报纸进行新闻报道，树立红军良好的形象。但这一时期中国共产党人所创办的报纸宣传力量较小，传播范围仅限于国内某些地区。一些外国记者来到中国进行采访，中国共产党敏锐地抓住了机会，通过外国记者进行自由采访，以及为外国记者展现最真实的中国共产党和中国工农红军形象的方式，将自己的声音借助国外记者的书籍和报道传播出去。正是由于中国共产党在异常艰苦的时期也不忘办报，并且借助各种力量传播自己的声音，才使得长征红色文化在国际社会中引发了较大反响。

现阶段随着新媒体时代的到来，大众传播的技术和媒介形式更加多元化和多样化。现阶段的信息传播中更离不开大众传播媒介。因此，河北红色文化对外传播过程中应加强对大众传播媒介的重视，充分利用各种大众媒介，对外传播河北红色文化。具体来说，可从以下几个方面入手。

首先，加强视觉传播渠道建设。所谓视觉传播渠道，即指由图片、视频等视听媒介所构成的大众媒介。当前随着新媒体时代的到来，受限于新媒体信息传播的形式，人们接收的信息呈现出碎片化的特点，更加倾向于图片、视频形式以及直观性、生动性更强的信息，减少大篇幅纯文字信息的接收。

其次，加强网络传播渠道的构建。网络传播渠道是随着信息传播技术的发展和普及而兴起的新型传播形式。网络传播渠道具有较强的自主性传播的特点，而且网络传播更易实现对外传播的目的，因此在现代化大众传播中，应高度重视网络传播渠道的作用。

人际传播是指个体与个体之间的传播，人际传播是人类历史上最原始、最传统的一种传播方式，通常借助语言表情以及手势等方面传递信息。文化不同于经济、军事等硬性的国家实力，而是属于一种软实力。文化是不同民族、不同国家的人们根据所处的地理位置、历史条件等而创造的独特的物质财富和精神财富的总和。文化作为人所创造的产物，具有精神属性。人际传播是人类最基本、最早的文化传播方式。网络信息技术的发展推动了网络传播，由于网络传播具有互动性强的特点，在网络信息传播中信息发布人与信息接收者之间通过一条网线进行联系，实现了直接互动和交流。这种信息传播方式中虽然人与人之间没有直接见面，但是网络媒介依然体现出较强的人际传播特点。例如，微信新媒体平台在传播中具有点对点的特点。在传统人际传播中，当信息传播者向信息接收者发送信息时，要求信息接收者及时对所接收的信息进行解码并给予反馈。而在微信传播中，默认朋友圈中所有的人均处于在线状态，不要求信息接收者立即给出答复，然而其最终也需对所接收的信息进行解码并给予反馈。除此之外，微信新媒体平台可以实现实时对讲以及视频聊天，这种交流双方同步的传播模式与传统社会中的人际传播具有相似的特点。因此，在使用大众新媒体平台进行传播时，需要借助人际传播理论，注重信息受众的需求，唯有如此，才能较好地实现红色文化对外传播功能。

二、借势文化外交活动

文化外交活动通常是国家或社会上顶尖的文化机构、科研机构等为主体与国外受众展开的交流活动。这种活动一般针对某一个或某几个特定群体，规格相对较高，活动效果较佳。因此，当国家或其他主体进行文化外交活动时，河北红色文化可通过借势的方式，推出与文化外交活动相关的衍生活动，以便达到提升红色文化对外传播水平的目的。

近年来，我国与其他国家的文化外交活动越来越频繁，并且通过互设文化年、文化周的方式推动双方的文化交流与合作。例如，2014 年，中国河北文化周在德国举办文化交流活动。河北省在德国乌波塔尔市举办了“印象·河北”摄影展和河北非遗展、中国河北电视周等一系列活动。以摄影展的形式较为全面地反映了河北省丰富的人文文化。通过河北省非遗文化展览，向德国人民展现中国河北省独具魅力的非遗文化。中国河北电视周期间，德国 Rhein Main TV、SALVE TV、CentreTV 等三家主流电视台，以及《来看吧》德语官方视频网站、《来看吧》Youtube 专属频道均同时上线播放为此次中国河北文化周而专门制作的 7 集电视专题片，在电视专题片中全面展示了河北省的历史文化、经济发展、自然景观、民俗风情等内容。在这种文化对外活动中，即可对河北红色文化进行传播。

又如，2011 年，河北省在悉尼举行的文化周；2017 年，俄罗斯 – 河北文化周在莫斯科举行，这些均属于文化外交活动。在这些文化外交活动中，虽然河北省主要对外传播非遗文化，例如，剪纸艺术、鼻烟壶艺术等，但是在展示这些非遗文化时，也可以采取具有人文精神的文化主题等形式，进行红色文化传播。

又如，2019 年，中国相继在欧洲的匈牙利、英国等多个国家开展中国旅游文化周活动。这次中国旅游文化周活动是由中华人民共和国文化和旅游部主办的，活动期间在全球 34 家海外中国文化中心和 19 家驻外旅游办事处陆续举办了 250 多场各类文化和旅游交流活动。在此期间，海外中国文化中心和驻外旅游办事处通过在各地举办展览、演出、讲座以及旅游故事征集大赛、中国地方特色美食推介等活动，从各个方面展现了中国的特色文化。该活动主推中国旅游文化，河北省在其中也占一席之地，且多进行非物质文化宣传，因此，河北红色文化在这类活动宣传中，可通过不断拓展河北红色文化的创意产品，融入中国文化传播之中。例如，挖掘独具特色的红色美食文化，加强红色文化的创意性动画片、短视频或文创类产品，等等。从多个层面和角度，丰富河北红色文化的内涵，以达到借助对外文化交流活动提升河北红色文化对外传播效果的目的。

三、拓展景区传播形式

近年来，随着河北省教育资源的丰富，河北省所招收的来华留学生群体逐渐壮大。这些来华留学生虽然选择中国作为留学目的地的原因各不相同，然而大多数来华留学生均对中国文化有着强烈兴趣。他们在学习之余喜欢到河北省或中国各地旅游，从而更加深刻地了解中国文化。

河北红色文化旅游景区作为河北省主要输出红色文化资源的地区，在河北红色文化的对外传播中起着十分重要的作用。组织活动传播则主要通过活动形式实现对外传播。河北红色文化旅游景区在进行红色文化传播时，可通过拓展景区传播形式的方式，推动河北红色文化组织活动的传播。

除了常规化的景区活动组织外，河北红色文化旅游景区还可通过举行红歌音乐会、短视频拍摄大赛等青年群体感兴趣的活动，吸引留学生群体的关注，并通过创造易传播的红色文化活动，吸引媒体报道和青年群体自发传播，从而达到增强红色文化对外传播的目的。

此外，民间传播形式是指除官方对外传播主体之外的所有传播主体举行的文化交流活动。互联网信息时代的新媒体传播方式具有受众广泛等特点。近年来，我国出国留学、驻外商务人士、长期居住在外的海外侨胞以及跨国旅游的人群越来越多，他们在国外学习、生活和工作期间，大多关注着家乡的发展，同时又与国外受众之间建立了各种各样的联系。因此，可充分借助这些群体进行红色文化对外传播，以改变国外受众对红色文化的固有印象，增强红色文化对外传播效果。

第八章　河北红色文化其他对外传播渠道探析

第一节　跨文化传播其他形式与价值

跨文化视角下，河北红色文化的对外传播形式，除以上几个方面外，还可从以下传播形式入手，拓展河北红色文化的对外传播渠道。

一、教育传播及价值

教育传播，是指将教育教学纳入文化之中，以此达到推动文化传播的作用。教育是一个国家的百年大计，承担着文化传承的重要任务。近年来，随着经济全球化、文化全球化的影响，以及新技术的不断出现，教育事业中诞生了多种新理念和全新的教育形式，以跨国文化教育为主要特点的教育机构和教育平台纷纷出现。

教育传播以教师作为知识和文化的传播者，面向群体多为学生，其传播文化的过程即是教学过程，并且以传播和传承文化知识、培养社会优秀人才为主要目的。

（一）教育传播的基础理论

从传播的角度来看，教育传播依托于多种传播理论。这些传播理论中尤其以拉斯韦尔的传播模式影响最为深远，在这里主要对其进行阐释。

其一，“5W”传播模式。

美国政治学家拉斯韦尔在1948年发表了《传播在社会中的结构与功能》一文，在这篇论文中，拉斯韦尔提出了著名的“5W”模式，这一传播模式理论对传播学的影响十分深远。

“5W”模式包括谁（Who）、说什么（Says What）、通过什么渠道（In Which Channel）、对谁（To Whom）、取得什么效果（With What Effects）。

这五个要素呈现线性化、单向化排列。其中，谁（Who）即信息传播中的传播者，其在整个传播活动中承担着接收信息、加工信息以及传递信息的任务，其既可以是一个新闻机构，也可以是单一个体；说什么（Says What）是指信息传播中的信息本身，其由语言符号和非语言符号组成；通过什么渠道（In Which Channel）是传播中的信息载体或中介，这种中介既可以是大众媒体传播中介，也可以是人际传播中介；对谁（To Whom）则是指信息传播中的受众，信息受众是信息传播的最终目的地；取得什么效果（With What Effects）的实质是信息到达受众后在其认知、情感、行为各层面所引起的反应。

21 世纪以来，随着信息技术的发展并广泛应用于信息传播领域，信息传播打破了单向性传播的特点，具有了互动性特征。因此，有的西方学者在“5W”传播模式的基础上，提出了“7W”理论。即：谁（Who）、说什么（Says What）、通过什么渠道（In Which Channel）、对谁（To Whom）、取得什么效果（With What Effects）、为什么（Why）、在哪里（Where）。“7W”理论对现代媒体教学传播具有一定的指导作用。

其二，香农 - 韦弗传播模式。

1949 年，信息论创始人香农和韦弗在其著作《通信的数学理论》一书中提出了传播的数学模式。香农和韦弗认为传播的过程即是信息传播通过将信息进行编码后，将信息转变成为声音、文字、图片等符号，并且通过一定媒介传播出去。信息接收者在收到信息后，则需要对信息进行解码，然后才能接收，并且对信息进行反馈。这种传播模式中将传播过程分成了 7 个基本要素，其中包括信息源、编码、信道、解码、信息接收者、噪声和反馈。在整个信息传播过程中可能还会伴随着一定的干扰，即信道的噪声。香农 - 韦弗传播模式在现代教育传播中的应用较为广泛，根据该理论对不同传播渠道的反馈信息进行分析，即可达到教育最优化的效果。

其三，贝罗传播模式。

1960 年，西方学者贝罗在香农 - 韦弗传播模式的基础上，将传播过程划分为四个基本要素，并且充分引入哲学、心理学、语言学、人类学、大众传播、行为科学等多门学科的最新理论作为依据，对这一传播模式进行阐释。根据贝罗传播模式，信息传播过程可以分解为信源、信息、通道和接收者四个基本要素。其中，信源和编码者是信息的传播者和将信息编译为编码的人，在传播模式中，应充分考虑信源和编码者的传播技巧、态度、知识、在社会系统中的位置以及其自身的文化背景等。接收者和译码者，即接收和对信息进行解码的人，在传播过程中，也应充分考虑他们的传播技巧、态度、知识、在社会系统中的位置以及其自身的文化背景等。如果信源和编码者或接收者与译码者之间的背景存在差异，则会导致编码者和译码者之间的信息产生偏差，造成理解偏误，从而影响信息传播的效果。信息传播过程中的信息则会受到符号、内容以及处理的影响。信息传播过程中的通道，则指信息传播的各种手段和工具。贝罗传播模式应用到教育传播中，能够较好地提升现代教育传播的效果。

（二）教育传播的类型及价值

孔子学院按照不同的教育理念和教育特色可以划分为不同的类型。其中主要包括以特色文化为主的孔子学院、以师资培养为主的孔子学院、以汉学研究为主的孔子学院、以面向基础教育为主的孔子学院以及以网络教学为主的孔子学院。其中，以特色文化为主的孔子学院又可细分为中医孔子学院、音乐孔子学院、武术孔子学院、旅游孔子学院、商务孔子学院等。这些特色文化孔子学院是在国际社会传播中国特色文化的主要渠道。

以师资培养为主的孔子学院，顾名思义即专门培养中小学汉语师资的学校，这一类型的学校常侧重于满足不同层次、不同类型汉语师资的培养。以汉学研究为主的孔子学院，则是指以汉学研究为主的研究型学校，这种类型的孔子学院极大地推动了海外汉学与中国主流学术之间的沟通与交流，而这种对汉学的深入研究又可从汉学或翻译学角度推动中国文化的海外传播。以面向基础教育为主的孔子学院，是指以中小学汉语教育为服务对象的学校。以网络教学为主的孔子学院，是随着互联网信息技术的推广和应用而建立起来的。无论是哪种类型的孔子学院均通过汉语教学、文化交流、汉语与中国文化研究、社区与公共服务等途径，发挥教育传播的价值。

（三）新媒体教育及其对外传播价值

网络教学是指国内教育机构在充分依托互联网信息技术的基础上而进行的在线教育。

网络教学最早兴起于20世纪90年代的美国，21世纪初期网络教育开始大规模崛起，网络教育通过整合优质教育资源而受到学习者的欢迎。国外网络教育最初以欧美地区为中心迅速崛起，之后，其他国家和地区也纷纷跟进，形成了K–12网络教育、网络高等教育和企业网络教育三大类型教育。中国网络教育的起步与西方国家相比，相对较晚，其发展过程中经历了多次探索。自2012年以来，在国外慕课模式的影响下，中国网络教育迅速发展起来。与此同时，随着新媒体的崛起，网络教育开始朝着新媒体教育传播的方向发展。

新媒体教育是一种借助新媒体技术在新媒体平台上开展教育的新型教育方式。新媒体教育近年来在我国发展十分迅速，具有较强的传播价值。新媒体教育多在网络新媒体平台上开展，因此其传播性较为方便、快捷。当前，我国新媒体教育大多为针对各个年龄阶段，以实用知识传播为主。然而，由于新媒体教育传播的覆盖面广、学习便捷等特点，未来可应用于各种文化知识的传播中。例如，开通专门的中国红色旅游教育，以长征精神、红色西柏坡等作为主题课程进行教育传播，以此达到教育对外传播的目的。

二、跨界传播及价值

20世纪60年代以来，西方后现代主义思潮的崛起，推动着社会文化朝着解构理性的方向发展，对理性化的社会进行否定，对一切主流文化持怀疑、批判的态度。在这种后现代思潮的影响下，伴随着信息技术的普及，社会进入注意力时代，信息传播朝着娱乐化的方向发展。

（一）跨界传播的理论基础

跨界传播理论的基础主要为后现代主义思潮和注意力经济理论。

其一，后现代主义思潮理论。

第二次世界大战后，西方工业革命时代所构建起来的社会秩序体系被打破，现代社会的理性精神被冷酷的现实世界所摧毁和颠覆。人们不得不面对破碎的家国、断裂的文化、含混的精神取向、无序的制度和秩序、边缘的宣泄和漠视。从世界局势上来看，第二次世界大战结束后，世界并没有完全回归和平。地区冲突和局部战争阴影依然存在。从世界政治局势来看，不同政治意识形态方面的冲突长期存在，给人们带来巨大的阴影，加之社会阶层矛盾突出，传统的理性社会面临着巨大的挑战。

随着科技的发展，社会经济水平不断提高，然而科技为社会带来极大便利的同时，其所带来的程式化、机械化以及自动化使个体工具化、商品化，人类的生存被日益物化和异化，人类在这一过程中遭受了严重的束缚、压制以及扭曲。这使得人们开始对于现代主义理性话语体系中所倡导的意义和价值进行反思。在这种背景下，随着社会文化语境的变迁，旧有的理论话语体系逐渐瓦解，而新兴的话语方式则逐渐形成。在这种社会背景下，20世纪 60 年代，后现代主义作为一种文化思潮盛行于西方发达国家，并迅速发展至艺术、美学、文学、语言、历史学、政治学、社会学、伦理学等诸多领域。后现代主义表现出强烈的反叛与质疑、对理性主体性进行解构，以及反对权威、倡导民主平等的思想。在后现代主义思潮的影响下，信息传播表现出鲜明的娱乐化倾向。

其二，注意力经济理论。

19 世纪时期，西方市场经济体制逐渐建立起来。20 世纪四五十年代以来，随着第三次科技革命的发展，经济呈现出全球化、信息化发展趋势。在第三次科技革命中，最突出的成就之一即计算机通信技术和互联网信息技术的发展。尤其是互联网信息技术的发展，标志着知识爆炸时代的到来。在知识爆炸时代，由于知识的海量化和全球化，人们不得不通过筛选信息来获得有价值的信息。有鉴于此，1994 年，美国加州大学学者理查德·艾伦·波斯纳发表了一篇题为《注意力的经济学》的文章；1997 年，美国的迈克尔·戈德海伯在其所写的《注意力购买者》中正式提出了“注意力经济”的概念。在这篇文章中，迈克尔·戈德海伯指出，在信息极度丰富的知识大爆炸时代，尤其是随着互联网信息技术的发展，海量知识和信息充斥着人们的生活。在这种情况下，信息成为过剩资源，而注意力则成为稀缺资源。

与此同时，随着网络技术的普及与应用，在传统大众媒体的基础上，一种依赖于互联网技术和数字技术的新型媒体发展起来，即新媒体平台。这使得大众媒介呈现出丰富化、多元化的趋势。大众媒介的丰富使得在注意力经济时代，能够及时抓住观众的眼球，成为媒介生存与发展的决定性因素。无论是电视媒介、电影媒介、网络媒介还是纸质媒介等均从经济利益出发，为了占领市场以获得更大利润而呈现出鲜明的娱乐化倾向。

（二）跨界传播的价值

近年来，随着经济全球化的全面推进，社会上的物质资源极大丰富，市场竞争日趋激烈。在这种市场背景下，“无论是新品牌还是成熟品牌，都面对着同样激烈的市场和同样不断变化的消费者需求，为产品和品牌创造新的理念和元素，增加产品和品牌的新鲜感和活力，避免产品和品牌老化，为消费者创造更多价值，以维护和提高消费者的品牌忠诚度甚至品牌拥护度，这是所有品牌追求的目标。”[①] 西方学者菲利普·科特勒则指出，未来的品牌世界将只有三种生存模式，分别为统领主流市场的独立品牌、另类派别的小品牌以及两个非竞争关系的独立品牌组合出的混合品牌。[②] 由此可见，在市场竞争日益激烈的当下，必须构建适应受众需要的品牌，并且保持品牌的忠诚度，唯有如此，才能在注意力经济时代脱颖而出，达到良好的信息传播效果。

而要想在注意力经济时代中突围，必须了解市场，同时了解受众的需求，才能将市场需求和受众需求结合在一起，打造出好品牌。在互联网时代，信息传播打破了传统大众媒体时代的单向传播，转而朝着双向传播的方向发展，这使得品牌方可以随时通过受众的反馈，对所推出的品牌或所发布的信息是否符合受众的期待和需求进行判断。如果品牌发布新产品或新信息后，得到了受众的一致好评，并且目标受众自动将新产品或新信息转发到其个人的社交媒体平台上，自发对品牌或信息进行传播，那么这一新产品或新信息即是符合受众期待与需求的产品。相反，如果新产品或新信息发布后，受众反应寥寥，则表明其不符合受众的期待。

随着互联网信息技术的发展，新媒体传播强势崛起，不同于传统大众媒体，网络媒体平台上的信息具有海量性、互动性的特点，其从根本上改变了传统大众媒体的传播形式。从互联网媒体的新闻报道形式来看，互联网媒体的新闻报道实现了多种传统媒体新闻报道的跨界。传统纸质媒体以文字和图片报道为主，传统广播媒体则主要以音频为信息报道手段，传统电视媒体则将声光电技术结合起来，以视频信息报道为主。互联网媒体的新闻报道形式则实现了多种媒体信息报道手段的结合，从这一层面来看，互联网媒体的新闻报道形式实现了传统媒体新闻报道的跨界。跨界传播能够充分跳出本行

① 刘良德．嫁接营销[M]．北京：机械工业出版社，2008:19．

② [英]斯图尔特·克雷纳．管理简史[M]．海口：海南出版社，2017:77．

业的限制，以多视野的方式，创新性地思考问题的解决方案，具有外向思维的特点，极具创新精神和创新价值。

第二节　红色文化其他形式传播案例研究

本节主要对红色文化的教育传播案例进行分析和阐释。

跨国文化教育是随着全球化趋势而发展起来的一种全新的文化传播形式。例如，中国的孔子学院即属于跨国文化教育。孔子学院是专门在海外开设的一种以教授中国汉语文化为主要内容的跨国教育机构。孔子学院作为跨国教育机构，与国内语言教育机构相比，其最大的特点在于，教学组织形式是与海外大学合作。孔子学院作为一种跨文化语言机构，与其他国际语言文化推广机构不同，其并没有在海外设立单独的教育场所，而是通过与国外大学合作办学，通过借助对方大学或研究院提供的教学场地开展教学，其与提供场地的大学之间具有共享教育资源的关系。这种与大学进行合作教学的方式，使得孔子学院对海外合作大学具有较强的依赖性。然而，这种方式避免了在海外修建大量建筑，因此使得孔子学院在短短 10 年中从零起步迅速扩展至 440 所孔子学院、646 个孔子课堂。① 根据《中国语言文字事业发展报告 2019》显示，截至 2018 年底，孔子学院总部已在 153 个国家和地区设立孔子学院 548 所、孔子课堂 1193 个。② 孔子学院独特的合作办学形式，使得孔子学院在中外大学之间形成了一种战略联盟关系，将孔子学院的发展与合作大学紧密联系在一起，双方以共享资源、共谋发展的形式，通过合作与互补共同发展。而孔子学院则借助这种合作关系，得以与语言协会等在国际上具有较强的权威性的非正式组织进行合作。在这种文化的前提下，红色文化起到了应对全球化挑战、推动国家间的理解 ，以及维护社会生态平衡、实现传承中国文化、增强文化自信的作用。

语言属于文化的重要组成部分，孔子学院在推广汉语国际化的过程中，也推动了中国文化的传承与传播。一方面，这缘于语言与文化密不可分的关

① 赵跃．孔子学院教育功能研究 [D]．济南：山东大学，2014：20．

② 国家语言文字工作委员会．中国语言文字事业发展报告 2019[M]．北京：商务印书馆，2020：98．

系，在语言教学中不可避免地会涉及相应的文化内容；另一方面，则取决于孔子学院在宣传中国文化过程中所起到的重要推动作用。

孔子学院还具有推动世界文化对话、维护文化生态平衡的作用。在全球化发展中，由于各个国家之间的相互依存性与联系性越来越高，跨文化交流与传播越来越频繁，同时也促进了文化冲突和文化对话。这一现象表现出在跨文化的时代大背景下，需要保持更加开放的态度，推动世界文化之间的对话，增强文化的宽容度，进而维护世界范围内的文化生态平衡。

孔子学院的教育活动在客观上促进了国际理解与国际协作。在全球化发展趋势的影响下，世界进入多元文化并存的时代，各种文化之间的冲突与碰撞不断，并在这一过程中实现了文化的交流与交融。而孔子学院在海外发展中通过积极与所在国大学等机构合作，推动文化之间的交流，减少文化冲突与碰撞，在客观上起到了推动国际理解和国际合作的重要作用。

从跨文化传播的视角看，孔子学院的对外文化传播主要表现在以下几个方面。其一，在汉语教学中传播中国文化。孔子学院在进行语言教育时，常常通过借助某些词语、成语等传播中国传统文化。例如，在讲解汉语中的颜色词时，即可对“红色”的多种含义进行阐释，并强调“红色文化”在中国的特殊意义，从而起到传播中国红色文化的作用。

其二，在课堂外借助纪念日等传播中国文化。孔子学院积极在课堂教学之外，借助各种节日、纪念日等推动中国文化的传播。例如，在中国农历春节之际重点对中国春节文化进行传播；在中华人民共和国成立 70 周年时，举行各种庆祝活动，传播中国红色文化；在中国文化周举办之际，加强中国文化对外传播；通过语言文化比赛的形式达到促进中国语言文化传播的目的。

其三，通过与当地大学或教学机构、教育主体之间的合作，以知识讲座的形式传播中国文化。

其四，文化体验课程。面对国外对中国传统文化感兴趣的受众，为其提供中国书画、中国武术、中国舞蹈、中国饮食等各种形式的体验课程。这些体验课程教育不仅能够帮助国外受众发掘自身潜力与兴趣，满足国外受众了解和学习中国文化的需求；同时，在这一过程中也实现了向受众传播中国文化的目的。

其五，文化展示类活动，即通过举行文化展览的形式，通过图片展、电影展、书画展、文艺团体交流等形式不断推动中国文化的对外传播。

其六，组织来华访问等活动。孔子学院通过夏令营、旅游实践等多种形式与国外教育机构或研究机构合作，通过鼓励国外友人来华实践的形式，让他们充分地感受中国文化，达到对外传播中国文化的目的。

由于红色文化的独特意识形态特点，孔子学院在进行文化体验或特色文化传播中并没有直接推介红色文化，而是通过节庆活动、重要纪念活动等形式，在教学中对有关的字词名篇等进行阐释，对红色文化进行重点强调。这种潜移默化对外传播的特点，虽然在短时间内难以实现大力传播和推动红色文化的目的，然而却通过积极的信息传播方式，在潜移默化中改变着外国受众的观点，因此从长远来看，教育传播在红色文化传播中起着十分重要的作用。

河北省自改革开放以来，逐渐扩大来华留学生教育。这些来华留学生群体，不仅在课堂教育中学习河北省优秀文化，而且在生活中和学习中也对中国文化感兴趣。红色文化是河北省优秀文化和先进文化的代表，在留学生教育教学中，教师可通过多种形式向学生介绍红色文化，还可通过多种形式的暑期活动或实践活动直接带领学生前往红色文化旅游区，让学生实地感受红色文化的氛围。

教育传播的过程也是充分发挥红色文化精神、创造红色文化产品的过程。例如，中南大学于2018年尝试在暑假期间组织学生深入湖南韶山、宁乡等地，通过走访伟人故里，探寻湖南红色文化遗产，并开展重走红军长征路、重温入党誓词等活动，对学生实施红色文化教育。活动结束后，学生们充分利用各种数字新技术制作了一系列与红色文化相关的微视频、音频、漫画等微产品，这些微产品被上传至专题网站后，立即引发了网络用户的浏览热潮。除了在线制作微产品进行传播外，中南大学师生还通过将红色文化与沙画、长沙弹词、常德丝弦等艺术形式进行创造性整合，极大地推动了湖南红色文化的传播。这一案例中虽然为线下实体学校组织学生进行的国内传播，但是仍然为新媒体教育传播中红色文化的对外传播进行了良好的示范。

第三节　河北红色文化其他形式对外传播渠道的创新与改进

鉴于以上案例，河北红色文化可从教育传播或跨界传播渠道入手，进行对外文化传播创新。

一、河北红色文化教育传播对外渠道创新

当前，河北省的红色文化旅游产品在海外知名度较低。针对这种情况，河北省红色文化的对外传播，可借助教育传播的方式，不断提升红色文化对外传播的效果。具体来说，河北红色文化教育传播对外渠道创新可从两个方面入手。

其一，加强来华留学生的红色文化教育。

对来华留学生红色进行的文化传播，可分为两大方面。一方面，为学校教育。学校教育中的红色文化传播，可借助课本内的知识，例如，在对中国红色文化词语进行讲解时，重点强调河北红色文化，将词语讲解与河北红色文化知识结合起来。除了课堂教学之外，在课外读物的推荐上，可根据学生的特点，向其推荐河北省相关红色影视作品或红色书籍。另一方面，鼓励学生走进河北红色文化景区进行社会实践。老师可直接将社会实践地点设置在红色文化景区，以便加强学生对红色文化的了解。

其二，加强网上红色文化教育课程的打造。

在红色文化产品的创建中，可重点加强红色文化教育课程的开发。红色文化教育课程既可涉及整个中国红色文化教育的课程，其中对河北红色文化教育进行强调，也可从某一个方面着手，例如，在介绍世界土地政策等课程中，加入中华人民共和国成立前期在河北省进行的土地改革的内容等。

二、河北红色文化跨界传播对外渠道创新

河北红色文化与全国其他地区红色文化的发展相比，尽管西柏坡精神与长征精神、井冈山精神、延安精神等并列中国红色文化的核心，然而河北省平山县西柏坡红色景区的起步较晚，旅游景区的建设程度以及旅游景区的知名度等均较低。尽管近些年来，在河北省的大力支持下，以平山县西柏

坡为代表的一批红色文化景区初步建设完成，然而从总体上来看，包括平山县西柏坡景区在内的河北红色文化旅游景区在我国的知名度以及在国际上的知名度均不乐观。这表明，河北红色文化品牌与我国其他地区的红色文化品牌相比竞争性较差。为了提升河北红色文化品牌的竞争性，可结合受众需求，进行特色红色文化产品打造，河北红色文化对外传播也是如此。现阶段，河北红色文化对外传播虽然取得了一些成绩，然而却仍然面临着传播渠道狭窄等种种困境。

为了拓展河北红色文化对外传播渠道，可从跨界传播的角度，创造性地将河北红色文化与各种艺术形式相结合，大胆地将红色文化元素应用到衣、食、住、行各个方面，通过借船出海的方式，提升河北红色文化的对外传播效果。

例如，21 世纪以来，河北省在响应中华文化“走出去”战略的基础上，多次走出国门，到国外各个城市举行河北文化周活动。在河北文化周活动所展出的河北文化中，十分注重非物质文化遗产的展出，而红色文化由于带有强烈的政治意识形态，在进行对外传播时，常常会遭遇文化障碍，引发误解和偏见。对此，可通过将河北非遗文化与河北红色文化相结合的形式，创造一批跨界红色文化产品。比如，河北非遗文化中的剪纸艺术由于技艺高超，所剪出来的艺术作品栩栩如生，历次走出国门都倍受国外受众的好评。因此，可以将河北红色文化与剪纸艺术相结合，打造一批全新的跨界红色文化产品。这种跨界红色文化产品由于打破了红色文化和剪纸艺术的常规性形态，极易在一众红色文化产品中脱颖而出。

关于非遗文化与红色文化相结合而创造的跨界红色文化产品的传播效果，市场上有多个案例。例如，丝网版画是东北松花江地区极富民间特色的乡土文化，2019 年创作者尝试将丝网版画和红色文化跨界结合起来展出，以丝网版画的形式，描述了东北松花江地区革命先烈不畏艰险、不怕牺牲、敢于战斗、宁死不屈的革命精神，表达了对革命先烈的缅怀。这些红色文化产品由于形式新颖，在上市之初立即受到了社会各界的注意。这些跨界文化产品由于兼顾艺术性与价值性，因此被多家媒体报道，在网络进行传播时也受到了年轻受众的追捧。除此之外，还可尝试将红色文化与其他形式相结合，从而突出重围，达到较好的对外传播效果。

河北红色文化跨界传播，还需借助互联网信息传播媒体，通过“互联网+”拓展红色文化品牌影响力。互联网信息传播可以通过数据和技术将红色文化同各种社会群体、社会服务全部连接、打通，其不仅是将服务和产品从线下搬到了线上的简单模式，而是从思维跨界开始，借助跨界思维拓展红色文化产品。例如，借助互联网视频平台，发布红色文化创意视频，从而更好地传播红色文化。

在红色文化跨界传播的同时，也要警惕对河北红色文化进行过度解读，避免过度娱乐化的情况。反对将红色文化进行结构或为了迎合市场而对红色文化过度改编，以确保河北红色文化的本质不动摇，在坚持河北省红色文化本质的基础上，拓展河北红色文化的对外传播渠道。

参考文献

[1] 李晓平，金宇 .《毛泽东思想和中国特色社会主义理论体系概论》学习指导与练习 [M]. 北京：北京理工大学出版社 , 2019.

[2] 王沪宁 , 林尚立 , 孙关宏 . 政治的逻辑：马克思主义政治学原理 [M]. 上海：上海人民出版社 , 2004.

[3] 韦日平 . 马克思主义中国化新进程研究 [M]. 南宁：广西人民出版社 , 2015.

[4] 陈文力，陶秀璈 . 中国文化对外传播战略研究 [M]. 北京：九州出版社 , 2012.

[5] 吴瑛 . 文化对外传播：理论与战略 [M]. 上海：上海交通大学出版社 , 2009.

[6] 李宇 . 对外电视与文化传播研究 [M]. 合肥：安徽大学出版社 , 2012.

[7] 张浩 . 开放兴邦：新时代中国特色社会主义对外开放思想 [M]. 北京：研究出版社 , 2018.

[8] 肖航，周萍，纪秀生 . 华文媒体创新性话语研究与传播 [M]. 北京：朝华出版社 , 2018.

[9] 李希光，顾小探 . 舆论引导力与文化软实力 [M]. 长沙：湖南大学出版社 , 2013.

[10] 郑永廷 . 社会主义意识形态发展研究 [M]. 北京：人民出版社 ,2002.

[11] 吴贤军 . 中国国际话语权构建：理论、现状和路径 [M]. 上海：复旦大学出版社 , 2017.

[12] 孟庆云，牛余庆 . 西柏坡时期党的建设 [M]. 石家庄：河北人民出版社 , 2014.

[13] 聂辰席，李春雷 . 河北文化品牌丛书：红色太行 [M]. 石家庄：河北美术出版社， 2011.

[14] 宋敬 . 百部青少年爱国主义教育读本・全国爱国主义教育基地・晋冀蒙卷 [M]. 北京：团结出版社 , 2013.

[15] 国家知识产权局直属机关党委 . 伟大的中国精神 [M]. 北京：知识产权出版社 , 2015

[16] 新华通讯社课题组 . 习近平新闻舆论思想要论 [M]. 北京：新华出版社 , 2017.

[17] 蔡尚伟，车南林 . 文化产业精要读本 [M]. 南京：江苏人民出版社 , 2015.

[18] 单波 . 跨文化传播的问题与可能性 [M]. 武汉：武汉大学出版社 , 2010.

[19] 孙英春 . 跨文化传播学导论 [M]. 北京：北京大学出版社 , 2008.

[20] 刘荣，廖思湄 . 跨文化交际 [M]. 重庆：重庆大学出版社 , 2015.

[21] 王培 . 跨文化交流 [M]. 北京 : 旅游教育出版社 , 2007.

[22] 白晶，姜丽斐，付颖 . 跨文化视野下中西经典文学翻译研究 [M]. 长春：吉林大学出版社 , 2018.

[23] 单波 . 跨文化传播的问题与可能性 [M]. 武汉：武汉大学出版社 , 2010.

[24] 赵莉琴 . 组织行为学理论与案例 [M]. 北京：中国铁道出版社 , 2011.

[25] 马晓莹 . 跨文化交际理论与实践研究 [M]. 石家庄：河北科学技术出版社 , 2013.

[26] 张雪莉 , 韩清 , 李松岩 . 跨文化交际与第二语言教学理论与实践研究 [M]. 长春：吉林大学出版社 , 2013：59.

[27] 李岚 . 河北经济发展研究（上中下）[M]. 石家庄：河北人民出版社 , 2016.

[28] [英] 斯图尔特・克雷纳 . 管理简史 [M]. 海口：海南出版社 , 2017.

[29] 韩延明 . 中国红色文化的历史演进与社会主义先进文化建设 [J]. 临沂大学学报 , 2012, 34(05): 1–5.

[30] 周艳红 . 中国红色文化演进与发展的历史评价和现实启示 [J]. 赣南师范大学学报 , 2019,40(02): 35–39.

[31] 刘寿礼 . 苏区“红色文化”对中华民族精神的丰富和发展研究 [J]. 求实 , 2004(07): 33–36.

[32] 孙红霞 . “红色文化”内涵探析 [J]. 商丘职业技术学院学报 , 2012, 11(04): 4–8.

[33] 邓显超，邓海霞．十年来国内红色文化概念研究述评 [J]. 井冈山大学学报(社会科学版), 2016, 37(01): 31.

[34] 陈鹏．浅析长征精神的对外传播策略——写在长征胜利八十周年之际 [J]. 对外传播，2016(08): 48–49.

[35] 许岚．中国电影海外传播的“他者性”及突破 [J]. 电影文学，2016(14):4–6.

[36] 曹莉莉，何明星．《林海雪原》在海外的传播与影响 [J]. 对外传播，2016(11): 54–56.

[37] 董立力．接受・感染・共鸣——谈提高电视外宣节目的传播效果 [J]. 当代电视，2012(03): 33–34.

[38] 陈林侠．中国形象的海外认同：从意识形态到形象建构——基于北美市场中国电影消费的一种考察 [J]. 社会科学，2016(10): 175–183.

[39] 董翔，张红．论“一带一路”背景下中国红色经典艺术的数据重建及国际传播 [J]. 江西理工大学学报，2018, 39(06): 91–94.

[40] 袁庆丰．红色经典电影的历史流变——从左翼电影、国防电影和抗战电影说起 [J]. 学术界，2020(01): 170–177.

[41] 孙斐然．红色文艺的对外翻译与传播国内研究综述——基于国内学术期刊的数据分析 [J]. 陕西教育(高教), 2017(10): 4–5.

[42] 曹榛．陕西红色文化的短视频传播研究 [J]. 艺术大观，2020(29): 78–79.

[43] 杨欣．红色文化短视频传播路径探析 [J]. 新闻论坛，2020(01): 42–44.

[44] 祝浩然．江西红色文化短视频传播研究 [J]. 传播与版权，2020(2): 88–89.

[45] 桂美娜，刘安妮，余雅娴，杨冬，谢睿璇，龚雅萱．红色文化的短视频传播研究——以井冈山精神为例 [J]. 产业科技创新，2019(6)：14–16.

[46] 赵雪，曹甜甜．唐山精神嵌入思想政治理论课教学改革探析 [J]. 唐山师范学院学报，2018(3): 105–108.

[47] 张楠楠．跨文化传播下燕赵红色文化传承与发展的研究 [J]. 文化创新比较研究，2018, 2(33): 66–67.

[48] 于海阔．社会文化视角下的戏曲困境解读 [J]. 文艺评论，2015(1): 123–129.

[49] 姚琼，张铤．中国文化走出去的战略意义与推进路径 [J]. 中国出版，2019(21): 56–58.

[50] 杨利英．近年来中国文化“走出去”战略研究综述 [J]. 探索，2009(02): 102–106.

[51] 孙家正．关于战略机遇期的文化建设问题 [J]. 文艺研究，2003(1): 5–16.

[52] 白太明 . 回顾“纪念唐山抗震 20 周年”的对外宣传工作 [J]. 对外大传播 , 1996(12): 31–33.

[53] 彭鲁迁 . 大旅游背景下加强河北省文化外向传播的必要性 [J]. 文化创新比较研究 , 2019, 3(01): 40+42.

[54] 杨洁篪 . 努力开拓中国特色公共外交新局面 [J]. 求是 , 2011(04): 43–46.

[55] 王斌 . 新媒体环境下的民间对外传播 [J]. 对外传播 , 2009(11): 35–36+1.

[56] 张艳霞 . 民间传播者与中国对外文化交流——以李子柒视频为例 [J]. 理论建设 , 2020, 36(01): 105–112.

[57] 董健 . 媒体融合视域下三明红色文化教育路径创新探析——以三明学院为例 [J]. 智库时代 , 2020(13): 243–244.

[58] 邱紫华 . 后现代主义文化思潮的特点与后现代精神 [J]. 湖北理工学院学报 (人文社会科学版), 2017(2): 45–50.

[59] 田国立 , 赵春丽 , 于宝英 . 燕赵文化的对外传播及外译策略探究 [J]. 河北大学学报 (哲学社会科学版), 2013, 38(02): 76–79.

[60] 梁笑然 , 常力轩 , 朱宁 . 西柏坡精神影视作品传播的现状及发展研究 [J]. 采写编 , 2014(03): 19–21.

[61] 苏鑫 . 地方文化对外译介和传播研究——以沂蒙文化走出去为例 [J]. 文化学刊 , 2019(03): 60–63.

[62] 王华 , 曹卓一 . “一带一路”倡议背景下齐鲁文化主题纪录片的创新发展和传播 [J]. 现代视听 , 2020(02): 58–61.

[63] 梅笑冰 . 电视文化商品的模式化生产对电视人行为观念的影响 [J]. 中国广播电视学刊 , 2010(5): 39–41.

[64] 刘延军 .《沈阳日报》实现采编网络化管理一体化 [J]. 中国传媒科技 , 2002(5): 20–22.

[65] 石长顺 , 景义新 . 全媒体的概念建构与历史演进 [J]. 编辑之友 , 2013(05): 51–54+76.

[66] 刘海龙 . 中国语境下“传播”概念的演变及意义 [J]. 新闻与传播研究 , 2014, 21(08): 113–119.

[67] 崔雪梅 , 刘亚男 , 郝豫敏 , 等 . 基于 GIS 系统的河北省红色文化保护与研究 [J]. 文化产业 , 2020(27): 152–153.

[68] 赵跃 . 孔子学院教育功能研究 [D]. 济南：山东大学 , 2014.

[69] 杨小花 . 新媒体环境下传统文化的民间传播模式研究 [D]. 郑州: 郑州大学, 2016.
[70] 周宿峰 . 红色文化基本问题研究 [D]. 长春：吉林大学 , 2014.
[71] 王升斌 . 红色文化的历史演进 [D]. 遵义：遵义医学院 , 2014.
[72] 聂素丽 . 新媒体时代红色文化传播策略研究 [D]. 长沙：湖南师范大学 , 2015.
[73] 邓海霞 . 扩大红色文化国际影响力研究 [D]. 赣州：江西理工大学 , 2016.
[74] 卓福宝 . 提升红色文化软实力研究 [D]. 赣州：江西理工大学 , 2015.
[75] 农文玉 . 广西区域性对外广播传播途径研究 [D]. 南宁：广西大学 , 2015.
[76] 万雨慧 . 中国古典诗歌国际传播的价值与途径研究 [D]. 大连：辽宁师范大学 , 2017.
[77] 孙祥飞 . 中国形象的跨文化传播路径研究 [D]. 上海：复旦大学 , 2014.
[78] 刘海鑫 . 长征文化国际传播研究 [D]. 成都：西南交通大学 , 2018.
[79] 王升斌 . 红色文化的历史演进 [D]. 遵义：遵义医学院 , 2014.
[80] 闫晓卓 . 延安城市形象传播研究 [D]. 西安：陕西师范大学 , 2014.
[81] 孙照远 . 建国以来井冈山精神的研究与传播 [D]. 南昌：江西师范大学 , 2011.
[82] 李叶敏 . 延安时期外国记者笔下的中国共产党人形象研究 [D]. 杭州：中共浙江省委党校 , 2019.
[83] 李先慧 .《青春之歌》在世界的传播与接受 [D]. 北京：北京外国语大学 , 2017.
[84] 聂素丽 . 新媒体时代红色文化传播策略研究 [D]. 长沙：湖南师范大学 , 2015.
[85] 张昳晗 . 唐宋文化对外传播及其当代启示 [D]. 哈尔滨：哈尔滨工程大学 , 2018.
[86] 张运晓 . 全媒体背景下的沂蒙红色文化传播研究 [D]. 济南: 山东师范大学, 2019.
[87] 苏容 . 毛泽东论著在日本的传播及启示 [D]. 重庆：重庆交通大学 , 2016.
[88] 梁青莹 . 中国对外广播新变化探析 [D]. 南宁：广西大学 , 2013.
[89] 周幸 . 中国国际广播电台对外广播策略研究 [D]. 长沙：湖南师范大学 , 2012.

[90] 钟馨 . 1976—2001 年中国对外传播史研究 [D]. 武汉：武汉大学 , 2010.
[91] 张晶 . 江西红色文化软实力提升研究 [D]. 赣州：江西理工大学 , 2018.
[92] 刘亚男 . 河北红色文化及当代价值研究 [D]. 郑州：华北水利水电大学 , 2020.
[93] 王晓灿 . 河北省红色新闻文化资源的保护利用研究 [D]. 石家庄：河北科技大学 , 2018.
[94] 于海龙 . 西柏坡红色教育资源的开发与运用研究 [D]. 石家庄：石家庄铁道大学 , 2014.
[95] 刘继坤 . 河北省文化软实力发展问题与对策研究 [D]. 石家庄：河北师范大学 , 2015.
[96] 姚建敏 . 河北红色爱国主义教育基地建设研究 [D]. 兰州：西北民族大学 , 2014.
[97] 郝玉鑫 . 晋察冀边区革命旧址空间分布与连片保护研究 [D]. 石家庄：河北师范大学 , 2020.
[98] 宋梦青 . 红色文化传播视域下的河北省革命历史档案开发利用研究 [D]. 昆明：云南大学 , 2017.
[99] 刘俊 . 冉庄地道战遗址保护与规划设计研究 [D]. 西安：西安理工大学 , 2020.
[100] 薛秀青 . 河北省红色旅游资源评价与开发研究 [D]. 秦皇岛：燕山大学 , 2013.
[101] 刘慧 . 全媒体语境下南京城市形象传播研究 [D]. 南京：南京理工大学 , 2014.
[102] 张泗考 . 跨文化传播视域下中华文化走向世界战略研究 [D]. 石家庄：河北师范大学 , 2016.
[103] 王帆 . 在华外国人的媒介使用与效果研究 [D]. 上海：复旦大学 , 2012.
[104] 吴立斌 . 中国媒体的国际传播及影响力研究 [D]. 北京：中共中央党校 , 2011.
[105] 赵英君 . 沂蒙红色文化的全媒体传播研究 [D]. 成都：成都理工大学 , 2016.
[106] 安盈洁 . 沂蒙精神及其时代价值研究 [D]. 兰州：西北民族大学 , 2014.

[107] 李依溪 . 西柏坡红色文化的网络传播现状与创新策略研究 [D]. 保定：河北大学 , 2017.

[108] 软实力也是硬道理——为什么要推进文化创新和深化文化体制改革 [N]. 光明日报 , 2008-7-30.

[109] 新华社通讯员 , 新华社记者 . 他们特别能战斗——记开滦煤矿的革命矿风 [N]. 人民日报 , 1973-12-19.

[110] 开滦集团有限责任公司档案馆 . 开滦史鉴文萃 (下册)[Z]. 开滦日报社印刷厂印刷 (内部资料), 2003.

后记

河北是中华文明的重要发祥地之一，历史源远流长，省内多民族文化相互影响和碰撞，构成了独具特色的燕赵文化体系。河北还是中国共产党的主要创始人之一李大钊诞生的地方，是中国共产党较早建立党组织的地区，还是中国最重要的敌后抗日根据地——晋察冀边区的所在地，是中华人民共和国走来的地方。在我国新民主主义革命、社会主义建设和改革开放的各个时期，河北这片热土上均涌现出了数不胜数的革命英雄人物，诞生了丰富的、极具特色的红色文化。这些红色文化是河北省先进文化的代表，也是河北省构建文化强省，提升河北文化软实力，推动河北省文化“走出去”的重要组成部分。

近年来，随着河北省对红色文化资源的进一步保护发掘，河北省红色文化的品牌建设和对外传播也日益受到学者的重视。许多学者从不同角度对河北省红色文化进行研究，本书为作者张楠楠 2020 年度承担的河北省社会科学基金项目“跨文化视角下河北省红色文化对外传播路径的研究”（项目编号：HB20MK012）的研究成果。

在这本书中，作者从跨文化视角对河北省红色文化资源进行了较为完整的梳理，结合全球化趋势和中华文化“走出去”战略大背景，对河北省红色文化的对外传播成就和不足进行了梳理，重点探索了河北省红色文化对外传播的渠道。

鉴于河北省红色文化乃至中国红色文化对外传播正处于进一步深化开拓和探索之中，因此本书中难免会存在一些疏漏和遗憾，不足之处敬请读者谅解。